教育部人文社科重点研究基地南昌大学中国中部经济研究中心招标项目成果

中部地区低碳经济发展比较研究

朱　翔　贺清云　等著

经济科学出版社

图书在版编目（CIP）数据

中部地区低碳经济发展比较研究/朱翔，贺清云，等著．
—北京：经济科学出版社，2014.4
ISBN 978－7－5141－4335－5

Ⅰ.①中… Ⅱ.①朱…②贺… Ⅲ.①气候变化－影响－区域经济发展－对比研究－中国 Ⅳ.①F127

中国版本图书馆 CIP 数据核字（2014）第 031683 号

责任编辑：柳　敏　周秀霞
责任校对：杨晓莹
版式设计：齐　杰
责任印制：李　鹏

中部地区低碳经济发展比较研究

朱　翔　贺清云　等著
经济科学出版社出版、发行　新华书店经销
社址：北京市海淀区阜成路甲 28 号　邮编：100142
总编部电话：010－88191217　发行部电话：010－88191522
网址：www.esp.com.cn
电子邮件：esp@esp.com.cn
天猫网店：经济科学出版社旗舰店
网址：http://jjkxcbs.tmall.com
北京汉德鼎印刷有限公司印刷
华玉装订厂装订
787×1092　16 开　18.75 印张　310000 字
2014 年 4 月第 1 版　2014 年 4 月第 1 次印刷
ISBN 978－7－5141－4335－5　定价：52.00 元
（图书出现印装问题，本社负责调换。电话：010－88191502）
（版权所有　翻印必究）

中部发展研究丛书编委会

主编： 郑克强
编委（按照姓氏笔画排序）：
  孙自铎 伍世安 朱 虹 朱 翔
  宋三平 陈栋生 张复明 周绍森
  范恒山 郭熙保 耿明斋 黄新建
  傅 春

前　言

　　随着世界人口和经济的不断增长，大量使用能源所带来的环境问题及其诱因为人们所深刻认识，大气中二氧化碳浓度升高所带来的全球气候变化影响也已被确认为不争的事实。为科学应对全球气候变化，以低能耗、低污染、低排放为基础的"低碳经济"应运而生，成为世界经济发展的重要趋势。我国作为仅次于美国的全球第二大温室气体排放国，随着近年碳排放带来的一系列问题的日渐突出，摒弃以往先污染后治理、先低端后高端、先粗放后集约的发展模式，走低碳经济发展之路，已成为我们发展的必然选择和现实途径，并受到各级政府、企业、社会及专家的广泛重视。

　　近年来，中部地区在发展中面临的资源环境束缚问题已越来越严重。如何抢抓低碳经济发展机遇，推进节能减排和发展方式转型，实现经济发展与资源环境保护的双赢，成为摆在中部各省面前的重要任务，也是中部各省实现后发崛起的必然选择。然而，中部各省发展的基础、环境、面临的主要问题等均不相同，发展低碳经济的方向和重点也应有所区别，为此，对中部各省低碳经济发展的条件、现状、水平等进行全面系统的分析与对比，摸清发展家底，就显得十分重要。

　　本著作从促进中部地区低碳经济发展的目标入手，针对中部地区低碳经济发展框架、现状、水平、潜力、制度与政策、模式、对策等若干热点问题开展系统研究，以期为中部各省制定行之有效的区域低碳经济发展战略提供一定的思路与借鉴。

　　本著作为教育部人文社科重点研究基地南昌大学中国中部经

济社会发展研究中心"十二五"规划重点项目"中部地区低碳经济发展比较研究"的课题研究成果。课题由湖南师范大学资源与环境科学学院承担，主持人为朱翔。

本著作的编写由朱翔负责总体设计、策划、组织和统稿，参加课题研究和写作本书的作者有朱翔、贺清云、赵先超、周爱芳、李娇、张雅旋、谢谦、常骞、范翘、汤娌娜、谢敏、丁晓洁、张黎。

特别感谢本著作引文中的所有作者！

限于我们知识修养和学术水平，文稿中难免存在诸多不足之处，恳请诸位批评、指正！

朱 翔

2014年3月于长沙岳麓山

目 录

第一章 国内外低碳经济发展的理论与实践 ………………… 1
    一、国外低碳经济发展的理论动态 ………………………… 1
    二、国外低碳经济发展的现状分析 ………………………… 9
    三、国内低碳经济发展的理论动态 ………………………… 19
    四、国内低碳经济发展的现状分析 ………………………… 24

第二章 中部地区低碳经济发展框架分析 ………………… 47
    一、中部地区经济社会发展现状分析 ……………………… 47
    二、中部地区低碳经济建设背景分析 ……………………… 54
    三、中部地区低碳经济建设的重要意义 …………………… 65
    四、中部地区低碳经济发展的基本框架 …………………… 67
    五、中部地区低碳经济建设的指标体系 …………………… 72
    六、中部地区低碳经济发展的核心内容 …………………… 76

第三章 中部六省低碳经济建设区域分析 ………………… 86
    一、山西省低碳经济建设 …………………………………… 86
    二、河南省低碳经济建设 …………………………………… 92
    三、湖北省低碳经济建设 …………………………………… 98
    四、湖南省低碳经济建设 …………………………………… 105
    五、江西省低碳经济建设 …………………………………… 110
    六、安徽省低碳经济建设 …………………………………… 115

第四章 中部地区低碳经济发展水平比较分析 …………… 122
    一、国内外低碳经济发展水平评价研究回顾 ……………… 122

二、中部地区低碳经济发展现状分析 …………………………… 124
　　三、基于主要指标法的低碳经济发展水平评价与比较 ………… 130
　　四、基于复合指标法的低碳经济发展水平评价与省际比较 …… 136
　　五、中部六省低碳经济发展的政策建议 ………………………… 147

第五章　中部地区低碳经济发展潜力比较分析 ……………………… 152
　　一、国内外低碳经济发展潜力研究进展 ………………………… 152
　　二、研究方法 ……………………………………………………… 157
　　三、基于情景分析法的中部地区低碳经济发展
　　　　潜力评价与比较 ……………………………………………… 160

第六章　中部地区低碳经济发展的制度与政策建设 ………………… 183
　　一、国内外低碳经济发展的制度与政策建设经验 ……………… 183
　　二、中部地区低碳经济发展的制度建设 ………………………… 190
　　三、中部地区低碳经济发展的政策设计 ………………………… 192
　　四、中部地区低碳经济建设的准入门槛 ………………………… 195
　　五、低碳经济发展与承接产业转移 ……………………………… 196
　　六、低碳经济发展与落后产能退出 ……………………………… 197
　　七、低碳经济发展与扩大劳动就业 ……………………………… 198
　　八、低碳经济发展与新型工业化推进 …………………………… 200

第七章　中部地区低碳经济发展模式 ………………………………… 203
　　一、低碳经济建设框架体系 ……………………………………… 203
　　二、低碳经济建设的时间表和路线图 …………………………… 213
　　三、低碳经济建设的着力点 ……………………………………… 218
　　四、低碳经济建设的体制优化 …………………………………… 227
　　五、低碳经济建设的机制优化 …………………………………… 231
　　六、率先建设低碳城市群 ………………………………………… 236

第八章　推进中部地区低碳经济建设的对策措施 …………………… 243
　　一、强调低碳发展，树立低碳社会价值观 ……………………… 243
　　二、转变发展方式，下大力气搞好节能减排 …………………… 244
　　三、调整产业结构，大力发展战略性新兴产业 ………………… 245

四、发展与控制并重，确定能源消耗与碳排放的上限 ……………… 251
五、以开发利用可再生能源为着力点，着力优化能源结构 ……… 253
六、把低碳环保和节能减排列为主要的政绩考核内容 …………… 254
七、大力发展循环经济，以降低能源消耗和污染物的排放 ……… 255
八、突出价值规律引领，建设碳排放交易市场 …………………… 258
九、在全社会推进低碳理念，倡导绿色消费和低碳生活 ………… 260
十、中部六省协调互补，共同推进低碳经济建设 ………………… 262

附录 低碳经济建设典型案例 ………………………………………… 266
　一、伦敦 …………………………………………………………… 266
　二、西雅图 ………………………………………………………… 269
　三、厦门 …………………………………………………………… 272
　四、保定 …………………………………………………………… 276
　五、深圳 …………………………………………………………… 278
　六、南昌 …………………………………………………………… 281
　七、黄石 …………………………………………………………… 285

第一章

国内外低碳经济发展的理论与实践

一、国外低碳经济发展的理论动态

随着世界人口和经济的不断增长，温室气体排放增多带来的全球气候变暖，对人类发展造成了日益严重的影响。尤其是20世纪80年代以后，全球气温上升明显，有的国家极端天气与灾害的频率和强度增加，水资源短缺和区域不平衡加剧，生态环境恶化，农业生产损失巨大，粮食安全压力增加，海平面持续上升，沿海地区经济社会发展受到威胁。

全球气候变暖问题的日益严峻也引起了国际社会的普遍关注，具体来看：

1979年，第一次世界气候大会在瑞士日内瓦召开，气候变化第一次作为一个受到国际社会关注的问题提上了议事日程。

1992年，巴西里约热内卢大会明确规定了发达国家与发展中国家应对全球气候保护承担"共同但有区别的责任"，制定了《联合国气候变化框架公约》，目的是控制温室气体的排放，以尽量延缓全球变暖效应，但没有对参与国规定具体的需要承担的义务。

《联合国气候框架公约》

中文名称　联合国气候框架公约

英文名称　United Nations Framework Convention on Climate Change

定义　联合国大会于1992年6月4日通过的一项公约。公约规定发达国家为缔约方，应采取措施限制温室气体排放，同时要向发展中国家提供新的额外资金以支付发展中国家履行公约所需增加的费用，并采取一切可行的措施促进和方便有关技术转让的进行。

1997年，联合国气候变化会议在日本京都召开，会议制定了《京都议定书》，其目标是"将大气中的温室气体含量稳定在一个适当的水平，进而防止剧烈的气候改变对人类造成伤害"。

　　2007年，第13次缔约方会议通过了《巴厘路线图》，规定2009年年末在哥本哈根召开的第15次会议将努力通过一份新的《哥本哈根议定书》，以代替2012年即将到期的《京都议定书》。

　　2009年，192个国家的环境部长和其他官员们在丹麦首都哥本哈根召开联合国气候会议，商讨《京都议定书》一期承诺到期后的后续方案，就未来应对气候变化的全球行动签署新的协议。会议达成了《哥本哈根协议》，维护了《联合国气候变化框架公约》及其《京都议定书》确立的"共同但有区别的责任"原则，就发达国家实行强制减排和发展中国家采取自主减缓行动做出了安排，并就全球长期目标、资金和技术支持、透明度等焦点问题达成广泛共识。

　　2010年，坎昆气候变化大会在墨西哥举行。这是继哥本哈根气候变化大会之后的又一次重要气候变化会议。坎昆气候变化大会在成立全球绿色气候基金、技术转让、森林保护、提高数据透明度等议题上取得了进展。

　　2011年，缔约方第17次气候变化大会在德班举行，会议决定实施《京都议定书》第二承诺期并启动绿色气候基金。

　　2012年11月26日~12月7日，《联合国气候变化框架公约》第十八次缔约方大会暨《京都议定书》第八次缔约方会议在卡塔尔首都多哈举行，旨在推动巴厘岛路线图谈判取得实质性成果、敦促发达国家承担大幅度减排目标并兑现提供资金、技术转让等承诺方面发挥积极作用。

《哥本哈根协议》

　　2009年12月，192个国家的谈判代表出席哥本哈根气候会议，并最终达成不具法律约束力的《哥本哈根协议》。《哥本哈根协议》维护了《框架公约》及其《京都议定书》确立的"共同但有区别的责任"原则，就发达国家实行强制减排和发展中国家采取自主减缓行动作出了安排，并就全球长期目标、资金和技术支持、透明度等焦点问题达成广泛共识。该协议在发达国家提供应对气候变化的资金和技术支持方面取得了积极的进展，在减缓行动的测量、报告和核实方面维护了发展中国家的权益。

在全球气候变暖背景下，低碳概念应运而生，低碳经济成为一种新的国际潮流，各国学者围绕低碳经济开展了大量研究，其研究内容主要集中于以下几个方面：一是低碳经济的内涵及相关概念；二是碳排放的驱动因素研究；三是低碳经济的测度与评价；四是碳减排的机制及措施；五是碳排放与城市生活、城市空间结构之间的关系研究。

（一）低碳经济的内涵

2003年，英国政府在颁布的白皮书《我们能源的未来：创建低碳经济》中，对英国的低碳经济发展制定了详细目标，并首先提出了低碳概念。目前，"低碳经济"已成为具有广泛社会性的经济前沿理念。英国环境专家鲁宾斯德认为低碳经济是一种正在兴起的经济模式，其核心是在市场机制的基础上，通过制度框架、政策措施的制定和创新，推动提高能效技术、可再生能源技术、节约能源技术和温室气体减排技术的开发和运用，促进整个社会经济向高能效、低能耗和低碳排放的模式转型（刘杨，2010）[1]。低碳经济概念一经提出，碳生产力、碳锁定、碳足迹、碳中和、碳源、碳汇、碳交易、碳税等与低碳经济相关的一系列新概念、新术语也相伴而生，这些概念与术语从不同的层面揭示了低碳经济的内涵与特征。

"碳生产力"是指每排放一定量的碳，所能够生产出的GDP或产品的实物量。在全球都在控制二氧化碳排放的境况下，必须要实现碳生产力价值的最大化。低经济实质上就是一个提高碳生产力的过程。

"碳锁定"（Carbon Lock-in）是由西班牙学者格利高里·乌恩鲁（Gregory C. Unruh）最早提出和使用的，是指自工业革命以来，对化石能源系统高度依赖的技术盛行于世，政治、经济、社会与其结成一个"技术—制度综合体"，并不断为这种技术寻找正当性，并为其广泛商业化应用铺设道路，结果形成了一种共生的系统内在惯性，导致技术锁定和路径依赖，阻碍替代技术（零碳或低碳技术）的发展，发展低碳经济的核心在于解除"碳锁定"。

"碳足迹"（Carbon Footprint）是指一个人或者团体的"碳耗用量"。"碳"是指石油、煤炭、木材等由碳元素构成的自然资源。一个国家的碳足迹可以通过存量和流量进行衡量。国家碳足迹的深浅同过去和现在的能耗方式密切相关。尽管发展中国家总的碳足迹在加深，但发达国家更应承担排放的历史责任。

"碳中和"（Carbon Neutral）在1997年由英国伦敦的未来森林公司

（Future Forests）最早提出，倡导通过节能环保、植树绿化来应对全球气候变化。是指计算出个人或者团体的二氧化碳的排放总量，然后通过植树、投资建设节能环保新设施等方式把这些排放量抵消掉，以此达到环保目的。

"碳税"（Carbon Tax）是根据化石燃料的碳含量征收的国内货物税。长期以来，经济学家和国际组织一直主张征收碳税，因为同传统的"命令—控制型政策"相比，碳税可以用较低的成本实现同样的减排目标，还可为探索清洁技术提供源源不断的动力。但在实践中，只有少数欧洲国家按照能源产品中的碳含量征收碳税。

碳　税

碳税（Carbon Tax）是指针对二氧化碳排放状况所征收的税。它以环境保护为目的，借此减缓或控制全球变暖。按照汽油、航空燃油、天然气等化石燃料产品，按其碳含量的比例进行征税，以减少化石燃料消耗和二氧化碳排放。碳税是减少能源消费和大幅削减碳排放的有效手段。为了减少费用支出，公共事业机构、商业组织和个人均将努力减少使用由化石燃料产生的能源，个人可能会放弃私家车，改乘公共交通，并使用节能灯来代替白炽灯。碳税使得替代能源与廉价燃料相比更具成本竞争力，进而推动替代能源的使用。在北欧一些国家，碳税已被广泛接受，丹麦、芬兰、荷兰、挪威、波兰和瑞典等国已经开始推行不同的碳税政策。

碳交易（Carbon Trade）是京都议定书为促进全球温室气体排减，以国际公法作为依据的温室气体排减量交易。在6种被要求减排的温室气体中，二氧化碳为最大宗，所以这种交易以每吨二氧化碳当量为计算单位，所以通称为碳交易。其交易市场称为碳市场。碳交易可以分成配额型交易与项目型交易两大类。其中，配额型交易（Allowance-based transactions）指总量管制下所产生的排放单位的交易，项目型交易（Project-based transactions）指因进行减排项目所产生的减排单位的交易。

碳汇（Carbon Sink）与"碳源"（Carbon Source）是两个相对的概念，碳汇是指从大气中清除二氧化碳的过程、活动或机制，碳源是指向大气中释放二氧化碳的过程、活动或机制。碳源量和碳汇量是指在这个过程中的碳量。低碳经济也被称为碳汇经济,指由碳源碳汇相互关系及其变化所形成的对社会经济及生态环境影响的经济,即碳资源的节约与经济、社会、生态效益的提高。

> **碳汇与碳源**
>
> 碳汇是指从空气中清除二氧化碳的过程、活动和机制,主要是指森林吸收并储存二氧化碳的多少,或者说是森林吸收并储存二氧化碳的能力。除森林碳汇外,其他碳汇类型还有草地碳汇、耕地碳汇、海洋碳汇等。森林是陆地生态系统中最大的碳库。森林碳汇是指森林植物通过光合作用将大气中的二氧化碳吸收并固定在植被与土壤中,从而减少大气中二氧化碳的浓度。碳源是指自然界中向大气释放碳的母体。它既来自自然界,也来自人类生产和生活过程。《联合国气候变化框架公约》(UNFCCC)将碳汇定义为从大气中清除二氧化碳的过程、活动或机制,将碳源定义为向大气中释放二氧化碳的过程、活动或机制。减少碳源一般通过二氧化碳减排来实现,增加碳汇则主要通过采用固碳技术。

(二) 碳排放的驱动因素研究

卡瓦斯等(Kawase et al.,2006)[2]学者描绘了长期气候稳定的情景,将碳排放变化分解为三个因素:二氧化碳强度、能源效率和经济活动等,指出经济增长及能源消耗必然导致碳排放的增加,如果要实现60%~80%的减排目标,总的能源强度改进速度及二氧化碳强度减少速度必须比以前40年的历史变化速度快两到三倍。有学者运用投入产出法计算了城镇居民与农村居民的能源消费量,并得出结论:城镇居民的能源消费量远高于农村居民,居民的能源消费量与碳排放量是正相关的关系(Kok et al.,2006)[3]。有学者采用比较静态方法(Comparative Static Approach)和货币估值技术的研究,发现运输业是经济合作与发展组织(Organization for Economic Co-operation and Development,OECD)国家碳排放量最大的行业,约占总碳排放量的1/3(Marco Mazzarino,2000)[4]。有学者认为水泥业也是温室气体排放的主要行业,并探讨了在清洁发展、联合履行、排放交易三种机制下水泥业的发展前景,此外,他还认为国际贸易也是影响碳排放量的一个重要因素(R Rehan,2005)[5]。有学者以1989年至2003年世界169个国家的数据为样本,研究了各国人均碳排量与对美国出口量之间的关系,得出天然气、石油和煤炭、化工产品和再进口产品等四个行业对人均碳排放量的影响最大。这意味着,在控制了人口密度、GDP和FDI(Foreign Direct Investment,外商直接投资)的情况下,一国对美国出口越多,人均碳排放量也越大,出口产品中天然气、石油和煤炭、化工产品和再进口产品所占的比重越大,人均碳排放量就越大(Paul B. Stretesky & Michael J. Lynch,2009)[6]。美国经济学家格鲁斯曼(S.J Grossman S.J)首次实证研究了环境质量与人均收入之间的关系,指出污染与人均收入间的关系为"污染在低收入水平上随人均GDP增加而上升,高收入水平上随GDP增长而下降"(Grossmang A.,1995)[7]。有学者指出对于OECD国家而言,存在一定的证据表明库兹涅茨曲线(KEC)关系的存在,而对于非OCED国家而言则不存在KEC关系(Richmond A. K & Kaufmann R. K.,2006)[8]。有学者对21个经济发达国家的温室气体排放与GDP情况进行了分析,发现有7个国家出现了KEC关系(Huang W. M.,2008)[9]。也有学者对1970~2000年加拿大人均GDP、技术、人口和碳排放数据进行回归分析,其研究结果表明人均GDP与二氧化碳排放并不相关,人口与二氧化碳排放成倒"U"型关系,但技术与二氧化碳排放则成"U"型关系(Lantz V. & Feng Q.,2006)[10]。《斯特恩回顾:气候变化经济学》对全球气候变暖可能造成的经济影响进行了定量分析,结果表明如果当前以1%的GDP投入来应对气候变化,就可以避免未来气候变化可能造成的5%~20%的GDP损失(Stern N,2006)[11]。还有学者采用VAR模型对美国和土耳其进行了实证研究,表明了碳排放增长的成因并非GDP,而是能源消耗,并据此提出了降低能源强度、增加使用清洁能源等措施来实现碳排放的降低(倪伟清,2011)[12]。

(三)低碳经济的测度与评价

国外学者最早是从定量角度来构建低碳经济评价体系的。日本学者茅阳一在1990年提出了"茅阳公式"为低碳模式评价体系的建立提供了计算模型和理论基础(薛进军,2011)[13]。该公式解释了一个地区的碳排放增长量主要决定于该地区的人口、人均GDP、能源结构和能源强度四个因素。此外,有学者重点研究了在未来开放经济条件下,特定范围、特定时期内城市尺度的长期"低碳经济情景"发展模型,并评估预测其碳排放。还有学者开发了应对气候变化的区域发展模型,并将其应用到英国西部地区,在他假设的4种情景中,有3种假定通过不同的方法实现降低60%碳排放的目标(Turnpenny J.,2004)[14]。但是在这些模型中,一些社会经济指标如人口、交通需求、工业产出等,是假设的固定值,所以不能够反映区域发展的动态变化过程。

在低碳经济评价方法方面,国外学者主要运用扩展的投入产出(I-O)模型、可计算一般均衡(CGE)模型、低碳经济综合评价模型来对低碳经济发展进行评价,其中I-O模型即投入产出分析法,通过对I-O模型的变化和扩展,可以将经济部门间的投入产出依存关系通过经济数量的方式展示出来。有的学者运用加入了环境因素的I-O模型分析评价了英国的碳减排情况(A. Druckman,2008)[15]。有的学者则以灰色理论和I-O模型为基础,模拟了几种不同碳税情况下的减排状况和经济影响(Cheng F Lee et al.,2007)[16]。CGE模型中包含有"均衡"和"市场"的因素,能够模拟不同行业部门间的相互作用,对经济系统的模拟比较完善。有的学者通过运用跨区域性的CGE模型预算出了碳消费的支出额(Mustafa H. Babiker,2005)[17]。低碳经济综合评价模型则是将经济发展、能源使用与碳排放综合考虑评价的模型,其本质是环境—经济模型。还有的学者通过运用此类模型分析评价了英国的碳排放情况(A. S. Dagoumas & T. S. Barker,2010)[18]。除此之外,国外专家也使用宏观经济模型(凯恩斯模型)、动态能源优化模型等方法对低碳经济发展水平进行了模拟和评价,获得了丰富的理论知识和实证经验。

(四)碳减排的机理、机制及措施

部分国外学者分析了碳减排的机理机制,并形成了相关的理论模型。比较有影响的是GDP与碳排放量的脱钩理论(Theory of Decoupling)。联合国经济合作与发展组织对比分析了脱钩指标的国家差异后,发现环境与经济脱钩的现象普遍存在于OECD国家中,而且还有可能实现环境与经济的进一步脱钩。有的学者在研究1970~2001年间欧盟15国的交通业能源及二氧化碳的脱钩级别时,将脱钩状态进一步细分为弱脱钩、强脱钩、弱负脱钩、强负脱钩、扩张负脱钩、扩张连接、衰退脱钩与衰退连接等8大类,推动了脱钩指标构建的科学性与完整性(Petri Tapio,2005)[19]。

至于如何实现碳减排,国外学者更多地将注意力集中在评价碳排放水平、低碳政策实施效力、低碳技术发展水平等方面。碳排放水平评价方面，有的学者对于碳排放有着深入的研究（Jyoti Parikh et al.，2009）[20]，有的学者利用碳排放强度模型预测了碳减排的长期目标（至2050年）和短期目标（至2010年）（Sven Bode，2006）[21]。在低碳政策实施效力方面，国外研究多基于碳税收理论分析征收碳税的应用，如有的学者通过使用可持续增长模型（SGM模型）中的印度板块分析出了印度的温室气体排放状况，并指出应通过征收碳税来促进碳减排（K. A. Fisher-Vanden et al.，1997）[22]。有的学者则使用气候和经济的动态统一模型（Dynamic Integrated model of Climate and the Economy，DICE）对相关的政策进行定量评价，同样提出征收碳税是减少温室气体排放的有效途径（Tim Roughgarden，1999）[23]。低碳技术发展水平方面，有的学者提出低碳技术的创新、可再生能源市场的完善能够有效地保护环境，减少碳排放量，分析并给出了提高能源利用、增加绿色能源替代的节能技术和建议（Adbeen Mustafa Omer，2008）[24]。此外，日本中央环境审议会议地球环境分会对如何建设低碳社会进行的讨论提出了三个基本理念：一是实现最低碳排放关键在于构建一个社会体系，走出大量生产、大量消费和大量废弃这种传统社会模式的意识，在做出抉择时，充分考虑到节能、低能耗和推进循环经济，以及提高资源利用效率等方式来实现最低限度的碳排放；二是实现与自然和谐共存；三是实现富足而简朴的生活，即鼓励人们从一直以来以发达国家为中心形成的通过大量消费来寻求生活富足感的社会中挣脱出来（陈健佳，2010）[25]。

（五）碳排放与城市生活、城市空间结构之间的关系研究

低碳城市是减少温室气体排放、稳定自然生态系统的主要载体。国外部分学者研究了关于低碳城市中城市生活与能源消费结构之间的关系。克里斯以英国家庭为例，把生活支出及各种物质的消耗定量化，并转化为排放，以数据形式展示了家庭生活碳排放的未来情景及低碳化生活方式的迫切需求（Chris G.，2007）[26]。也有的学者比较系统地研究了城市的碳排放量计算模型及其应用分析，从碳排放的经济学角度对美国10个典型大城市中心与郊区单位家庭采暖、交通、空调及生活能耗进行了实证研究（Edward L. G. & Matthew K.，2008）[27]。

部分学者从城市碳排放综合构成方面探索了城市主要的碳排放来源。他们立足于本国现实条件，从城市碳排放构成要素角度系统分析了不同国

家、不同城市的碳排放构成，从经济发展与能耗之间的关系分析制约城市低碳发展的4个关键要素：建筑、交通、产业、消费的碳排放趋势，运用情景分析法预测未来发展的可能模式。有的学者指出通过城市土地利用、建筑设计及交通引导政策的执行，可以实现城市排放量减小到预期情景。有的学者指出通过政府引导，城市发展过程中的能源控制，包括城市土地利用、建筑设计及交通引导政策的执行，在未来几年内，使城市排放量减小到预期情景（Bryn S. Mark J.，2002）[28]。

此外，部分研究表明碳排放与城市密度以及城市空间结构密切相关。具体而言，碳排放的控制主要在于紧凑型城市（Compact City）设计，紧凑型城市体现在综合式土地利用、倡导公共交通和减少对小汽车的依赖上等。有的学者对碳排放量与城市规模、土地开发密度的关系进行了实证研究，发现城市规模与碳排放存在一定的正相关关系，随着城市规模的增大，新增人口的人均碳排放量要高于存量人口，而土地开发密度与碳排放量存在较为明显的负相关关系，城市规划对土地利用的限制和约束越严格，居民生活的碳排放量水平越低。有的学者探讨了英国空间规划与低碳目标之间的关系，认为英国的规划系统对新技术的适应度和准备度是实现低碳未来的关键，要形成将国家层面的自上而下的领导性优势和地方层面强调权利分散的灵活性优势结合起来的规划系统，就必须抓住这个关键（Crawford J. & French W.，2008）[29]。

二、国外低碳经济发展的现状分析

进入21世纪，为了应对全球气候变化和能源紧张的严峻形势，加快实现减少碳排放的目标，世界各国政府纷纷调整发展战略，加快推进低碳经济发展进程。

（一）欧盟低碳经济实践

欧盟是世界上较早发展低碳经济的地区之一。纵观欧盟低碳经济发展历程，具有以下明显特征：

第一，制定严格的减排目标。欧盟的目标是使自己改变现有的经济和社会体制，率先向低碳经济转型，打造成为一个"绿色知识经济体"。欧盟委员会2008年通过了"有关气候变化的行动与可再生能源的一揽子方案"，它的实施为欧盟带来了低碳技术领先者的优势和先发利益。2008年

12月，欧洲联盟最终就能源气候一揽子计划达成一致，批准的一揽子计划包括欧洲联盟排放权交易机制修正案、欧洲联盟成员国配套措施任务分配的决定、碳捕获和储存的法律框架、可再生能源指令、汽车二氧化碳排放法规和燃料质量指令等6项内容。计划中制定的具体措施可使欧洲联盟实现其承诺的"3个20%"：到2020年将温室气体排放量在1990年基础上至少减少20%，将可再生清洁能源占总能源消耗的比例提高到20%，将煤、石油、天然气等化石能源消费量减少20%。欧盟又于2010年3月制定了2020年战略：强调低碳经济的发展，明确要建设"资源效率欧洲"，实施"全球化时代的工业政策"，将可持续发展置于欧盟的三大战略重点之一，即要提高资源的使用效率、实现更加绿色和更具竞争力的经济体。

第二，合理利用经济杠杆。2005年1月，欧盟温室气体排放贸易机制（EUETS）正式启动，并着手开始在全世界率先实施减排量交易制度。当前，欧盟成员国实施的税种主要是碳税、气候变化税和能源税。

第三，创新能源利用技术。2008年底，欧盟能源技术战略计划正式通过，推动了包括风能、生物能、太阳能等"低碳能源"的技术推广，促进了欧盟可持续能源利用机制的建立和健全。所采取的主要措施有：加大对能源利用创新研究的投入，促进能源领域新措施的出台；推动欧洲能源科学研究联盟的建立，促进市场和学校、科研院所等领域的合作；对欧盟原有能源基地设施进行升级改造，建立和完善能源技术资料库；以成员国为单位，参加欧盟能源技术改革协调小组，协调各国的低碳减排计划、深化欧盟内部在低碳经济方面的合作，并提出在2013年前，将投资1050亿欧元，用于支持低碳环保项目和扩大就业。此外，在核裂变技术方面，欧盟也为开发第四代技术做出了安排。

第四，资金支持低碳项目。2008年2月，欧盟提出《欧盟能源技术战略计划》，计划在之后10年内增加500亿欧元作为研发气候保护技术的经费。2009年5月，欧洲联盟部长理事会和欧洲议会通过总额近40亿欧元的能源基础设施项目建设计划。计划明确提出在2009~2010年将23.65亿欧元用于天然气和电力基础设施项目，5.65亿欧元用于海上风能发电项目，10.5亿欧元用于碳捕获和储存项目。

（二）英国低碳经济实践

英国是世界上第一个明确提出低碳经济概念的国家，也是当前世界各国低碳经济发展的表率。英国低碳经济发展实践具有如下特征：

第一，立法约束碳排放。英国在2007年推出了全球第一部《气候变化法案》，成为世界上第一个拥有气候变化法的国家。2008年11月26日，英国议会通过《气候变化法案》，提出在2020年以前把英国的温室气体排放量减少34%，2050年减排80%。2009年，英国又成为世界上第一个立法约束"碳预算"的国家。2009年7月15日发布了名为《英国低碳转换计划》的国家战略文件，其构建"低碳经济"发展模式的步伐进一步加快。

第二，税收鼓励节能减排。英国政府在"气候变化计划"中提出气候变化税主要是对电力、天然气、液化石油气和固体燃料等特定能源的供应者征税；创立碳信托基金，提供免费碳管理服务以帮助企业识别节能和减排潜力；对与政府自愿签署气候变化协议的企业，如果企业达到协议规定的能效或减排就可以减免80%的碳税。英国政府从2011年开始鼓励低碳汽车消费，凡是购买达到安全指标和低排放标准的电动车、插电式混合动力车或氢燃料电池车的车主均可获得车价25%的补贴，这有利于促使英国成为全球低碳汽车开发和生产领先者。

第三，基金服务低碳发展。2005年英国率先建立了3500万英镑小型示范基金，制定了《减碳技术战略》。其主要措施是：在环境、食品与乡村事务部设立了碳信托基金，提供节能服务和贷款等；家用电器采用欧洲联盟标准，运用降低增值税等财政工具，制定燃料贫困补助措施；为居民提供信息和建议，如设立节能信托基金、提供绿色住房服务、建立能源标志及建筑节能绩效证书制度等。

（三）美国低碳经济实践

美国是世界第一经济大国，也是世界第一经济强国。近年来，美国也采取多种措施大力发展低碳经济。美国低碳经济发展实践具有如下特征：

第一，出台政策应对气候变化。美国提倡走在新能源技术的前列，成为最大的清洁能源技术出口国。美国众议院通过《清洁能源安全法案》，标志着美国在气候变化问题上的立场已出现根本性的转变，同时这也意味着美国已经着手"后京都时代"的国际竞争战略布局。美国在2005年和2007年分别通过了《能源政策法》与《低碳经济法案》。此外，美国政府也相继出台了一系列有关应对气候变化的政策：2006年，加利福尼亚州通过了《加利福尼亚州全球变暖解决方案法》；2007年2月，加利福尼亚州、新墨西哥州等5州制定了《西部气候倡议》；2007年9月末，全美共691名市长在美国市长气候保护协议会议上签字，同意承诺依照"京都协议"制定的目标，到2012年将温室气体排放量比1990年削减7%；2009年3月提出的《绿色能源与安全保障法》制定了详细的碳排放总量管制与交易体系。

第二，重视环境税收。美国的"绿色税收"制度包括对产生臭氧的化学品征收的消费税、对汽油的征税，以及对与汽车相关的其他征税等。美国大部分与环境相关的税收计划是由州和地方政府实施，每个州的标准都不一样。但美国无论在联邦层次上，还是在州层次上，都对环境税收越来越重视。

第三，扶持低碳技术研发项目。美国大力扶持如生产制造程序的节能技术、太阳能发电技术、二氧化碳回收储藏技术、替代燃料汽车等技术。为了支援创新，在"碳隔离领袖论坛"中，美国将联合欧盟的"CO_2 SINK 计划"共同研究开发二氧化碳的高效率分离、回收以及运输的相关技术。美国政府还通过"煤研究计划"支持能源部国家能源技术实验室进行清洁煤技术研发，例如：开发创新型污染控制技术、煤气化技术、先进燃烧系统、汽轮机及碳收集封存技术等。

第四，加大对"绿色复兴计划"（Green Recovery Programe）的投入。美国是世界上低碳经济研发投入最多的国家。在2009年2月批准的经济刺激计划中，美国政府决定拨款110亿美元用于智能电网技术，帮助实施智能电网的研究和演示项目；在2010年年度预算中，仅对清洁燃煤技术的研究就提供了150亿美元的拨款。为了支持发展低碳能源，奥巴马上任之初即支持能源部于2010年申请263亿美元资金的预算，侧重开发新一代温室气体排放的可再生和替代能源，帮助美国转型为低碳能源经济。

（四）日本低碳经济实践

作为具有代表性的经济发达国家之一，近年来日本在低碳经济发展实践中积累了丰富的实践经验，其主要实践特征包括：

第一，确立环境立国战略。日本从战略角度上充分认识到大幅度减少温室气体排放是构建和谐低碳经济社会必不可少的因素。2007年6月，日本内阁通过了《21世纪环境立国战略》，将低碳社会确定为2050年的重点发展目标，表明要充分利用能源与环境的高新技术引领全球，把日本打造成为世界上第一个低碳大国。2009年4月，日本公布了名为《绿色经济与社会变革》的改革政策草案，目的是通过实行减少温室气体排放等措施，强化日本的低碳经济，构建低碳社会。2009年5月，日本公布了《2008年能源白皮书》，将日本的能源消费结构从以石油为主向以太阳能和核能等非化石燃料为主转变。

第二，立法保障低碳实施。日本先后颁布实施了《固体废弃物管理和公共清洁法》、《促进资源有效利用法》、《促进容器与包装分类回收法》、《食品回收法》、《建筑及材料回收法》、《家用电器回收法》及《绿色采购法》等法律法规来鼓励和推动节能降耗，大力发展低碳经济，为低碳经济的有效推动提供了法律依据和保证。2009年4月，日本政府又公布了《绿色经济与社会变革》的政策草案，该草案实施之后，日本环境领域的市场规模将从2006年的70万亿日元增加到2020年的120万亿日元。

第三，出台税收政策。日本从2007年开始征收环境税，征税额度取决于企业对环境和生态造成的负荷程度。同时，日本大力推进节能减排技术改造，规定淘汰落后产能的企业可减免部分税收并进行财政补贴。2008年，日本根据"构建低碳社会行动纲领"开始进行排放量交易的实验。目前，日本正在实施"二氧化碳排放可视化"的管制制度。日本政府有关部门开始从低碳化的观点，全面评估现有的税制，推进日本税制的绿色进程。在2009年的税制改革中，政府考虑对碳排放定价的重要性，实施针对二氧化碳课税的环境税。

第四，领跑低碳技术。日本有许多能源和环境技术走在世界前列，如综合利用太阳能和隔热材料大大削减住宅耗能的环保住宅技术，利用发电时产生的废热为暖气和热水系统提供热能的热电联产系统技术，以及废水处理技术和塑料循环利用技术等。此外，日本不断创新化石能源的减排技术装备，如改进燃煤电厂烟气脱硫技术装备，形成了国际领先的烟气脱硫环保产业。在交通行业，正在迅速地推出新一代的交通工具，如丰田率先推出了混合动力车及电池蓄电的电动车。

(五) 德国低碳经济实践

作为欧洲代表性的发达国家之一，德国在低碳经济发展进程中形成了独特的实践特征。

第一，确定能源政策线路图。2009年，德国政府环境部出台《能源政策线路图》。其主要内容有：通过降低一次能源消耗量，到2020年，电力部门能源消费总量下降10%；鼓励可再生能源的使用，预计到2020年，可再生能源占德国电力能源消费总量将提高20%。此外，路线图计划大幅改善电网，提高研发清洁能源的技术水平和增加资金投入。德国政府保证可再生能源的地位，对可再生能源发电进行补贴，还制定了《可再生能源供暖法》，促进可再生能源用于供暖。德国还制定了沼气优先原则，引导天然气管道运营商优先输送沼气，并以天然气为参照划定沼气的市场价格，进一步确定补贴额。

第二，出台"低碳经济立法"相关政策。20世纪德国就制定了《废物处理法》、《排放量控制法》、《产品的拿回制度》、《循环经济与废物清除法》等与低碳经济发展相关的法律法规。21世纪，德国又相继出台了《森林伐木限制令》、《生态税持续改革》、《再生能源法》等。这一系列法律法规的出台，使德国形成了较为健全的法律体系和碳排放管理制度。作为世界上最早提出为循环经济立法的国家，德国政府意图通过将碳排放权作为商品，促使其参与市场自由竞争交易来实现资源有效配置，将碳排放交易范围从能源、交通工业扩大到建筑部门。

第三，提高能源使用效率。德国十分注重提高能源使用效率和节省能源，生态税作为政府的调控杠杆，在很大程度上促进了德国的节能环保产业的良性发展。德国从1999年4月起实施生态税改革。德国与环境相关的生态税费包括能源税、电力税和汽车税以及垃圾、污水处理费。德国生态税先从征收矿物油税开始，1999年又推出电力税。2000年到2003年德国陆续提高了电力税和汽车燃油税，并在2003年1月提高了取暖燃料税。2006年8月德国引入煤炭税。生态税的征收起到了为德国能源消费"节流"的作用。德国自推出生态税以后，每年燃料消耗下降3个百分点，而此前数十年燃料消耗持续上升。尽管德国车辆行驶里程不断增加，但燃油消耗量却比税制改革前约减少17%。通过征收生态税，每年政府可获得约180亿欧元的税收收入，而由此获得的资金则用于促进可再生能源开发等。

第四，启动气候保护高技术战略。2006年，德国启动了"高技术战略"，以期持续推动创新，使德国在技术市场上位居世界前列。2007年，在"高技术战略"的指导下，联邦政府制订了气候保护技术战略，该战略明确联邦教研部将在未来10年内投入10亿欧元支持气候保护技术的研发，同时工业界也投入一倍的资金用于开发低碳技术，其重点领域包括气候保护和预测的基础性研究、气候变化方向、后果及适应方法、发展低碳经济的政策措施，并通过立法强制规定了节能减排的各项目标和具体时间表，同时，大力推进低碳发电技术的研究和应用，并计划制定关于二氧化碳分离、运输和埋藏的法律框架，建设低碳发电示范站。

（六）意大利低碳经济实践

"低碳经济"这个词汇在意大利的官方文件中几乎找不到，但是在政府、企业、科研机构以及社会各界的发展实践中，低碳经济均得到了广泛的推行。意大利政府主要是通过节能减排的政策、措施以及技术研发来推动低碳经济发展。

第一，实行"绿色证书"制度（Green Certificates）。意大利于1990年后开始立法实行了"绿色证书"制度，旨在通过利用可再生能源向国家电网输送电力。证书的颁发必须通过国家电网管理局的认可。"绿色证书"制度是一种基于市场的激励机制，它既是一种认证，又有具体的数量标准，每张证书的有效期为8年，代表5万千瓦时的可再生能源生产量。有可再生能源生产或进口义务指标的生产商或进口商作为市场的需求方。"绿色证书"通过两种不同的方式进行买卖：一是通过供需双方签订双边协议进行交易；二是通过电力市场管理局的交易平台进行交易。协议方式只在拥有"绿色证书"的企业和具有可再生能源生产或进口义务的生产商和进口商之间进行，但其交易是通过国家电网管理局进行，即双方将供需信息通过网站提交给国家电网管理局。

第二，推行"白色证书"制度（TEE）。"白色证书"，也称能源效率证，实际上是对能源企业提高能源利用效率的一种认证。企业申请"白色证书"有最低的节能目标，根据注册项目的不同而变化。意大利政府于2004年7月20日颁布法令，从2005年1月1日起正式确立这种制度。"白色证书"主要针对节约天然气、电能、其他燃料三种类型进行发放。节能措施既包括生产过程，同时也包括最终使用部门。大部分的"白色证书"的期限为5年，对生态建筑、建筑物保温以及类似的项目，期限为8年。"白色证书"可以买卖，管理部门可根据市场行情调整价格。"白色证书"的合同既可由供需双方直接签订，也可在电力市场管理处的专门市场内进行。电能和天然气管理局负责签发"白色证书"、评估"白色证书"价格并对节能效果进行检查。当企业的用户达到10万家以上时，必须实施"白色证书"制度，而10万家以下用户的企业，可以自愿实行"白色证书"制度。电能和天然气管理局或其他政府部门将对达到节能目标的企业给予经济奖励。

第三，实施 CIP6 机制。1992 年，意大利政府开始实施 CIP6 机制，通过保证购买价格的方式来支持可再生能源发电厂的建设，并且依据使用可再生能源所产生的各种费用以及可再生能源设备种类等标准制定详细价格，为从政策导向上推动可再生能源的发展提供了必要的手段。

（七）印度低碳经济实践

作为具有代表性的发展中大国，近年来印度通过积极转变经济增长方式、开创碳交易市场、研发清洁能源技术等措施大力发展低碳经济，对世界性碳减排作出了表率。印度低碳经济实践特征主要包括：

第一，转变经济增长方式。印度作为发展中国家，兼顾经济发展与减少排放的双重任务。印度是贫油国，煤炭储量丰富，其经济对能源的强劲需求使得印度对煤炭的依赖加深，形成以煤为主的能源结构，在全球发展低碳经济的背景下，印度主要从政府措施和市场机制两方面入手，致力于转变经济增长方式发展低碳经济，创造未来"绿色经济"大国。印度政府于 2007 年 6 月成立了由总理辛格直接领导的高级别环境顾问委员会，以协调和评估此前由各部门出台的一系列减排政策。印度新能源部的《国家可再生能源政策》规定，2010 年各邦发电量中的 10% 必须来自可再生能源，到 2020 年比例提高到 20%。

第二，开创碳交易市场。印度政府规定能源使用效率高于标准的企业将在能源审计后获得节能证，未达标企业必须整改或购买节能证。印度国家商品及衍生品交易所（NCDEX）也从 2008 年 4 月开始进行碳交易。印度政府非常支持利用碳信贷为本国新能源融资，2008 年 1 月，孟买多种商品交易所与芝加哥气候交易所合作启动了碳信贷的期货交易。

第三，完善清洁能源技术。印度建立大的能源发电站，大大增强了太阳能的比例，对太阳能进行储存；使用风能、核能和生物质能，建设可持续人类居住区，即改善建筑物的能源效率和对废弃物的管理。太阳能是印度减少二氧化碳排放的最佳选择。太阳能行动计划以太阳能和可再生能源为核心，符合印度能源发展战略，行动计划贯穿可持续发展主线，以"适应"为重点，反映了印度社会经济发展战略。印度政府在经济系统各部门提高能源利用效率，促进水电、风能、太阳能等可再生能源的发展，开发利用清洁煤炭发电技术，不断改造国家电网，完善能源、交通基础设施建设，使用更清洁低碳的交通燃料，强化森林保护和管理等。

（八）国外的启示

发展低碳经济不仅有助于克服资源短缺、保障能源安全、保护生态环境和减缓气候变化，也与"两型社会"建设和可持续发展的要求相一致。现阶段，我国正处于工业化、城镇化快速发展阶段，发展低碳经济不能急于求成、盲目追求不符合我国现阶段国情的超前目标，各国在低碳经济的策略选择及其策略重点上有所不同，但这些国家在一定程度上都获得了成功，甚至成为某些区域或领域的典型，其成功经验值得我们借鉴。

1. 尽力避免能源消耗和温室气体排放的"锁定效应"

我国正处于快速的工业化和城市化过程中，每年有大量的基础设施和设备投入运营。由于基础设施和设备的寿命周期短则十几年、长则数十年，如果不采用先进的技术、设备和发展理念，一旦建成，在其整个寿命周期内的能耗与排放水平就基本被锁定。因此，我国应顺应国际低碳经济发展潮流，在目前大规模在建的高速铁路、地铁、公交等交通体系以及建筑等领域，尽量采用先进的低碳设备、材料及施工与运营模式，走低能耗和低排放的发展道路。

2. 加快国内低碳技术的研发和创新

发展低碳经济的核心，是加快低碳技术的研发和推广应用，低碳技术关系到国家未来的核心竞争力，应予以高度重视。目前国际上很多低碳技术尚处于研发阶段，与发达国家相比，我国在新能源技术等方面的差距要小于传统能源技术，且在一些重要的新能源领域，如在太阳能、风能的商业化应用方面已走在世界前列；在电动车的研发方面，正逐步形成可与欧美日等国相互竞逐的格局。现阶段我国应进一步加大科研投入、加强科研体制创新，争取在关键低碳技术领域率先取得突破、形成自己的技术优势，则可避免重复产业引进、低成本竞争的传统模式，确立新的国际竞争优势，在新一轮技术革命中迈入先进者行列。同时，我国还应当积极地整合和利用国际资源，加强低碳经济的国际合作。

3. 加强碳关税和碳税等方面的研究

英国的排放贸易机制、日本的碳排放权交易制度、意大利的"绿色证书"制度等，是一种基于市场的激励机制，能有效限制高碳能源的使用，激励低碳环保的可再生能源发展。近年来，欧美等国又纷纷将应对气候变化与贸易挂钩，提出对来自减排措施不力国家的进口产品征收碳关税。尽管目前各方对碳关税尚存在争议，但却难以阻止一些国家采取相关行动。如 2009 年 12 月法国总统萨科齐单方面宣布，从 2010 年起对环保立法不及欧盟严格的国家征收 17 欧元/吨的碳关税，并逐年增加；美国也将碳关税纳入相关立法计划。我国低碳经济的发展缺少这些强有力的经济激励政策和相应的健全的市场机制，要借鉴发达国家已有做法，择机推出气候变化税、开征碳税，尤其需要完善碳排放交易市场，在抓紧研究碳关税应对措施的同时，尽快考虑出台国内碳税相关财税政策，以实现加快经济增长方式转变，有效调整和优化出口产品结构，降低出口产品碳含量，最终从根本上解决碳关税问题。在借鉴发达国家经验的过程中还应注重"本土化"，通过制定政策，让"低碳者"受益，达到"软性治理"的效果。

4. 推进低碳经济试点和示范

积极引导并规范开展我国低碳经济试点和示范工作。通过试点，编制试点地区和行业的低碳经济发展规划，逐步建立地区和行业的低碳经济发展评价指标体系，并探索低碳经济发展的区域模式和产业模式。通过示范，研究并提出发展低碳经济的区域政策和产业政策，制定主要行业的二氧化碳排放标准，引导并培养公众低碳绿色消费模式，建立并试行温室气体统计、监测和考核办法，着力构建不同层次控制温室气体排放的政策体系、技术体系和制度体系，逐步探索出一条立足于我国基本国情，并且符合当前经济发展规律的渐进式发展低碳经济的路径。

5. 加快低碳经济相关立法和规划工作

法律是低碳经济发展的重要保障，发达国家纷纷开展的应对气候变化和发展低碳经济的相关立法的做法，值得我们借鉴。目前我国发展低碳经济的法律体系仍不健全，既缺少统领全局的"大法"，也没有围绕"大法"的"小法"。我国应抓紧开展与低碳经济发展相关的立法研究工作，尽早启动包括"气候变化法"等相关法律的立法程序，尽快完成"能源法"的立法工作。同时，还应做好发展低碳经济的相关政府规划，将应对气候变化作为国家经济社会发展的重大战略，明确提出我国应对气候变化的行动目标和主要任务，将发展低碳经济作为促进国民经济又好又快发展的重要抓手和突破口，尽快发布有关促进低碳经济发展的指导意见，推动我国低碳经济积极、有序、健康地发展。

三、国内低碳经济发展的理论动态

国内学者对低碳经济的研究起步较晚。自21世纪以来，有关低碳经济的研究成果才逐渐增多。从总体上看，国内关于低碳经济的研究领域较为广泛，其研究成果主要集中于以下几个方面：

（一）低碳经济的概念及内涵

付允等（2008）[30]认为，低碳经济是以低能耗、低污染、低排放和高效能、高效率、高效益"三低三高"为主要特征，在不影响经济和社会发展的前提下，通过技术创新和制度创新，最大限度地减少温室气体排放，从而减缓全球气候变暖，实现经济和社会的清洁发展与可持续发展的经济模式。鲍健强等（2008）[31]指出，碳排放量成为衡量人类经济发展方式的新标识，碳减排的国际履约协议孕育了低碳经济，表面上看低碳经济是为减少温室气体排放所做努力的结果，但实质上，低碳经济是经济发展方式、能源消费方式、人类生活方式的一次新变革，它将全方位地改造建立在化石燃料基础之上的现代工业文明，转向生态经济和生态文明。侯军岐（2010）[32]认为低碳经济本身就是一种以低能耗、低污染、低排放和高效能、高效率、高效益为基础，以低碳发展为目标，以节能减排为方式，以碳中和技术为手段的绿色经济发展模式。张平、杜鹏（2011）[33]认为低碳经济的概念可以分为广义和狭义两种，其中广义的低碳经济是指低投入、高产出的经济发展方式，其目标是实现人类可持续发展，主要考虑的是经济发展中所有资源的有效利用，为长期目标；狭义的低碳经济是指低能耗、低排放、低污染，从而产生较少温室气体排放的经济发展方式，其目标是应对当前气候变暖问题，为短期目标。胡大立、丁帅（2010）[34]对国内外学者在低碳经济概念上的研究成果做出了一些总结，认为低碳经济是人类社会更加进步文明的高阶段的社会经济形态，以技术创新和政策措施为支撑，以建立一种高效低排的低碳产业链为途径，从而实现经济发展方式低碳化、人类生活消费方式低碳化，其核心前提是经济的稳步增长，最终目标是实现生态环境和社会经济的协调发展。

> **零碳城市与零碳建筑**
>
> 零碳城市源自罗马俱乐部提出的经济零增长理论,是指城市对气候变化不产生任何负面影响,或者说最大限度地减少温室气体排放。零碳建筑是零碳城市的重要方面,这种建筑在不消耗煤炭、石油、电力等能源的情况下,其能耗由场地产生的可再生能源提供。主要特点是除了强调建筑围护结构被动式节能设计外,将建筑能源需求转向太阳能、风能、浅层地热能、生物质能等可再生能源。世界上第一个零碳建筑范例是伦敦贝丁顿零碳社区,项目占地 1.65 公顷,通过巧妙设计并使用可循环利用的建筑来建设零碳生态社区,它尤为强调对阳光、废水、空气和木材的可循环利用。上海世博会零碳馆是在上海世博局大力支持之下的城市最佳实践区(UBPA)项目,总建筑面积 2500 平方米,包括零碳报告厅、零碳餐厅、零碳展示厅和六套零碳样板间,空调系统由太阳能、被动风能及地热能联合驱动。

(二) 发展低碳经济的必要性和重要意义

冯之浚、牛文元(2009)[35]认为发展低碳经济不仅是我国转变发展方式、调整产业结构、提高资源能源使用效率、保护生态环境的需要,也是在国际金融危机的情况下增强国内产品的国际竞争力、扩大出口以及缓解在全球温室气体排放等问题上所面临的国际压力的需要,这既符合我国现代化进程的要求,又可以面对来自国际上的挑战。黄栋(2009)[36]认为,当前中国正处于快速工业化和城市化进程中,伴随工业增长所带来的能源和资源消费会大幅度增加;从国际政治的角度来看,随着中国的崛起,国际社会也要求中国承诺更多的温室气体减排义务;以新能源和可再生能源为代表的低碳产业是一个潜力无穷的朝阳产业。胡晓琦、刘桂荣(2012)[37]全方位、多层次地剖析了中国经济发展中存在的能源方面的问题,结合大量统计数据,利用相关性分析方法,分析了中国发展低碳经济的必要性和可行性。他们认为发展低碳经济是实现可持续发展、营造安全经济社会发展环境的基础,且中国发展低碳经济存在很大的潜力,并进一步提出中国应该着重在发展低碳技术、提高能源效率、优化产业结构等方面深化改革,以推行低碳经济模式。谢军安(2009)[38]在介绍了以英国、日本、德国等为代表的国际社会发展低碳经济的动向与趋势的基础上，分析了我国在发展经济、消除贫困和减缓温室气体排放等方面的多重压力，以及面临的严峻的气候变化形势，提出低碳经济的发展将促进人类生产、消费方式的转变，绿色技术的发展及能源结构的改变，以及国际间贸易与碳博弈将成为低碳经济发展及演变的趋势。

（三）发展低碳经济的基础、优势和条件

王毅（2009）[39]指出，作为最大的发展中国家，中国发展低碳经济的机遇与挑战并存。一方面，探索低碳发展之路不仅符合世界能源"低碳化"的发展趋势，而且也与我国转变增长方式、调整产业结构、落实节能减排目标和实现可持续发展目标具有一致性。从另一个角度看，中国如果不能尽快实现包括低碳化在内的发展方式的转型，将会面临更多的风险。金乐琴、刘瑞（2009）[40]认为，我国发展低碳经济面临诸多不利条件，如发展阶段、发展方式、资源禀赋以及贸易结构。同时指出，中国发展低碳经济也有许多有利条件，如减排空间大、节能减排的余地较大、减排的成本低以及技术合作潜力大。梁鑫（2012）[41]从系统论角度分析，我国发展低碳经济的挑战与机遇并存，挑战甚至大于机遇。一方面，能源资源需求旺盛、能源资源消费结构不合理、产业结构调整的难度较高以及低碳技术水平相对落后等方面制约着低碳经济的发展；另一方面，中国能源效率的提升空间和国际低碳技术合作的潜力还比较大。从中长期来看，加强低碳技术和制度创新、能源结构调整以及经济结构优化是中国发展低碳经济的必然选择，但在短期内对我国减少温室气体排放的作用有限，发展循环经济和推进节能减排是短期提高能源利用率最有效的方式。杨振龙（2010）[42]指出由于我国低碳经济的特殊性，我国在发展低碳经济的过程中存在着众多机遇：我国发展低碳经济有一个良好的外部环境，低碳经济催生了一系列朝阳产业，减排空间大，与发达国家的合作空间巨大；同时，也面临着相应的挑战：我国能源消耗在未来相当长的一段时间内会持续增加，我国的资源禀赋决定了发展低碳经济必然困难重重，我国的产业结构对发展低碳经济存在阻滞效应，发展低碳经济的技术实力有待提升。

（四）低碳经济的基本途径和战略对策

鲍健强等（2008）[31]认为，我国发展低碳经济的主要途径在于：一是调整产业结构，发展具有低碳特征的产业，限制高碳产业的市场准入；二

是降低对化石能源的依赖，走有机、生态、高效农业的新路子；三是发展低碳工业，优化能源结构，提高能源效率，减少二氧化碳排放；四是建设低碳城市，开发低碳居住空间，提供低碳化的城市公共交通系统；五是通过植树造林、生物固碳，扩大碳汇。郭万达、郑宇（2009）[43]认为未来40年是我国发展低碳经济的重要"战略机遇期"，鉴于气候变化的国际外交谈判问题比较复杂，我们应"内外有别"，对外要本着"共同但有区别的责任"原则进行国际谈判，"对内"，则要抓住机遇，积极主动地发展低碳经济。李胜、陈晓春（2009）[44]认为中国发展低碳经济的政策建议包括创新国家产业、金融和财政等相关经济政策、创新公民参与的社会政策、创新国家科技和人才政策、创新消费政策、创新文化政策等。任力（2009）[45]认为发展低碳经济的措施包括低碳发展战略，调整产业与能源结构，加强低碳技术创新与制度创新，建立碳交易市场，促使企业承担低碳社会责任等。赵卓、肖利平（2010）[46]认为技术创新是低碳经济发展的动力和核心，我国能否顺利实现低碳经济很大程度上取决于低碳技术创新。郭英、肖华茂（2011）[47]研究了中部地区在低碳经济理念下如何实现产业集群的生态升级。他们指出，中部的产业集群正在迅猛地，已经由过去的点状零星发展转向了带状大规模化发展。中部产业集群发展所面临的问题和机遇众多，其中，容易忽视有生态环境保护和资源可持续利用等问题。所以，中部地区在大力发展产业集群的同时应充分注重在低碳经济理念下合理地平衡生态环境和经济利益的矛盾，注意强化产业链连接意识，提高本地产业配套水平，减少因产业分散而增加的生态弊病。

促进低碳经济发展的重要手段是碳税政策，同时很多学者认为碳税政策对经济的影响是显著的。曹静（2009）[48]基于2005年的社会核算矩阵对中国近期实施碳税政策进行系统的动态CGE模型分析，经过一系列的假设，分别从碳税对其他税种的替代和碳税返还给消费者两方面，考察从2010年开征碳税到2015年的综合效果，说明碳税返还和税收替代都会导致GDP下降幅度显著降低，但同时却能有效降低碳排放和能源消费。王金南等（2009）[49]采用国家发展和改革委员会能源研究所自主开发的中国能源政策综合评价模型—能源经济模型模拟了不同碳税方案对中国国民经济、能源节约和二氧化碳排放的影响，结果显示：尽管征收碳税会导致经济下降，但下降幅度不超过0.5%，而能源节约的收益和碳排放下降较为显著。高鹏飞、陈文颖（2002）[50]等应用MARKEL – MARCO模型进行预测，结果显示：征收碳税将导致较大的GDP损失，但存在减排效果最佳的碳税税率。

(五) 低碳经济发展水平评价及发展潜力预测

郑季良、陈墙 (2010)[51]分析了近20年云南省碳排放与经济增长之间的关系变化及成因,表明经济的快速发展过程和能源结构导致了二氧化碳的大量排放。他们采用基于 IPAT 方程的碳排放量计算模型,对云南 2011~2020 年的碳排放量和碳排放强度变化以及经济增长的关系进行分析和预测,并探讨了二者之间脱钩的条件。张贵宾、王安周 (2007)[52]运用生态足迹分析法,对中部六省的消费状况进行了分析与计算。结果表明中部地区的发展已经超出了生态承载力的阈值,其生态足迹多样性指数为 1.336,万元 GDP 足迹为 1.982 公顷,生态协调系数为 1.227,也反映了中部地区处于一种不可持续的发展状态。张亚新、张平宇 (2011)[53]通过采用碳产出、排放水平、人民生活、低碳资源等四项指标,评估比较了吉林省、辽宁省、浙江省和全国的低碳经济发展水平,比较分析了吉林省发展低碳经济的优势和不足。陆小成 (2011)[54]以中部六省为研究对象,进行了区域低碳创新系统评价实证研究。李晓燕、邓玲 (2010)[55]则以我国的四个直辖市为研究对象,进行了综合性的低碳发展评价,指出了直辖市低碳经济发展中现存的各种问题,并提出了相对应的政策建议。邹秀萍等 (2009)[56]使用 EKC 模型对我国 30 个省市区碳排放进行了面板数据定量分析,得出了各省碳排放量与人均 GDP 呈倒"U"形曲线关系。熊青青 (2011)[57]对珠三角地区就大城市的低碳发展水平进行了定量研究,将其低碳发展水平划为四个等级,科学合理地指出了低碳城市建设的发展方向。

在低碳评价的方法上,我国学者多使用的是以层次分析法 (AHP) 为基础的低碳经济综合评价体系。在这一类的研究成果中,郭红卫 (2010)[58]运用模糊层次分析法,通过对低碳经济的定量测度,建立了低碳经济的综合评价体系,得到了各评价指标的比例表。余丽生等 (2011)[59]将浙江省低碳经济发展水平总体情况研究指标体系分为了 3 个层次,并以此为基础构建了浙江低碳经济发展水平评价体系,研究其整体发展进度,指出了浙江低碳经济的进一步发展的方向。苏振江、谭会志 (2011)[60]运用层次分析法评价了伊春林区低碳经济发展水平,并通过绘制雷达图像探究其发展中所存在的问题,并给出了相应的解答。另外,黄敏等 (2010)[61]尝试使用 KAYA 公式研究了江西等省的碳排放量。王斌斌（2010）[62]运用因子分析法构建了低碳经济发展评价指标，系统客观地评价了15个资源城市的低碳经济发展状况。毛玉如等（2008）[63]则通过物质流分析方法研究评价低碳经济的发展，从技术、产业、区域、机制等领域考虑低碳经济的建设，给出了相应的宏观和微观的政策建议。

四、国内低碳经济发展的现状分析

（一）面临的形势

1. 能源消耗量增长迅猛

近年来中国经济迅速增长，特别是快速的工业化、城镇化导致中国能源消费量迅速增长。此外，较低的能源利用率也是中国能源需求居高不下的一个重要原因。然而现实国情是我国的能源资源相对缺乏，能源资源的探明储量占世界探明储量的份额不高，而且我国人口众多，人均可采储量更少。从经济发展来看，中国计划到2020年经济规模比2000年翻两番，意味着年均经济增长速度要超过7.2%。如果中国经济保持快速增长，未来能源需求必将不断增加。由于中国石油储量的不足限制了国内能源生产，经济快速增长过程中带来的大量新增能源需求将通过进口途径得以满足。然而，未来一段时间内，能源价格如石油价格上涨的压力会继续存在，能源价格的波动会不断增加，将进一步影响到我国的能源安全。

2. 能源开发引起的环境污染严重

在能源开发和利用的生命周期过程中，从能源资源的开采、加工和运输，到二次能源的生产，以及电力的传输和分配，直至能源的最终消费，各阶段都会对环境造成压力，引起局部的、区域性的环境问题。我国经济高碳化特征比较明显，碳生产率水平一直以来相对落后。一些城市对资源的需求和碳排放强度远远超出其所能承载的界限，资源环境问题在全国范围内不同程度地体现出来，大气污染、水污染凸显于我国各地，部分城市污染较重，这些都成为制约我国经济发展的瓶颈。

2010年中国能源状况

2010年，中国能源生产总量296916万吨标准煤，其中，原煤占76.5%，原油占9.8%，天然气占4.3%，水电、核电、风电占9.4%。中国能源消耗总量324939万吨标准煤，其中，煤炭占68%，石油占19%，天然气占4.4%，水电、核电、风电占8.6%。同年可供消费的能源总量311277万吨，能源消费总量306677万吨，平衡差额为4630万吨标准煤。同年能源生产弹性系数为0.78，能源消费弹性系数为0.58。

3. 节能管理体制改革明显滞后

中国现行能源管理体制和监管制度是不适应未来能源可持续发展需要的，突出地表现在以下几个方面：一是综合协调能力不强。主要是不同层次政府之间，以及政府财政、税收、投资、价格、金融、贸易、城市建设、交通、国有资产管理等诸多职能部门之间，存在目标和步调不一致、国家利益和地方利益不一致、眼前利益和长远利益不一致的"三个不一致"问题。二是政策执行能力不够。目前政府管理的重点更多地放在前置性审批环节，项目的事中、事后监督与管理则相对较弱，存在"重审批、轻监督"的现象。三是社会性监管不够。现行的政府能源管理侧重于投资、价格、生产规模等经济性管理，对于环境、安全、质量、资源保护等外部性问题的监管相对较弱，客观造成了"重生产轻消费、重供应轻节约"的现象。四是中央与地方的政策目标不一致。能源关乎一个国家和地区的经济增长、财政、就业、收入分配、社会稳定等各个方面，由于中央政府与地方政府存在短期目标与长期目标的不一致，导致中央政府与地方政府在能源管理目标、手段、程度等方面都难以保证上下一致。五是监管职能不到位，存在一定的监管真空。从国外经验来看，监管职能的相对集中有利于监管政策的统一性和执行力，而目前中国能源监管处于较分散状态，监管机构面临职能缺失和监管真空问题。六是监管力量不足，监管人员严重短缺。中国有13亿多人口，能源从业人员多达1200多万，但中央政府仅有几十人专司能源管理之责，相比之下，美国能源部有1.5万名联邦雇员从事能源管理。

（二）存在的困难

1. 我国能源综合利用效率偏低

当前，我国正处于工业化中后期阶段。由于整体上我国企业的管理水平和能源技术装备水平均相对落后，导致单位 GDP 能耗和主要耗能产品能耗均高于主要能源消费国家的平均水平。目前，我国的总体能源利用效率在 33% 左右，比发达国家低了约 10 个百分点。其中，石化、电力、钢铁、有色、建材、化工、轻工、纺织 8 个行业主要产品单位能耗平均比国际先进水平高 40%；燃煤工业锅炉平均运行效率比国际先进水平低 15% 到 20%；机动车每 100 公里油耗比欧洲、日本分别高 25% 和 20%；单位建筑面积采暖能耗是与我国气候条件相近的发达国家的 2~3 倍。

2. 我国能源消费结构不合理

在中国能源探明储量中，煤炭占 94%，石油占 5.4%，天然气占 0.6%（张辉，2011）[64]。"富煤、少气、贫油"的能源资源结构特点使得中国以煤为主的能源生产和消费结构将长期存在，我国对煤的依赖远远大于世界其他国家，并且在相当长的时期内难以改变。此外，我国三次产业之间的比重也不协调，低能耗的第三产业和服务业比重偏低，发展缓慢，而工业比重大，工业结构内部还存在着重工业发展速度快，重工业比重大的特点，体现出产业结构不合理的特征。而我国这种粗放型的经济增长方式将进一步导致能源消费结构的不合理。

3. 我国总体技术水平较落后

技术创新是应对气候变化和推行低碳经济的关键。然而从整体上看，目前我国能源生产和利用、工业生产等领域技术水平较低，技术开发能力和关键设备制造能力差，产业体系薄弱，与发达国家有较大差距。目前，全球核心的节能减排技术有 60 多项，其中有 40 多项是中国没有掌握的，需要通过国际合作，甚至是发达国家的技术转让才能获得，这说明了我国的科研研发基础薄弱、潜力不足，这也成了我国高碳经济向低碳经济转型的最大挑战。

4. 我国面临的减排压力越来越大

近年来，中国的经济实力和国际影响力都在不断增强，国际社会对于中国的期望和忧虑也与日俱增，以西方发达国家为首的国际社会也要求中国承诺更多的温室气体减排义务。然而，随着中国工业化和城市化的加速发展，必然带来公路、铁路、桥梁等基础设施的大规模建设以及对能源消费的巨大需求，这也导致中国在减排方面遇到的国际政治压力越来越大，在国际气候问题谈判上中国正面临着空前的压力。

(三) 积极的举动

面对全球气候变暖的世界性问题，我国作为一个高度负责任的大国，非常重视低碳经济发展，低碳经济发展取得了显著成绩，主要包括：

1. 制定出台低碳经济相关政策法规

近年来，我国先后制定并出台了《煤炭法》、《电力法》、《节约能源法》、《可再生能源法》、《清洁生产促进法》、《循环经济促进法》等法律，为低碳经济的发展创造了良好的法律与政策环境（韩智慧，2012）[65]。此外，中国政府先后推出绿色税收、绿色资本市场、生态补偿政策，鼓励提倡绿色生活方式等，把发展低碳经济看作是一种新的发展机遇。1992年，中国为《联合国气候变化框架公约》的缔约国之一。1997年12月，中国加入《京都议定书》。2006年，中国提出2010年单位国内生产总值能耗比2005年下降20%左右的约束性指标。2007年6月，国务院发布了《中国应对气候变化国家方案》，明确到2010年中国应对气候变化的具体目标、基本原则、重点领域及其政策措施，按照科学发展观的要求，努力建设资源节约型、环境友好型社会，提高减缓与适应气候变化的能力（施祺方、樊靓，2011）[66]。2007年10月，国务院新闻办发表了《中国的能源状况与政策》白皮书，提出了能源发展战略和目标，全面推进能源节约，并将可再生能源发展列为战略重点。2007年12月，国家发改委会同有关部门联合制定出台了《节能减排综合性工作方案》。2008年初，政府投入4万亿元进行经济激励计划，其中大量投资于环境基础设施建设、新能源开发和能效的提高。2010年4月，国土资源部以"珍惜地球资源，转变发展方式，倡导低碳生活"为主题，并引导全社会积极参与节约集约利用资源，减少碳排放。2010年8月，国家发改委发布《关于开展低碳省区和低碳城市试点工作的通知》，在广东、杭州等5省8市开展低碳试点工作。

中国应对气候变化的政策与行动白皮书（2011）

减缓气候变化 "十一五"期间，中国加快转变经济发展方式，通过调整产业结构和能源结构、节约能源、提高能效、增加碳汇等多种途径控制温室气体排放，取得了显著成效。

适应气候变化 "十一五"期间，中国加强气候变化科学研究和影响评估，完善法规政策，提高重点领域适应气候变化的能力，减轻了气候变化对经济社会发展和人民生活的不利影响。

基础能力建设 制定相关法规和重大政策文件；完善管理体制和工作机制；加强统计核算能力建设；增强科技和政策研究支撑能力；加强教育培训。

全社会参与 政府积极引导；民间组织积极行动；新闻媒体大力宣传；公众广泛参与。

参与国际谈判 积极参加联合国进程下的国际谈判；积极参与相关国际对话与交流。

加强国际合作 拓展与国际组织合作；加强与发达国家务实合作；深化与发展中国家务实合作；积极开展清洁发展机制项目合作。

"十二五"时期的目标任务和政策行动 中国将把积极应对全球气候变化作为经济社会发展的一项重要任务，坚持以科学发展为主题，以加快转变经济发展方式为主线，牢固树立绿色、低碳发展理念，把积极应对气候变化作为经济社会发展的重大战略、作为调整经济结构和转变经济发展方式的重大机遇，坚持走新型工业化道路，合理控制能源消费总量，综合运用优化产业结构和能源结构、节约能源和提高能效、增加碳汇等多种手段，有效控制温室气体排放，提高应对气候变化能力，广泛开展气候变化领域国际合作，促进经济社会可持续发展。

中国参与气候变化国际谈判的基本立场 坚持《公约》和《议定书》基本框架，严格遵循巴厘路线图授权；坚持"共同但有区别的责任"原则；坚持可持续发展原则；坚持统筹减缓、适应、资金、技术等问题；坚持联合国主导气候变化谈判的原则；坚持"协商一致"的决策机制。

中国应对气候变化国家方案

中国作为一个负责任的发展中国家，对气候变化问题给予了高度重视，成立了国家气候变化对策协调机构，并根据国家可持续发展战略的要求，采取了一系列与应对气候变化相关的政策和措施，为减缓和适应气候变化做出了积极的贡献。作为履行《气候公约》的一项重要义务，中国政府特制定《中国应对气候变化国家方案》。

中国气候变化的现状和应对气候变化的努力　我国所作出的努力主要包括以下方面：调整经济结构，推进技术进步，提高能源利用效率；发展低碳能源和可再生能源，改善能源结构；大力开展植树造林，加强生态建设和保护；实施计划生育，有效控制人口增长；加强应对气候变化相关法律、法规和政策措施的制定；进一步完善相关体制和机构建设；高度重视气候变化研究及能力建设；加大气候变化教育与宣传力度。

气候变化对中国的影响与挑战　中国与气候变化相关的基本国情是：气候条件差，自然灾害较重；生态环境脆弱；能源结构以煤为主；人口众多；经济发展水平较低。气候变化对中国的影响主要体现在：对农牧业的影响；对森林和其他生态系统的影响；对水资源的影响；对海岸带的影响；对其他领域的影响。

中国应对气候变化面临的挑战　对中国现有发展模式提出了重大的挑战；对中国以煤为主的能源结构提出了巨大的挑战；对中国能源技术自主创新提出了严峻的挑战；对中国森林资源保护和发展提出了诸多挑战；对中国农业领域适应气候变化提出了长期的挑战；对中国水资源开发和保护领域适应气候变化提出了新的挑战；对中国沿海地区应对气候变化的能力提出了现实的挑战。

中国应对气候变化的指导思想　全面贯彻落实科学发展观，推动构建社会主义和谐社会，坚持节约资源和保护环境的基本国策，以控制温室气体排放、增强可持续发展能力为目标，以保障经济发展为核心，以节约能源、优化能源结构、加强生态保护和建设为重点，以科学技术进步为支撑，不断提高应对气候变化的能力，为保护全球气候做出新的贡献。

中国应对气候变化的原则　在可持续发展框架下应对气候变化的原则；遵循《气候公约》规定的"共同但有区别的责任"原则；减缓与适

应并重的原则；将应对气候变化的政策与其他相关政策有机结合的原则；依靠科技进步和科技创新的原则；积极参与、广泛合作的原则。

中国应对气候变化的总体目标 控制温室气体排放取得明显成效，适应气候变化的能力不断增强，气候变化相关的科技与研究水平取得新的进展，公众的气候变化意识得到较大提高，气候变化领域的机构和体制建设得到进一步加强。

减缓温室气体排放的重点领域 能源生产和转换；提高能源效率与节约能源；工业生产过程；农业；林业；城市废弃物。

适应气候变化的重点领域 农业；森林和其他自然生态系统；水资源；海岸带及沿海地区。

气候变化相关科技工作 加强气候变化相关科技工作的宏观管理与协调；推进中国气候变化重点领域的科学研究与技术开发工作；加强气候变化科技领域的人才队伍建设；加大对气候变化相关科技工作的资金投入。

气候变化公众意识 发挥政府的推动作用；加强宣传、教育和培训工作；鼓励公众参与；加强国际合作与交流。

机构和体制建设 加强应对全球气候变化工作的领导；建立地方应对气候变化的管理体系；有效利用中国清洁发展机制基金。

中国对若干问题的基本立场 减缓温室气体排放；适应气候变化；技术合作与技术转让；切实履行《气候公约》和《京都议定书》的义务；气候变化区域合作。

2. 积极开展低碳经济相关试点

2010年8月，国家发改委发布《关于开展低碳省区和低碳城市试点工作的通知》，确定首先在广东、辽宁、湖北、陕西、云南5省和天津、重庆、深圳、厦门、杭州、南昌、贵阳、保定8市开展低碳试点工作。2010年10月，中共中央通过了关于第十二个五年规划的建议，第一次在五年规划中提出要"积极应对气候变化"，"十二五"规划建议把应对气候变化作为资源、环境生态保护的第一要务，引领节能减排等相关工作，提出要控制能源消费总量，建立碳排放交易市场。2012年1月，北京市、上海市、天津市、重庆市、湖北省、广东省、深圳市获准开展碳排放权交易试点,以逐步建立国内碳排放交易市场,以较低成本实现2020年中国控制温室气体排放行动目标(樊纲、马蔚华,2011)[67]。

3. 加快研发和推广应用低碳技术

科技部在相关科技计划中对节能和清洁能源、可再生能源、核能、碳捕集和封存、清洁汽车等具有战略意义的低碳前沿技术领域已经进行了部署并加大了投入力度。我国在低碳技术领域的自主创新能力正在快速提高,一大批成熟的低碳技术正在电力、冶金、建材、制造、石油化工等行业得到推广和应用,新的更有效的低碳技术正在国家的大力支持下研发出来并产业化应用。

4. 着力优化能源结构

在能源资源利用开发方面,我国不断加大资金投入,注重提高能源的利用率,不断优化我国的能源消费结构。具体而言,我国大力发展水电、风能、太阳能、地热、潮汐、生物质能等可再生资源,加强低碳能源的开发,降低化石能源消费的比重,从根本上降低碳排放。《中共中央关于制定国民经济和社会发展第十二个五年规划的建议》提出,"十二五"时期要以加快转变经济发展方式为发展主线,把产业结构调整作为加快转变经济发展方式的主攻方向。

(四) 发展成效

2010年8月19日,国家发改委发布《关于开展低碳省区和低碳城市试点工作的通知》,确定首先在广东、辽宁、湖北、陕西、云南5省和天津、重庆、深圳、厦门、杭州、南昌、贵阳、保定8市开展低碳试点工作。本章主要通过分析5省8市试点区域的低碳经济发展实践来讨论国内低碳经济发展成效。

1. 湖北省

早在2007年,湖北省政府就成立了节能减排工作领导小组。2009年,湖北省统计局发布了《湖北发展低碳经济问题研究》报告;湖北省政府颁布了《关于发展低碳经济的若干意见》;湖北省发改委启动了低碳经济发展规划编制工作。湖北省进入5省8市试点后,2010年10月,《湖北省低碳试点工作实施方案》编制完成,确定了推进试点范围、方法和步骤,推进城市（县）、园区、企业和社区4级试点示范，把武汉城市圈建成全国"低碳经济发展实验区"。

湖北省计划将武汉城市圈和青山—阳逻—鄂州大循环经济示范区申报为国家级低碳经济试点区，探索低碳能源、低碳交通、低碳产业发展模式，建立促进资源节约、低碳经济发展的政策体系，重点推动一批低碳经济示范工程建设。2011年年初，湖北省在全国率先设立低碳发展专项资金，由节能、淘汰落后产能、建筑节能、低碳试点和新能源建设等5项组成，总额1.7亿元。

2. 广东省

作为国家首批试点省，广东省在调整产业结构、优化能源结构、发展低碳能源等方面取得明显成效。广东省政府于2007年成立了省节能减排工作领导小组，建立健全政府节能的工作问责制，将节能目标完成情况纳入各地经济社会发展综合评价体系。之后，陆续出台了与应对气候变化相关的一系列法规和政策。"十一五"期间，广东省大力发展现代服务业、先进制造业和高新技术产业，加快推进广东省现代产业500强项目建设。

近年来，广东省低碳经济发展成绩主要包括：产业结构转型升级成效初显，三次产业比重由2005年的6.3∶50.4∶43.3调整为2010年的5.0∶50.4∶44.6；加快淘汰高耗能的落后产能，至2010年底，广东已关停淘汰落后钢铁产能1275万吨、水泥产能5782万吨，关停小火电机组1221万千瓦，均超额完成国家下达的"十一五"目标任务；大力发展清洁能源、新能源和可再生能源，积极推进天然气开发利用，大力发展核能，加快水能、风能、太阳能、生物质能等可再生能源开发，核电已建和在建装机容量均居全国第一；广东省财政设立了节能专项等涉及低碳发展领域的多个专项资金；推动清洁发展机制（CDM）项目合作，截至2010年底，广东共有76个项目获得国家发展改革委批准作为CDM项目，其中35个项目在联合国注册，14个项目已获得联合国签发的减排量。

2010年广东全面启动国家低碳省试点工作，省委、省政府进一步加大政策支持力度，省政府已决定设立省级低碳发展专项资金，主要用于建立健全低碳发展体制机制，加强应对气候变化和低碳发展能力建设。

3. 云南省

2009年12月，云南省向国家发改委提出将云南列为国家低碳经济试点省的申请。同年，云南省发改委牵头编制了《云南省低碳经济发展规划》，其低碳经济领域的立法被确定为2010年云南省人大立法工作的重点。《云南省国民经济和社会发展第十二个五年规划纲要》第十二章，对云南省低碳发展和"两型社会"建设提出了明确要求：促进绿色发展，着力推进生态云南建设，发挥绿色资源优势，把生态建设和环境保护作为加快经济发展方式转变的着力点，深化实施"七彩云南保护行动"，推进"森林云南"建设，增强绿色发展对生态建设的基础性和核心性支撑作用，从生产、消费、体制机制3个层面推进低碳发展，推动经济社会发展向低碳能、低碳耗、高碳汇模式转型，建设资源节约型和环境友好型社会。

现阶段云南产业结构不合理的问题，突出地体现在工业内部，主要是产业结构单一，烟草和重化工业占了全省规模以上工业增加值的90%；产业层次低下，以资源利用为主的采掘业和原材料加工业占主导，这是工业结构中最突出的两个问题。云南工业结构调整的任务主要是"调优、调强、调轻"。调优，就是优化工业内部结构，逐步降低烟草产业和重化工业在工业增加值中所占的比例。调强，就是要依靠技术进步和自主创新提高企业的盈利能力和核心竞争力，提高产品的技术水平和附加值。调轻，一是延长重化工业的产业链，促进重化工产品向精细化、新型化方向发展；二是大力发展与最终消费市场相衔接的日用轻工产品。

建立生态环境补偿机制，是推动生态环境保护和节能减排的强大动力。云南是全国重点林区、矿产资源富集区和重要生态屏障。长期以来，云南等资源型省区为国家建设提供了大量的资源，并为确保主要江河流域生态安全作出了重要贡献。要体现在减排方面"共同但有区别的责任"，实现重点生态功能区"不开发的发展"，就必须加大对这些地区的补偿和支持，推动争取从国家层面推进完善相关生态环境补偿机制，积极推动开展碳交易试点。

云南拥有良好的生态环境和自然禀赋。一是生态环境多样，碳汇能力强，云南的森林资源及其整个生态系统不仅发挥着巨大的经济效益，而且还对维护长江、珠江、澜沧江等大江大河流域的生态平衡、改善气候条件发挥着重要作用。二是能源资源多样，云南的水能资源理论蕴藏量1亿多千瓦，经济可开发装机容量0.98亿千瓦；太阳能优势明显。三是资源种类多样，生物资源、旅游资源、民族文化资源也很丰富，发展以生物开发为主的轻工业和以旅游文化为主的现代服务业空间很大。

从碳排放量的角度讲，云南主要是要把握好固碳、减碳、低碳三个发展阶段，工作要点包括发展低碳工业，优化能源结构，加快推进低碳城市建设，全面提倡低碳生活，不断增加森林碳汇。就生产领域和生态建设来说，云南发展低碳经济的重点，包括以下八个方面：以节能降耗为中心，积极发展低碳工业；探索建筑节能模式，重视公用商用民用节能；发展低碳交通，实现交通运输业大幅度节能；加快新能源和再生能源的开发，培育清洁能源；开发城乡废物资源，发展再生经济；发展有机、生态、高效农业，实现农业可持续发展；建设"森林云南"，形成巨大的固碳能力；优化产业结构，大力发展低碳产业。

4. 辽宁省

辽宁沿海的丹东、大连、营口、盘锦、锦州和葫芦岛6市，已初步形成了环境友好且可持续发展的新型产业带。在制定《丹东临港产业园控制性详细规划》过程中，重点将环保和低碳经济作为规划的主要组成部分，将建设资源节约型、环境友好型和生态环保型新区作为重要发展目标，并将产业发展与环境保护有机结合起来，形成具有节能、环保和宜居的规划。在实际开发建设中，凡是高耗能、重污染的企业绝对不允许落户园区。

大连高新技术产业园区软件和服务外包产业的迅猛发展，是大连成功调整经济结构和转变发展方式的杰作之一。大连在治理污染和淘汰落后产能的同时，加大力度调整经济结构并快速发展绿色产业；营口正在全力打造低碳生态城市，即建设低碳经济、低碳建筑、低碳交通、低碳生活、低碳环境和低碳社会的"六位一体"；锦州市不仅成立了目前国内唯一的光伏产业局，成立了光伏学院，为光伏产业发展提供人才支撑，还相继建立了太阳能电池技术研发中心、"国家火炬计划锦州硅材料及太阳能电池产业基地"公共检测中心、光伏材料重点实验室等；盘锦湿地是目前国内原生态保护最为完好的区域之一。在建设过程中，按照生态优先的原则，盘锦优先保护现有河流水系、苇地等自然资源，将经济发展与环境保护有机协调。此外，盘锦还重点发展船舶海洋工程装备制造及配套、石化新材料、高新技术、港口物流和现代服务5大主导产业；葫芦岛的生态保护一直受到各方关注。在大力发展高新技术产业的前提下，改造老企业，拉长优势产业链，打造低碳产业集群。为确保区域内的生态环境不受影响，葫芦岛重点兴建了一系列节能减排基础设施，如投资1.6亿元实施海水淡化项目，在各个项目的排污口安装污染在线监控设备，建设日处理3万吨的污水处理厂，由一座热源厂为整个经济区实施集中供热。

5. 陕西省

大幅降低能源消耗和二氧化碳排放强度，创建国家低碳示范省，"十二五"期间二氧化碳排放量下降15%，这是《陕西省国民经济和社会发展第十二个五年规划纲要》提出的目标。坚持在发展中求低碳，已成为陕西省经济工作的基本原则和价值取向。

作为国内最早进行低碳探索实践的省份，陕西省注重低碳技术的研发，2003年，陕西省的榆林天然气化工公司技术人员成功地研制出采用乙醇胺水溶液吸收二氧化碳的原理收集天然气转化过程中产生的二氧化碳的技术。经过几年的发展，至2010年底，全省直接或间接吸收、消化二氧化碳或通过能源转化实现低碳化生产的企业有近百家，每年吸收和利用二氧化碳上千万吨，收益数百亿元。2006年初陕西省被国家确定为《中国应对气候变化国家方案》向地方推广活动项目试点省之一，就根据低碳发展的节奏和趋势，制定了《陕西省节约能源条例》、《陕西省建筑节能条例》、《陕西省进一步加快新能源发展的若干意见》等政策法规。还通过政策鼓励、资金扶持、贴息补助、技术支持等多种措施推进产业结构调整，引导低碳经济稳步前行。以低碳发展为主题的博览会、低碳林基地植树活动、倡导低碳生活系列活动接连不断，使低碳概念和知识在全社会得到普及，低碳发展的意识逐步确立，形成了向低碳社会转型的氛围。

抓紧制定陕西的低碳经济发展战略，把低碳与陕西区域发展战略相结合、与产业结构调整战略相结合、与节能减排战略相结合，以低碳经济为契机，加快陕西产业升级，实现更高水平的工业化。关中地区要以实施"关中—天水经济区"建设规划为契机，加快转变发展方式，以建设低碳城市为引领，以科技园区为载体，大力发展低能耗、低污染、低排放的高新技术产业。同时积极从消费层面倡导低碳生活方式。陕北在大力发展循环经济的同时，积极发展非能源产业，力争建成国内一流、世界知名的能源化工基地。同时，切实加强生态环境建设和保护，增加林业碳汇，扩大环境容量。陕南坚持生态优先，在大力开发生态旅游、有机食品、生物医药等绿色产业的基础上，支持陕南发展清洁能源，进行矿产资源规模化开采和深度加工，建设新型材料加工和制造基地，为突破发展培育新的增长点。

陕西试点的主要目的是探索在低碳经济时代保障国家能源安全战略的

思路和方法。能源化工行业的低碳化发展是经济社会转型无法回避的现实问题。国家将陕西作为全国低碳试点省的主要目的是以其科技优势和资源优势，摸索出具有中国特色的能源化工产业低碳化发展道路，为西北能源富集省区未来的低碳发展探路开道。

6. 天津市

在推动经济快速发展的同时，天津市高度重视转变发展方式，通过调整产业结构，大力开发新能源和可再生能源，狠抓节能降耗，以高端化、高质化、高新化为方向，推动产业向低碳转型。大力发展战略性新兴产业和低能耗产业，逐步形成了航空航天、新能源新材料、生物技术和现代医药等八大优势支柱产业；率先实行"能评"一票否决制，严格控制高耗能、高污染项目。

"十一五"以来，天津工业总产值年均增长22.9%，而同期能源消费标准煤总量年均仅增长10%；加快发展风能、太阳能、生物质能发电，不断提高替代能源发电在全市电力工业中的比重，初步形成以锂离子电池、太阳能电池、风力发电设备和地热能综合利用为主的新能源产业。全市大力开展植树造林和城市绿化活动，采取工程措施治理生态退化地区，多渠道拓展林地绿化空间，提高全市森林覆盖率，增加辖区林业碳汇。林木覆盖率从2000年的16%提高到目前的20%，城市绿化率达到38.5%，森林碳汇增加了260万吨。

天津子牙循环经济产业区是我国北方最大的循环经济园区，拥有"国家级废旧电子信息产品回收拆解处理示范基地"、"国家循环经济试点园区"、"国家'城市矿产'示范基地"、"国家进口废物'圈区管理'园区"等称号，年回收加工处理各类工业固废100万吨，可生产铜40万吨、铝15万吨、钢铁20万吨、橡塑材料20万吨，其他材料5万吨。

作为老工业基地和资源短缺型城市，天津近年来把大力发展低碳经济、绿色经济、循环经济，作为贯彻落实科学发展观、转变经济发展方式的重要举措。"十一五"期间天津市累计淘汰落后水泥产能255万吨、钢铁产能590万吨、印染产能2500万米、平板玻璃产能150万重箱、酒精产能1.8万吨，累计完成30万千瓦的小火电关停任务。

在低碳经济、绿色经济、循环经济发展思路上，天津坚持"三个结合"和"三个并重"。"三个结合"即循环型城市与生态城市建设结合、示范试点与社会整体推进结合、老工业基地生态化改造与新工业区循环型布局结合;"三个并重"即生态工业、生态农业和绿色服务业发展并重,动脉产业与静脉产业发展并重,循环经济产业聚集与空间优化并重,努力构建三产互动、动静结合、功能互补的循环经济产业发展格局,探索一条特大型老工业城市发展循环经济的创新之路。

静脉产业与动脉产业

静脉产业即资源再生利用产业,是以保障环境安全为前提,以节约资源、保护环境为目的,运用先进的技术,将生产和消费过程中产生的废物转化为可重新利用的资源和产品,实现各类废物的再利用和资源化的产业,包括废物转化为再生资源及将再生资源加工为产品两个过程。动脉产业是指开发利用自然资源形成的产业,是资源—产品—消费过程。相对于动脉产业,静脉产业是指围绕废物资源化形成的产业。

---

7. 南昌市

《南昌低碳城市发展规划》提出:到2015年,单位GDP二氧化碳排放量比2005年降低38%,2020年则比2005年降低45%到48%;产业结构调整目标是,到2015年,高新技术产业增加值占全市规模以上工业增加值的比重达30%,到2020年达45%,同时非化石能源占一次能源消费比重到2015年达7%。根据规划,南昌5年内将投资817.39亿元打造超低碳城市。2008年起,南昌把太阳能光伏等新能源产业作为工业转型升级的切入点,引进了赛维BEST薄膜太阳能电池等一批拥有国际一流技术的光伏企业。

在南昌建设低碳城市的过程中,着力点放在新兴产业的布局上,既形成自己的核心产业竞争力,又把城市的碳排放强度降下来。南昌注重把低碳发展与市民生活有机结合起来,大力倡导绿色低碳的生产生活方式,让低碳成果惠及民生。南昌将低碳理念纳入城市规划,进一步优化城市布局,逐步形成"一江两岸、多中心、组团式、网络化"的城市结构,努力建设"半小时交通生活圈",减少市民"钟摆式"的交通需求,从而缓解交通拥堵,减少交通碳排放。南昌还重视开发利用建筑发电、发热,将在红谷滩、高新区、湾里区等区域开发利用建筑一体化太阳能发电发热。

8. 保定市

保定市是低碳城市发展的楷模，在低碳行业领域里一直处于全国领先地位。从低碳理念的树立，到低碳城市建设方案的提出，到培育低碳产业的发展，保定市始终坚持着明晰的发展思路。在发展可再生能源产业方面，成果较为突出。

保定市提出了"中国电谷·低碳保定"的发展口号，积极实施"中国电谷"建设工程、"太阳能之城"建设工程、城市生态环境建设工程、办公大楼低碳化运行示范工程、低碳化社区示范工程、低碳化城市交通体系集成工程等六大工程，大力发展以新能源、文化创意、文化旅游为主导的绿色产业，努力建设资源节约、环境友好的绿色社会。目前，保定市已经有90%的主要路段、85%的游园绿地、包括交通信号灯和部分居民小区，都完成了太阳能应用的改造。保定市每年可以节电1835万度，减排二氧化硫549吨。保定已集聚新能源企业近200家，依靠英利、中航惠腾、天威、风帆等知名龙头企业初步建成光伏、风电、输变电、储电、节电、电力自动化六大产业体系，预计到2015年有望形成一个年销售收入超千亿元、世界一流的新能源与电力设备产业基地。

9. 杭州市

杭州市积极探索经济以低碳产业为主导、市民以低碳生活为行为特征、城市以低碳城市为建设蓝图，体现中国特色、时代特点、杭州特征的低碳发展道路，着力推进低碳经济、低碳建筑、低碳交通、低碳生活、低碳环境、低碳社会"六位一体"的低碳城市建设。

杭州市加快建立"3+1"现代产业体系，"3"就是现代农业、现代工业、现代服务业，"1"就是文化创意产业，规划建设"全国文化创意产业中心"和"世界电子商务之都"。加强与高等院校的合作，建立低碳实验室，培育以企业为主体、产学研相结合的低碳技术创新与成果转化体系。着力培育以太阳能光伏和风电产业为重点的产业链，积极发展节能环保、新能源汽车、新光源、生物质能、核电设备制造等相关产业，培育壮大低碳产业集群。

推进工业节能减排减碳。广泛推广节能、节水、节材型产品和技术，最大限度地节约能源，降低碳排放。积极开展"绿色企业"创建工作。提高工业废水、废气和余热综合回收利用率，发展循环经济。建立再生资源集散、加工中心，构建和完善再生资源回收利用网络体系。

加快实施国家"太阳能光电建筑应用示范项目"、省"百万屋顶发电计划"，大力推进杭州"阳光屋顶示范工程"，加装太阳能光伏电池组件、电能控制系统和并网系统，实现光伏发电在建筑领域的推广应用。

倡导绿色出行，发展"免费单车"服务系统。按照就近布点、通租通还、建立配送系统和彰显城市美学的要求，进一步完善"免费单车"服务系统，加快建设自行车专用道特别是市区河道慢行交通系统，使"免费单车"真正发挥大公交体系的纽带作用，成为杭州打造"低碳城市"过程中的亮点和特色。

打造"五位一体"公交零换乘城市。加快构建地铁、公交车、出租车、水上巴士、免费单车"五位一体"的大公交体系，建成实现地铁、公交车、出租车、水上巴士、免费单车5种公交方式"零换乘"的城市，打造低碳化城市交通系统。

营造"城在林中，林在城中，人在绿中"的最佳人居环境，培育城市"碳中和"能力，利用杭州湾、钱塘江、西湖、西溪湿地、运河、市区河道以及萧山湘湖、余杭南湖等水资源，深入实施西湖、西溪湿地、运河、市区河道综合保护工程，打造"五水共导"的"生活品质之城"。保护好西部、西北部、北部、西南部、南部、东部六条生态带，打造具有杭州特色的生态带"积极保护"模式。

10. 重庆市

重庆作为全国主要的老工业基地，近些年来在调整产业结构、淘汰落后产能、推动产业转型、发展低碳经济方面，取得了较为突出的成绩。重庆市被列入全国首批低碳试点城市，并把低碳经济纳入"十二五"规划。由于历史方面的原因，重庆长期作为温室气体排放大市，减排成效具有重要的示范作用和辐射效应。

重庆市委提出"五个重庆"（宜居重庆、畅通重庆、森林重庆、平安重庆、健康重庆）建设目标，以发展低碳经济为契机，进一步加大结构调整和节能减排力度，形成节约、生态、环保的产业结构、增长方式和消费模式，促进经济发展与环境保护相协调。重庆规划建成国家森林城市、生态园林城市、环保模范城市，打造西部最优的人居环境。重庆市将大力发展七大新兴产业，即能源生产产业、电子信息产业、新能源汽车产业、LED产业、风电装备产业、节能环保产业、建设节能产业等，以推动低碳经济的发展。预计到2020年,全市单位GDP二氧化碳排放强度要比目前降低40%以上。

重庆两江新区坚持"高起点引领、高起点规划、高起点建设",重点发展低碳经济,将承载产业集聚、人口转移的战略功能。一方面可以充分利用自身和近邻的自然资源,出台鼓励积极研发低碳技术的政策,争取成为长江上游地区低碳产业集群的"领头羊"。另一方面,产业转移和产业融合过程中,可以利用东部产业转移的契机,逐步淘汰原来的高能耗产业,加快产业结构的提升,实现经济模式的低碳转型。

重庆发展低碳经济的对策主要是:引导绿色消费,倡导低碳经济理念;加强政策引导,支持低碳技术研发;加快产业升级,推动产业低碳化;加强高能耗产业监管,实现节能减排新突破;提升第一产业,发展低碳农业;壮大第三产业,发展低碳服务业;以城市规划为突破点,促进低碳城市建设;加强林业碳汇能力,助推低碳经济发展。

11. 深圳市

目前,深圳市产业体系比较合理,服务业比重达到55%,金融、文化、互联网等现代服务业逆势上扬,工业内部结构也在向高端升级,低碳排放的高新技术产业蓬勃发展,重污染行业减排和优化升级全面加快,通过推行强制淘汰、区域禁批限批制度,逐步淘汰落后工艺、技术和重污染行业,推动深圳市产业结构、能源结构的持续优化。

深圳市积极推进依法行政,充分利用特区立法权和市立法权的优势,加快政府立法步伐,先后制定了一系列的节能减排、发展循环经济等促进低碳经济发展的政策措施,初步建立起与低碳经济发展相适应的、较为完备的地方法规体系;高度重视节能减排工作,注重运用财税等政策杠杆撬动市场大门,对企业利用银行贷款开发节能技术、生产节能产品、实施节能项目提供全额贴息,政府每年都从市能源基金中安排一定数量的资金,以节能贴息方式,扶持节能产品、节能项目的发展。

深圳加快推进新能源在居民住宅、公共建筑、交通工具、照明产品等领域的应用,建设国家新能源应用示范城市。比如,加快推进20兆瓦光电建筑一体化(BIPV)工程,率先在公共建筑、市政工程、高档住宅等新建建筑领域实施BIPV工程。

深圳拟率先建成低碳经济先锋城市,将创新体制机制,完善制度、政策和法规,保障资金和产业空间,引进培养专业人才,营造新能源产业发展的良好环境，带动深圳市低碳经济先锋城市的建设。(1) 编制宏观层面、覆盖全市的《深圳国家低碳生态示范市规划纲要》，建立指导低碳生态城市规划建设的总体框架。(2) 成立深圳新兴高技术产业发展领导小组，建立新能源产业发展联席会议制度，全面统筹协调新能源产业发展工作；建立专家咨询制度，聘请国内外专家担任新能源产业发展的决策咨询顾问，对重大技术问题提供咨询和指导。建立新能源产业的经济核算统计制度，完善新能源产业统计监测，建立科学的新能源产业统计指标体系。(3) 加大资金支持，重点支持新能源产业技术研发、关键技术攻关和产业化、新能源工程实验室建设、新能源产品应用及项目拓展等领域。鼓励企业通过开展国际合作，争取清洁发展机制（CDM）及其国际基金组织的可再生能源发展资金支持。(4) 凝聚高端人才，积极贯彻落实相关配套政策，营造新能源产业发展创新创业良好氛围，海纳国内外高层次人才，确保新能源产业发展人才需求。(5) 优化产业空间布局，将新能源产业发展用地优先纳入年度土地利用计划，在每年新增产业用地中优先满足新能源产业发展需求。鼓励在符合城市发展总体规划的前提下，通过老工业区改造、厂房再造和产业置换，发展新能源特色工业区。

深圳规划建设国际低碳城，将建 5 大中心，即国际低碳技术集成应用示范中心、低碳产业与人才聚集中心、低碳技术创新研发中心、低碳技术博览交易中心、低碳发展技术和服务输出中心。低碳城启动区规划面积 55 公顷，建筑面积 180 万平方米，总投资约 103.7 亿元，建设周期为 7 年。首批启动的项目共计 17 个，涉及低碳产业、低碳社区改造、绿色建筑、生态和基础设施建设等领域。空间布局为 "一核四区"，"一核" 是指低碳综合服务核心，"四区" 包括科技研发 A 区、B 区、中试研发区、综合配套区。国际低碳城所在地龙岗坪地，是一个拥有 25 平方公里、近 25 万人口的工业镇。但其产业发展水平相对较低，能耗较高，土地利用不够集约，是深圳一个典型的迫切需要实现转型升级的产业落后地区。

国际低碳城核心项目将主要采取现有物业低碳改造、新建物业两种结合模式，分三个阶段开发。2012～2015 年是培育阶段，主要工作是亮点启动、积聚人气。建设项目包括：道路、市政基础设施，丁山河生态环境示范带，现有厂房及住宅低碳改造，新建研发、中试用房、客家围屋、会展中心等亮点工程。2015～2017 年是发展阶段，主要工作是产业聚集，联动开发，建设项目包括现有厂房、住宅低碳改造，新建研发、中试用房，人才住区及社区商业等配套设施。2018～2019 年是增值阶段，主要工作是以产促业、快速推动，建设项目包括综合性酒店、办公、商业等高端配套，产业学院、研发中心建设，完善道路、轨道交通对接低碳出行等配套。

12. 厦门市

2009年厦门市三次产业结构成功实现由"三一二"向"三二一"的优化转变。厦门市委、市政府根据厦门的产业结构，提出要紧抓历史机遇，着力于二三产共推进、岛内外一体化，大力发展先进制造业，加快发展现代服务业，推进经济的跨越式发展。厦门市以发展低碳经济、建设低碳厦门为基本目标，多措并举、扎实有效地推进节能降耗工作深入开展。

一是完善能源制度，推动依法节能降耗。厦门市认真贯彻落实《中华人民共和国节约能源法》、《可再生能源法》等法律，并结合厦门实际情况推进本地的节能立法工作，先后出台《厦门市节约能源条例》、《厦门市固定资产投资项目节能评估和审查暂行办法》、《厦门市单位GDP能耗考核体系实施办法》、《厦门市低碳城市总体规划纲要》等法规、制度，为厦门开展节能降耗工作提供一系列法律保障，并使节能降耗成为一项常规、长效的工作机制。

二是厦门市始终重视通过技术节能降耗，不断提高能源的使用效率。2009年厦门市在制造业、建筑业、交通运输业、旅游酒店业、商贸业5大行业，推动燃煤工业锅炉（窑炉）改造、热电联产、集中供热、余热余压利用、电机系统改造、能量系统优化、建筑节能、绿色照明等10大重点节能工作建设；并在2008年推出36个示范项目的基础上，2009年再次推出20个节能示范项目。与此同时，厦门市重视促进工业企业设备改造，降低中间损耗，不断提高能源的加工转换效率。

三是厦门市加强监督指导，紧密跟踪重点用能单位，加强对重点用能单位的监督指导，组织重点用能单位上报能源利用状况报告，紧密跟踪用能动态；利用现代信息化手段，搭建电子报送系统及能源利用监测平台，加强填报规范，加大审核力度，确保能源数据的真实准确。

13. 贵阳市

贵阳是一个森林较多、环境良好的城市，是全国生态文明建设试点城市和低碳试点城市，其产业发展尚处在上升阶段。相对于东部发达地区的产业结构而言，贵阳市具有更大的增量调整的空间和技术选择余地。贵阳市政府发布了《贵阳市低碳发展行动计划（纲要）（2010~2020）》，确定了贵阳市今后十年的低碳发展目标,即确保到 2020 年单位 GDP 二氧化碳排放强度下降 40%,并力争下降 45%。

近年来贵阳市在节能减排、循环经济以及清洁生产等工作中已取得了一定成效,开发了一大批先进适用技术,为贵阳市实现低碳发展提供了一定的产业基础和技术依托。旅游业等第三产业的迅速发展形成了经济结构调整的良好势头。2010 年 8 月,贵阳市成为国家发改委指定的八个低碳试点城市之一。同时,贵州省在有条件的工业园区和企业建立一批循环经济示范基地和示范项目,规划建设开阳、织金、桐梓等 10 个循环经济生态工业示范基地和生态农业示范基地。

结合贵阳市产业结构现状,在大力发展和承接低耗能的产业和项目的同时,充分发挥高新技术产业开发区的带头示范作用。目前,贵阳市以国家高新技术产业开发区为依托,大力发展医药制造、电子信息、新材料、新能源等重点产业。

参考文献

[1] 刘杨. 低碳经济文献综述及经济学分析 [J]. 合作经济与科技,2010 (9).

[2] Kawase R, Mat suoka, Y, Fujino, J. Decomposition Analysis of CO_2 Emission in Long term Climate Stabilization Scenarios [J]. Energy Policy, 2006 (34).

[3] Kok, Rbenders R. M. J., Moll H. C. Measuring the environmental load house hold consumption using some methods based on input-out energy analysis: a comparison of methods and discussion of results [J]. Energy Policy, 2006 (34).

[4] Marco Mazzarino. The economics of the greenhouse effect: evaluating the climate change impact due to the transport sector in Italy [J]. Energy Policy, 2000 (28).

[5] R Rehan. Carbon dioxide emissions and climate change: policy implications for the cement industry [J]. Environmental Science & Policy, 2005 (8).

[6] Paul B Stretesky, Michael J Lynch. A cross-national study of the association between per capita carbon dioxide emissions and exports to the United States [J]. Social Science Research, 2009 (38).

[7] Grossmang A. Economic Growth and the Environment [J]. Quarterly Journal of Economics, 1995, 110 (2).

[8] Richmond A. K, Kaufmann R. K. Is there a turning paint in the relationship between income and energy use and/or carbon emissions?. Ecological economics, 2006 (56).

[9] Huang W. M. GDP growth and the Kyoto Protocol: a revisit of environmental Kuznets curve hypothesis [J]. Energy Policy, 2008 (36).

[10] Lantz V, Feng Q, Assessing income, population, and technology impacts on

CO_2 emissions in Canada: where's the EKC? [J]. Ecological Economics, 2006, 57 (2).

[11] Stern N. The Economics of Climate Change: The Stern Review [M]. Cambridge, UK: Cambridge University Press, 2006.

[12] 倪伟清. 国外低碳经济主要研究方向与内容述评. 北方经济, 2011 (7).

[13] 薛进军. 低碳经济学 [M]. 社会科学文献出版社, 2011 (5).

[14] Turnpenny J. Developing regional and local scenarios climate change mitigation and adaptation [C]. Part1: A framing of the East of England, Tyndal Centre for Climate Research, 2004.

[15] A. Druckman, P. Bradley, E. Papathana sopoulou, T. Jackson. Measuring progress towards carbon reduction in the UK [J]. Ecological Economics, 2008 (66).

[16] Cheng F Lee, Sue J Lin, Charles Lewis, Yih F. Chang. Effects of carbon taxes on different industries by fuzzy goal programming: A case study of the petrochemical-related industries, Taiwan [J]. Energy Policy, 2007 (35).

[17] Mustafa H. Babiker. Focus on low carbon technologies: The positive solution [J]. International Economics, 2005 (65).

[18] A. S. Dagoumas, T. S. Barker. Pathways to a low-carbon economy for the UK with the macro-econometric E3MG model [J]. Energy Policy, 2010 (38).

[19] Petri Tapio. Towards a theory of decoupling: degrees of decoupling in the EU and case of road traffic in Finland between 1970 and 2001 [J]. Transport Policy, 2005 (12).

[20] Jyoti Parikh, Manoj Panda, A. Ganesh-Kumar, Vinay Singh. CO_2 emissions structure of Indian economy [J]. Energy, 2009 (34).

[21] Sven Bode. Long-term greenhouse gas emission reductions—what's possible, what's necessary [J]. Energy Policy, 2006 (34).

[22] K. A. Fisher-Vanden, P. R. Shukla, J. A. Edmonds. Carbon taxes and India [J]. Energy Economics, 1997 (19).

[23] Tim Roughgarden. Climate change policy: quantifying uncertainties for damages and optimal carbon taxes [J]. Energy Policy, 1999 (27).

[24] Adbeen Mustafa Omer. Climate change policy, market structure, and carbon leakage [J]. Renewable and Sustainable Energy Reviews, 2008 (12).

[25] 陈健佳. 低碳社会建设经验对长株潭"两型社会"建设的启示 [J]. 商场现代化, 2010 (12).

[26] Chris G. How to live a low-carbon live: the individual's guide to stopping climate change [M]. London Sterling, VA, 2007.

[27] Edward L G, Matthew K. The greenness of city [J]. Rappaport Institute Taubman Center Policy Briefs. 2008 (3).

[28] Bryn S. Mark J. Shaping sustainable energy use in Chinese cities: the relevance of community energy management [J]. DISP 151. 2002 (4).

［29］Crawford J, French W. A low-car bon future: Spatial planning's role in enhancing technological innovation in the built environment [J]. Energy Policy, 2008 (12).

［30］付允，马永欢，吴怡君等．低碳经济的发展模式研究［J］．中国人口·资源与环境，2008，18（3）．

［31］鲍健强，苗阳，陈锋．低碳经济：人类经济发展方式的新变革［J］．中国工业经济，2008（4）．

［32］侯军岐．中国低碳经济发展模式研究［J］．调研世界，2010（8）．

［33］张平，杜鹏．低碳经济的概念、内涵和研究难点分析［J］．商业时代，2011（10）．

［34］胡大立，丁帅．低碳经济评价指标体系研究［J］．科学进步与对策，2010（11）．

［35］冯之浚，牛文元．低碳经济与科学发展［J］．中国软科学，2009（8）．

［36］黄栋．气候变化、低碳经济与新能源发展［J］．华中科技大学学报，2009（6）．

［37］胡晓琦．浅析中国发展低碳经济的必要性与可行性［J］．时代金融，2012（12）．

［38］谢军安．我国发展低碳经济的思路与对策［J］．2009年全国环境资源法学研讨会论文集，2009．

［39］王毅．中国低碳道路的战略取向与政策保障［J］，绿叶，2009（5）．

［40］金乐琴，刘瑞．低碳经济与中国经济发展模式转型［J］．经济问题探索，2009（1）．

［41］梁鑫．中国低碳经济发展的挑战与机遇分析——基于系统论角度的思考[J]．石河子大学学报（哲学社会科学版），2012（4）．

［42］杨振龙．我国发展低碳经济的机遇与挑战［J］．商业经济，2010（3）．

［43］郭万达，郑宇．低碳经济：未来四十年我国面临的机遇和挑战［J］．开放导报，2009（8）．

［44］李胜，陈晓春．低碳经济：内涵体系与政策创新［J］．科技管理研究，2009（10）．

［45］任力．低碳经济与中国经济可持续发展［J］．社会科学家，2009（2）．

［46］赵卓，肖利平．发展低碳经济的技术创新瓶颈与对策［J］．中国科技论坛，2010（6）．

［47］郭英，肖华茂．低碳经济下中部产业集群生态升级机理研究［J］．特区经济，2011（3）．

［48］曹静．走低碳发展之路：中国碳税政策的设计及CGE模型分析［J］．金融研究，2009（12）．

［49］王金南，严刚，姜克隽．应对气候变化的中国碳税政策研究［J］．中国环境科学，2009（1）．

[50] 高鹏飞, 陈文颖. 碳税与碳排放 [J]. 清华大学学报, 2002 (10).

[51] 郑季良, 陈墙. 云南省碳排放与经济增长关系的情景分析和预测 [J]. 昆明理工大学学报, 2010 (6).

[52] 张贵宾, 王安周. 中国中部六省生态足迹实证分析 [J]. 生态环境, 2007 (2).

[53] 张亚新, 张平宇. 吉林省低碳经济发展水平评价 [J]. 干旱区资源与环境, 2011 (6).

[54] 陆小成. 区域低碳创新系统综合评价实证研究——以中部六省为例 [J]. 科学学预科与新技术管理, 2011 (7).

[55] 李晓燕, 邓玲. 城市低碳经济综合评价探索——直辖市为例 [J]. 现代经济探讨, 2010 (2).

[56] 邹秀萍, 陈邵峰, 宁淼, 刘扬. 中国省级区域碳排放影响因素的实证研究 [J]. 前沿论坛, 2009 (3).

[57] 熊青青. 珠三角城市低碳发展水平评价指标体系构建研究 [J]. 规划师, 2011 (6).

[58] 郭红卫. 基于模糊综合算法的低碳经济发展水平评价 [J]. 当代经济管理, 2010 (5).

[59] 余丽生, 冯建, 虞斌. 浙江省低碳经济发展综合评价研究 [J]. 统计研究, 2011 (10).

[60] 苏振江, 谭会志. 基于层次分析法下的伊春林区低碳经济发展评估 [J]. 黑龙江金融, 2011 (4).

[61] 黄敏, 廖为明, 王立国, 邓荣根. 基于 KAYA 公式的低碳经济模型构建与运用——以江西省为例 [J]. 生态经济, 2010 (12).

[62] 王斌斌. 低碳经济发展评价体系构建与经验研究——以大庆市为例 [J]. 东北财经大学学报, 2010 (6).

[63] 毛玉如, 沈鹏, 李艳萍, 孙启宏. 基于物质流分析的低碳经济发展战略研究 [J]. 现代化工, 2008 (11).

[64] 张辉. 新形势下我国低碳贸易发展的思考 [J]. 东方企业文化, 2011 (14).

[65] 韩智慧. 浅析我国发展低碳经济的现状、问题及对策 [J]. 中国乡镇企业会计, 2012 (6).

[66] 施祺方, 樊靓. 低碳技术应对气候变化、实现低碳发展的对策研究 [J]. 现代营销, 2011 (9).

[67] 樊纲, 马蔚华. 低碳城市在行动: 政策与实践 [M]. 中国经济出版社, 2011.

第二章

中部地区低碳经济发展框架分析

一、中部地区经济社会发展现状分析

中部地区具有明显的综合优势，在我国发展全局中占据重要地位，长期以来为国家作出了重大贡献。然而，与东部地区相比，中部地区的整体水平和发展速度还比较低。针对国内区域发展差距不断扩大的状况，2004年，国家明确提出了促进中部地区崛起的战略目标。近几年来，中部六省呈现出蓬勃发展的良好态势。

中部崛起

我国中部地区包括山西、河南、湖北、湖南、江西、安徽六省，土地面积102.2万平方公里，2010年人口35696.6万，完成国内生产总值86109.4亿元，人均国内生产总值24242元。为促进中部地区经济快速发展，国家提出了"中部崛起"战略，加大对中部六省的政策支持力度，支持中部建设全国粮食核心主产区，支持中部建立先进制造业基地，支持中部加快老工业基地改造、资源型城市转型和国有企业改革，支持中部解决交通设施的薄弱环节，支持中部治理生态和环境，支持中部教育卫生事业发展，支持中部减轻财政负担。在中部崛起战略的推动下，中部地区六大城市群——中原城市群、武汉城市圈、长株潭城市群、皖江城市带、太原都市圈、环鄱阳湖城市群相继推出各自的发展战略。

(一) GDP 总量

从经济总量来看，中部地区 GDP 由 2006 年的 43480.6 亿元增加到 2010 年的 86109.4 亿元，经济总量不断增加，占全国经济总量的比重也在逐步上升，由 2006 年的 18.7% 提高到 2010 年的 19.7%（见表 2-1）。

表 2-1　　　　　　　　中国各地区国内生产总值统计

年份	总量（亿元）					占全国比重（%）			
	全国	东部	中部	西部	东北	东部	中部	西部	东北
2006	232815.3	129197.6	43480.6	40345.7	19791.4	55.5	18.7	17.3	8.5
2007	279736.3	154029.7	52971.1	49182.5	23553.0	55.1	19.0	17.5	8.4
2008	333313.9	180416.6	64040.5	60447.8	28409.1	54.1	19.2	18.2	8.5
2009	365303.7	196674.4	70577.6	66973.5	31078.3	53.8	19.4	18.3	8.5
2010	437042.0	232030.7	86109.4	81408.5	37493.5	53.1	19.7	18.6	8.6

资料来源：《中国统计年鉴》（2011），中国统计出版社，2011。

中部是我国仅次于东部的第二大经济区，2010 年，中部六省的 GDP 为 86109.38 亿元。近年来，中部各省经济实现了平稳较快的发展。2010 年，河南省 GDP 居中部六省之首，接着是湖南、湖北、安徽、江西和山西。但与东部相比，中部各省 GDP 总量尚远低于广东、江苏、山东和浙江等省。湖南和湖北的 GDP 与四川接近，江西和山西的 GDP 与广西、陕西和内蒙古接近。中部 GDP 总量虽高于西部，但与东部的差距不断扩大，由 2006 年的 85717.04 亿元扩大到 2010 年的 145921.32 亿元。

近年来，中部地区经济增速快于全国平均水平（见表 2-2）。2008~2009 年，由于经济危机的影响，中部地区 GDP 增速有所减缓，但到 2010 年明显回升。2010 年，中部地区 GDP 增速达 14.07%，高于全国平均水平近 4 个百分点，增长速度处于全国前列。

表 2-2　　　　　　近年全国和各大区 GDP 增速　　　　　　单位：%

年份	2006	2007	2008	2009	2010
东部	14.01	14.77	11.39	11.21	12.94
中部	13.00	14.58	12.30	11.58	14.07

续表

年份	2006	2007	2008	2009	2010
西部	13.23	14.35	12.64	12.51	13.72
东北	13.77	14.37	13.73	12.70	13.57
全国	12.70	14.20	9.60	9.20	10.40

资料来源：《中国统计年鉴》(2011)，中国统计出版社，2011.

（二）人均 GDP

中部地区的人均 GDP 低于全国平均水平（见表 2－3）。2006～2010年，中部地区人均 GDP 仅高于西部地区，与东部地区的差距则越来越大，其差距由 2006 年的 15209 元扩大到 2010 年的 21676 元。

表 2－3　　　　　全国和各区域人均 GDP 比较　　　　　单位：元

年份	2006	2007	2008	2009	2010
东部	27544	32444	37614	40599	45798
中部	12335	15009	18057	19823	24123
西部	11158	13550	16551	18234	22570
东北	18297	21704	26125	28553	34225
全国	17712	21171	25099	27369	32593

资料来源：《中国统计年鉴》(2011)，中国统计出版社，2011.

（三）财政收入

从地方财政收入水平来看，中部地区财政收入远不如东部地区（见表 2－4）。2006 年，中部地区实现财政收入 2950.1 亿元（占全国的比重为 16.12%）。此后财政总量逐年上升，但与东部地区的差距逐渐扩大。2010 年，中部六省地方财政收入为 6371.39 亿元，占全国内地 31 个省（区、市）地方财政总收入的 15.69%，远低于同年江苏（4079.86 亿元）、广东（4517.04 亿元）两省的地方财政收入之和（8596.9 亿元）。2006～2010 年，在中部投资规模、经济总量占全国份额不断上升的同时，中部地方财政收入占全国地方财政收入的份额则由 16.12% 下降到 15.69%。

表2-4　　　　　　　　近年中国各大区财政收入状况

年份	总量（亿元）					占全国比重（%）			
	全国	东部	中部	西部	东北	东部	中部	西部	东北
2006	18303.6	10844.4	2950.1	3059.4	1449.7	59.3	16.1	16.7	7.9
2007	23572.6	14052.9	3590.4	4085.5	1843.9	59.6	15.2	17.4	7.8
2008	28649.8	16729.7	4403.7	5159.2	2357.2	58.4	15.4	18.0	8.2
2009	32602.6	18786.6	5039.6	6056.4	2720.0	57.6	15.5	18.6	8.3
2010	40613.0	23005.4	6371.4	7873.4	3362.8	56.7	15.7	19.4	8.2

资料来源：《中国统计年鉴》（2011），中国统计出版社，2011.

2007~2010年，中部地区财政收入不断上升，年均增长21.3%，增长速度高于东部地区，但低于西部地区和东北地区。由于金融危机的影响，2008~2009年全国各大区财政收入增速都有所下降（见图2-1）。

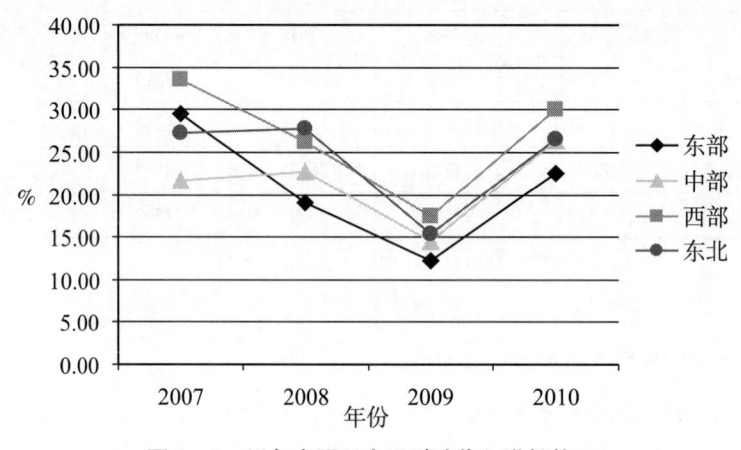

图2-1　近年中国四大区财政收入增长状况

（四）全社会固定资产投资

由于产业结构的优化调整，投资环境和政策环境的改善，近年中部地区固定资产投资额不断增加。2010年，中部地区投资总额占全国的比重上升到23.2%，投资增长速度居全国第一位（见表2-5）。

表2-5　　　　　　　全国各大区全社会固定资产投资

	2006		2010		2006~2010年平均增长（%）
	总量（亿元）	比重（%）	总量（亿元）	比重（%）	
东部	54637.11	50.56	115853.99	42.69	20.67
中部	20896.58	19.34	62890.52	23.18	31.71
西部	21996.94	20.36	61892.23	22.81	29.51
东北	10519.98	9.74	30725.97	11.32	30.72
全国	108050.60	100.00	271362.71	100.00	25.89

资料来源：《中国统计年鉴》（2011），中国统计出版社，2011.

2006~2010年，中部地区全社会固定资产投资年均增长31.71%，超过全国平均水平5.82个百分点。中部地区投资总量占全国的比重，也由2006年的19.34%上升到2010年的23.18%。在中部六省中，安徽和江西的固定资产投资增长较快，但山西和河南的增速低于中部平均水平。总体上看，中部地区经济以投资拉动为主，尤其是对制造业和房地产业的投资增长较快（张秀生、陈志福，2011）[1]。

（五）进出口总额与利用外资

2000~2010年，中部地区外贸进出口总额由147.5亿美元增加到1168.9亿美元，其中外贸出口总额增长了6.55倍，外贸进口总额增长了10.56倍。2010年中部地区实现出口643.6亿美元，进口534.3亿美元（见表2-6）。

表2-6　　　　　　我国各大区货物进出口总额　　　　　单位：亿美元

	2000年			2010年		
	进出口	出口	进口	进出口	出口	进口
东部	4177.9	2160.2	2017.7	26056.6	13784.3	12272.3
中部	147.5	96.9	50.6	1168.9	634.6	534.3
西部	171.6	99.27	72.40	1283.8	720.15	563.71
东北	245.9	135.6	110.2	1230.7	638.5	592.2
全国	4742.9	2492.0	2250.9	29739.9	15777.5	13962.4

资料来源：《中国统计年鉴》（2011），中国统计出版社，2011.

总体来看，中部地区经济外向度还比较低，进出口贸易总额远低于东部地区。尽管中部地区实际利用外资总额逐年增加，但在全国所占的份额仍比较少。2010年中部地区外商投资总额为2113亿美元，占全国总额的7.81%。由此可见，中部地区经济发展的国际化水平相对滞后。

（六）城乡居民收入及消费

中部地区经济实力不断增强，城镇居民人均可支配收入和农村居民人均纯收入逐年增加（见表2-7）。但与东部地区的差距逐渐增大，与东北地区和西部地区的差距则逐渐缩小。2010年，中部地区城镇居民人均可支配收入和农村居民人均纯收入分别为15912元和5465元，城镇居民人均可支配收入相当于全国平均水平的88.07%，农村居民人均纯收入相当于全国平均水平的87.62%。尽管中部地区城乡居民经济收入增幅较大，但与东部地区相比，仍存在着显著的发展差距。

表2-7 中国各大区城镇居民人均可支配收入和农村居民人均纯收入   单位：元

	2006		2010		2006~2010年平均增长（%）	
	城镇	农村	城镇	农村	城镇	农村
东部	14894	5813	23298	9128	11.83	11.94
中部	9911	3280	15912	5465	12.56	13.61
西部	9545	2576	15389	4392	12.68	14.27
东北	9776	3761	15660	6452	12.50	14.44
全国	11364	3871	18068	6237	12.29	12.66

资料来源：《中国统计年鉴》（2011），中国统计出版社，2011.

在居民消费方面，中部地区居民消费增长高于东部发达地区（见表2-8）。2006年，中部地区城镇居民人均消费支出和农村居民人均生活消费支出分别为7227元和2554元，到2010年分别达到11006元和3945元。2006~2010年，中部地区城镇居民人均消费支出和农村居民人均生活消费支出年均增长分别为11.09%和11.48%，略低于西部地区和东北地区同期水平。同时，中部地区城乡居民消费差距不断拉大，由2006年的4673元扩大到2010年的7061元。在中部六省城镇居民消费中，山西省和湖南省消费增长偏低，湖北省属于中游水平，在农村居民消费中，湖南省和湖北省消费增长偏低，江西省属于中游水平。

表 2-8　　　　中国各大区城乡居民人均消费支出状况　　　单位：元

	2006		2010		2006~2010年平均增长（%）	
	城镇	农村	城镇	农村	城镇	农村
东部	10829	4261	15952	6299	10.17	10.27
中部	7227	2554	11006	3945	11.09	11.48
西部	7233	2175	11217	3528	11.59	12.85
东北	7332	2795	11881	4343	12.82	11.65
全国	8401	2982	12768	4581	11.03	11.33

资料来源：《中国统计年鉴》（2011），中国统计出版社，2011.

从总体上看，受制于收入低的缘故，中部地区居民消费水平偏低，2006~2010年中部地区城镇居民人均消费和农村居民人均生活消费低于全国平均水平。与东部地区相比，2010年，中部地区城镇居民人均消费和农村居民人均生活消费分别仅为东部地区的68.99%和62.63%。2010年，中部地区城镇居民人均消费略低于西部地区和东北地区，而农村居民人均生活消费仅比西部地区略高。

（七）产业结构状况

中部六省地域辽阔，气候适宜，降水量比较充沛，土地资源比较丰富，产量高的耕地比较多，是全国农业发展的重点区域和粮食、蔬菜、水果、水产、药材、肉禽等食品的主要产区与调出区，中部六省除山西外基本上都是农业大省。因此，农业在生产总值中占有较大的份额。2010年，中部第一产业所占比重为13%，高于东部地区和东北地区（见表2-9）。中部地区虽属于以第二产业为主导的产业结构，2010年第二产业所占比重达52.4%，但第二产业的优势仍不明显，传统工业占主导位置，能源、原材料和一般加工工业所占比重较大，高科技产业比重小，工业内部结构偏向于重工业。同时，由于中部地区城镇化率和居民收入水平偏低，消费意愿不高等原因，中部六省的服务业发展滞后，2010年中部第三产业所占比重全国最低，为34.6%，甚至低于收入水平最低的西部地区，凸现了中部产业发展中存在的问题。

表2-9　　　　　　2010年全国和各地区产业结构比较

	第一产业		第二产业		第三产业	
	产值（亿元）	比重（%）	产值（亿元）	比重（%）	产值（亿元）	比重（%）
东部	14626.3	6.3	114553.3	49.4	102851.0	44.3
中部	11221.1	13.0	45130.3	52.4	29758.0	34.6
西部	10701.3	13.1	40693.9	50.0	30013.3	36.9
东北	3984.1	10.6	19687.2	52.5	13822.1	36.9
全国	40532.8	10.1	187581.4	46.8	160867.0	43.1

资料来源：《中国统计年鉴》(2011)，中国统计出版社，2011.

因此，中部地区经济发展的关键在于产业结构的调整，这是增强中部整体竞争力的有效途径。中部地区应加大农业产业结构的调整和升级，大力推进城镇化和工业化，以城镇化和工业化带动实现农业现代化。同时积极发展高新技术产业和高附加值加工产业，构建具有中部特色的优势产业，加快产业集聚的建设。

二、中部地区低碳经济建设背景分析

（一）国际背景

低碳经济概念最早起源于英国，之后便引起了国际社会的普遍关注。世界各国政府也纷纷推出自己的低碳经济发展战略。同时，世界各国围绕碳减排也签署了多项协议。

1. 气候变化已经严重威胁到全球的可持续发展

所谓气候变化是指气候平均状态统计学意义上的巨大改变或者持续较长一段时间（10年或者更长）的气候变动。《联合国气候变化框架公约》（UNFCCC）第一款中将"气候变化"定义为："经过相当一段时间的观察，在自然气候变化之外由人类活动直接或间接地改变全球大气组成所导致的气候改变。"

随着世界人口、经济、能源消耗的不断增长，温室气体排放增多带来的全球气候变暖对人类可持续发展造成了日益严重的影响。尤其是20世纪80年代后，全球气温上升明显，导致有的国家极端天气与灾害的频率和强度增加、水资源短缺和区域不平衡加剧、生态环境恶化、农业生产损失巨大、粮食安全压力增加、海平面持续上升、沿海地区经济社会发展受到威胁等严重性灾难出现。在全球气候变暖已严重威胁人类社会的可持续发展的历史背景下，世界各国开始普遍探求一种可持续性的经济发展模式，低碳经济由此应运而生。

2. 国际社会高度重视发展低碳经济

在全球气候变暖的现实背景下，世界各国越来越重视温室气体排放对环境的影响。联合国政府间气候变化专门委员会（IPCC）2007年的综合评估结果表明：自1750年以来，人类活动是气候变暖的重要原因之一；近50年以来，全球气候增暖，有90%的可能是因人类活动引起，主要源于人为的化石燃料使用而排放的温室气体（Bernstein et al.，2007）[2]。预计到21世纪末，全球气候仍将继续变暖，这对人类的生存和发展形成了严峻的挑战，而人类所采取的行动将决定其后升温的幅度。IPCC的第四次评估第三工作组认为，人类采取减缓全球变暖的行动在技术和经济上具有可行性，通过部署各行业的关键减排技术、采取政策和行政干预、转变发展模式等手段能对减缓全球变暖做出重大贡献。

低碳经济的概念首次在英国政府2003年发表的题为《我们未来的能源——创建低碳经济》的能源白皮书提出后，随即引发世界各国政府和学者的广泛关注和积极研究（庄贵阳，2007）[3]。尽管对低碳经济的理解有所差异，但发展低碳经济已成为国际社会的共识和努力方向（见表2-10）。

表2-10　　　　　　　　　国际发展低碳经济大事记

时间	事件
2003年2月	英国政府发表《我们未来的能源——创建低碳经济》的能源白皮书，首次提出"低碳经济"的概念
2005年2月	《京都议定书》正式生效，人类史上首次以法规形式限制温室气体排放
2006年10月	前世界银行首席经济学家尼古拉斯·斯特恩在《斯特恩报告》指出，全球以每年投入1%的GDP，可以避免未来每年5%~20%的GDP损失，呼吁全球向低碳经济转型
2007年12月	联合国气候变化大会在印尼巴厘岛举行，会议决定在2009年前就应对气候变化问题举行谈判，并制订"巴厘岛路线图"。按"路线图"要求，发达国家在2020年前将减排温室气体25%~40%，推进了全球迈向低碳经济的进程，具有里程碑的意义

续表

时间	事件
2008年6月	联合国环境规划署确定2008年"世界环境日"的主题为"转变传统观念，推行低碳经济"
2008年7月	G8峰会上八国表示将寻求与《联合国气候变化框架公约》的其他签约方一道共同达成到2050年把全球温室气体排放减少50%的长期目标
2009年9月	联合国气候变化峰会在纽约联合国总部举行，这次峰会旨在为2009年12月在丹麦哥本哈根召开的联合国气候变化大会凝聚政治共识，注入政治推动力
2009年12月	联合国气候变化大会在丹麦哥本哈根召开。此次会议维护了《联合国气候变化框架公约》及其《京都议定书》确立的"共同但有区别的责任"原则；在发达国家实行强制减排和发展中国家采取自主减缓行动方面迈出了新的坚实步伐；就全球低碳经济长期目标、资金和技术支持、透明度等焦点问题达成广泛共识
2010年4月	联合国气候变化谈判会议在德国波恩举行，会议通过了2010年气候谈判的工作计划

3. 世界各国积极出台低碳经济发展相关政策

当前，世界各国纷纷通过实施碳排放交易、合理征收碳税等相关政策性措施的应用来积极发展低碳经济。

（1）实施碳排放交易。当前，清洁能源发展机制（CDM）已经趋于成熟。欧盟构建的欧盟排放交易体系（EU ETS）已经完成了第一阶段的碳排放贸易，正在进行着对排放总量和气体类型规定更为严格的第二阶段的碳排放贸易①。欧盟排放交易体系由政府制定排放额，通过行政手段及经济手段强制企业进行减排以及碳排放交易，在减排和构建排放交易系统方面取得了一定的成功；北美地区唯一的碳排放交易平台——美国芝加哥气候交易所（CCX）虽然已经谢幕，但其对自愿减排交易体系的探索有积极的意义（姚晓芳、陈菁，2011）[4]。

清洁能源发展机制

清洁能源发展机制（Clean Development Mechanism，CDM），是《京都议定书》（1997年《联合国气候变化框架公约》缔约方第3次会议上通过的补充协议）中为了应对全球气候变暖对人类活动负面影响的三个

---

① 《国际发展低碳经济大事记》[J]. 中国石化，2009（12）.

合作机制（国际排放贸易机制、联合履行机制、清洁能源发展机制）之一。它的主要内容是指发达国家通过提供资金和技术的方式，与发展中国家开展项目级的合作，通过项目合作实现的"经核证的减排量"，用于发达国家缔约方完成在议定书第三条关于减少温室气体排放的承诺。CDM 帮助发达国家实现其部分温室气体减排义务，同时帮助发展中国家实现可持续发展。目前，中国已经成为全球第一大 CDM 提供方，占据国际市场领先地位。2008 年全球 CDM 交易额为 325 亿欧元，中国占据高达 84% 的市场份额，其次是印度、印尼、巴西等国家。欧盟、日本和加拿大等发达国家是国际 CDM 市场的主要买家。

欧盟排放交易体系

欧盟排放交易体系（European Union Emission Trading Scheme, EU ETS），是世界上第一个多国参与的排放交易体系。是欧盟为了实现《京都议定书》确立的二氧化碳减少排放的目标，而于 2005 年建立的气候政策体系。它将《京都议定书》下的减排目标分配给各成员国，参与 EU ETS 之各国，必须符合欧盟温室气体排放交易指令的规定，并以履行京都减量承诺，以及减量分担协议作为目标，执行各国所辖排放温室气体排放量核配规划工作，再由各成员国根据国家分配计量分配给各企业。该系统被分为三个阶段：第一阶段（2005～2007 年）、第二阶段（2008～2012 年）、第三阶段（2013～2018 年）。第一阶段主要目的并不在于实现温室气体的大幅减排，而是获得运行总量交易的经验，为后阶段正式履行《京都议定书》奠定基础。在选择所交易的温室气体上，第一阶段仅涉及气体变化影响最大的二氧化碳的排放权的交易，而不是全部包括《京都议定书》提出的六种温室气体。第二阶段是欧盟借助所设计的排放交易体系，正式履行对《京都议定书》的承诺。各成员国在获得欧盟委员会批准的条件下，可以单方面将排放交易机制扩大到其他温室气体种类和涉及的其他部门。第三阶段的主要目的是排放总量以每年 1.74% 的速度下降，以确保 2020 年温室气体排放要比 1990 年至少低 20%。

（2）合理征收碳税，构建绿色财政。目前征收碳税的欧盟国家有挪威、瑞典、荷兰、丹麦、德国、英国等。一部分北欧国家还征收环境税，对于污染环境的资源开采、运输、转化、利用和排放所有环节进行征税（碳税只是环境税的一部分），同时，调整税收结构，降低其他相关的税收。上述国家税收政策的调整不仅能促进能效提高和可再生能源的发展，减少排放，而且还对经济发展起到促进作用（乔晗、李自然，2010）[5]。

（3）鼓励提高能效，发展低碳技术①。欧盟2009年的能源气候政策更加明确了向低碳经济转型的目标，提出在2020年实现下列目标：减少20%的温室气体排放量（在1999年基础上）；能效提高20%；以及可再生能源在总体能源中的占比提高至20%。近年来，世界主要发达国家都在致力于开发利用新能源技术和清洁能源技术，以期抢占低碳经济发展的制高点。到2013年为止，欧盟计划投资1050亿欧元用于绿色经济；美国能源部最近在碳捕获及封存技术研发方面投资31亿美元（赖流滨，2011）[6]。

4. 世界各国基本都在履行减排协议控制碳排放

在全球减少温室气体排放行动中不论是发达国家还是发展中国家都扮演着重要的角色。特别是随着当前低碳经济的发展模式被越来越多的国家所认可，所有发达国家都提出了减排目标，主要发展中大国也提出了自己减缓行动的目标。如美国在哥本哈根气候变化大会上承诺2020年温室气体排放量在2005年基础上减少17%；欧盟早在2007年3月就承诺，到2020年将其温室气体排放量在1990年基础上至少减少20%，并且愿意和其他主要排放国一道将减排目标提高到30%；日本推行温室气体减排政策，承诺到2020年将温室气体排放量减少到1990年时25%的水平；澳大利亚在减排上显得比较保守，承诺在2000年的基础上减排25%；中国承诺到2020年单位国内生产总值二氧化碳排放比2005年下降40%~45%；印度承诺到2020年，使废气排放比2005年少24%，到2030年，减少37%；哥斯达黎加、埃塞俄比亚、格鲁吉亚、约旦、马其顿、马达加斯

---

① 低碳技术主要分为三个类型：第一类是减碳技术，是指高能耗、高排放领域的节能减排技术，如煤的清洁高效利用、油气资源和煤层气的清洁勘探开发技术等。第二类是无碳技术，比如核能、太阳能、风能、生物质能等可再生能源技术。第三类就是去碳技术，典型的是二氧化碳捕获与埋存。

加、摩洛哥、刚果共和国、塞拉利昂已经原则上同意《哥本哈根协议》并且提供了具体的行动计划，但没有数字化目标。

5. 低碳经济正在改变国际经济格局和贸易规则

随着低碳经济在全球的迅速兴起，其对国际贸易发展也将带来深远影响。全球经济低碳化的大趋势将不可逆转，国际贸易格局也将进行重大调整，主要表现为商品贸易格局和地区贸易格局方面的调整（施用海，2011）[7]。

改变国际技术贸易和技术转让的竞争与合作态势。根据 IEA 的数据分析，若将 2050 年全球温室气体排放控制在 2005 年的水平，能源领域的额外投资（指为减少排放增加的投资代价，比如购买电动动力汽车与购买传统汽车的差额）为 17 万亿美元，每年需投资 4000 亿美元，与荷兰的 GDP 相当，占全球 GDP 总值的 0.4%；若需在 2005 年的基础排放上削减一半，则需要的额外投资为 45 万亿美元，每年大约 1.1 万亿美元，与意大利的 GDP 总值大体相当，占全球 GDP 总值的 1.1%。斯特恩的报告也强调如果将二氧化碳浓度控制在 500~550ppm，投资的上限接近于当年全球 1% 的投资。如此巨大的投资必然刺激低碳行业技术和产品的发展，低碳产业将具有极大的发展前景和投资价值。同时，各国在低碳经济有关的新能源技术、新环保技术发展进程中扮演的角色，将决定在新的世界经济和新的国际贸易中格局的地位。

创新碳金融体系，改变国际贸易规则。碳金融就是与碳相关的金融活动，包括碳排放权及其衍生品的交易和投资、低碳项目开发的投融资以及其他相关金融中介活动。许多西方国家已经或将建立温室气体排放贸易体系等碳金融体系，部分国家还征收碳税。为保护本国高能耗产品（如钢铁、铝、基础化学品）的国际竞争力，政策制定者需要考虑进行边境税调节。对于进口的高能耗产品，在开展排放贸易的国家入关时，需要购买一定排放额；对于征收碳税的国家，还要征收边境税。与此同时，在部分国家的排放贸易体系和碳税等政策的实施下，某些单边贸易措施将与多边贸易规则发生冲突，成为新的贸易壁垒。可以确定的是，国际贸易的规则和各国对于低碳经济相关的贸易政策在可预见的未来将发生较大改变（施用海，2011）[7]。

> **"碳金融"**
>
> "碳金融"是指由《京都议定书》而兴起的低碳经济投融资活动，或称碳融资和碳物质的买卖，即服务于限制温室气体排放等技术和项目的直接投融资、碳权交易和银行贷款等金融活动。"碳金融"的兴起源于国际气候政策的变化以及两个具有重大意义的国际条约——《联合国气候变化框架公约》和《京都议定书》。目前我国碳排放权交易的主要类型是基于项目的交易，因此，我国"碳金融"更多的是指依托CDM的金融活动。随着越来越多中国企业积极参与碳交易活动，中国的"碳金融"市场潜力将不断增大。

（二）国内背景

中国作为世界第二大能源生产国和消费国，历来高度重视全球气候变化问题。特别是随着近年来环境问题的日渐突出，摒弃先污染后治理、先低端后高端、先粗放后集约的发展模式，走低碳经济之路，已成为我国政府主导经济发展的主导思路。由于我国目前仍处于工业化阶段，国内发展低碳经济面临着与国外发达国家不同的背景，主要包括：

1. 高碳能源结构短期难以根本性转变

从中国的能源消费情况来看，一方面，中国是世界能源消耗大国，其能源消耗总量从1990年的98703万吨标准煤增加到2010年的324939万吨标准煤，加之中国在较长一段时间内仍将处于工业化中期，这必将导致能源消耗总量仍将继续攀高；另一方面，中国的能源消费结构长期以来以煤炭为主，我国对煤的依赖远远大于世界其他国家。据测算，在中国能源探明储量中，煤炭占94%，石油占5.4%，天然气占0.6%，"富煤、少气、贫油"的能源资源结构特点使得中国以煤为主的能源生产和消费结构将长期存在。1996年，全国煤炭消费量仅为10亿吨，而2006年就已经超过了24亿吨，2008年已超过26.62亿吨，占一次能源比重超过70.3%，位居世界第一，这种不合理的高碳能源结构在短时间内仍难以改变（刘传庚等，2011）[8]。

2. 碳排放总量增长迅猛且减排压力大

据测算，2004年我国化石能源的二氧化碳排放量为13.7亿吨，仅次于美国。2010年，我国的GDP总量已超过日本成为世界第二，二氧化碳排放也超过美国成为世界第一。从总体上看，1970~2004年我国二氧化碳排放量的增长速度较快，2002年以来，我国二氧化碳排放量增长尤为迅速，如果以1953年为起始点，则1953~2009年，中国的碳排放总量增加了55倍。一方面，当前随着中国工业化和城市化的加速发展，必然带来公路、铁路、桥梁等基础设施的大规模建设，中国在相当长的一段时间内仍将面临着碳排放总量的日益增长。另一方面，当前我国正处于城市化与工业快速推进的特殊历史阶段，节能减排既面临着国内经济发展转型的压力，又面临着节能减排的国际压力，加之我国提出到2020年单位国内生产总值二氧化碳排放比2005年下降40%~45%、非化石能源占一次能源消费的比重达到15%左右的目标，使得我国面临着日益增大的减排压力。

3. 传统经济发展模式带来日益严重的环境污染

当前，以"高投入、高消耗、高污染、低效率"为主要特征的"三高一低"的传统粗放型经济发展方式仍然存在，短时期内经济发展方式难以完全转型，由此将带来日益严重的环境污染，如工业生产带来的重金属污染、固体废弃物污染、水体污染等。加之当前我国三次产业之间的比重不协调，工业比重较大，尤其是重化工业，国内工业生产技术水平的落后往往导致单位GDP能耗和主要耗能产品能耗均高于主要能源消费国家的平均水平，而低能耗的第三产业比重偏低，发展缓慢，这种现状也将导致环境污染日益严峻。

4. 中央和地方政府普遍积极发展低碳经济

发展低碳经济，建设低碳社会是一项庞大的系统工程。在这项系统工程中，中国向低碳经济转型，面临着许多障碍。近年来，上至中国政府，下至各个地方政府，均以一种负责任的态度积极发展低碳经济。

国家层面，2007年6月，国务院发布了《中国应对气候变化国家方案》，明确了中国应对气候变化的具体目标、基本原则、重点领域及其政策措施。2007年9月，胡锦涛总书记在亚太经合组织（APEC）第15次领导人会议上，就多次提到要积极发展低碳经济。2007年10月，国务院新闻办发表了《中国的能源状况与政策》白皮书，提出了能源发展战略和目标，全面推进能源节约，并将可再生能源发展列为战略重点。2008年10月，国务院新闻办公室发表了《中国应对气候变化的政策与行动》白皮书，详细阐明了气候变化与中国国情、气候变化对中国的影响、应对气候变化的战略和目标、减缓气候变化的政策与行动、适应气候变化的政策与行动等重大问题。2009年8月，全国人大常委会通过《关于积极应对气候变化的决议》，决议指出，必须进一步增强应对气候变化的意识，坚定不移地走可持续发展道路，从中国基本国情和发展的阶段性出发，积极应对气候变化，提出了控制温室气候排放、增强适应气候变化能力、充分发挥科学技术的支撑和引领作用、发展低碳经济等战略措施。2009年9月，国家主席胡锦涛出席联合国气候变化峰会，发表了题为《携手应对气候变化挑战》的重要讲话，指出中国将进一步把应对气候变化纳入经济社会发展规划，并继续采取强有力的措施，并提出争取到2020年单位国内生产总值二氧化碳排放比2005年有显著下降，争取到2020年非化石能源占一次能源消费比重达到15%左右。

胡锦涛在中共十八大报告中首次提出建设"美丽中国"

党的十五大报告明确提出实施可持续发展战略。

党的十六大以来，在科学发展观指导下，党中央相继提出走新型工业化发展道路，发展低碳经济、循环经济，建立资源节约型、环境友好型社会，建设创新型国家，建设生态文明等新的发展理念和战略举措。

党的十七大报告进一步明确提出了建设生态文明的新要求，并将到2020年成为生态环境良好的国家作为全面建设小康社会的重要要求之一。

党的十七届五中全会明确提出提高生态文明水平。绿色建筑、绿色施工、绿色经济、绿色矿业、绿色消费模式、政府绿色采购不断得到推广。"绿色发展"被明确写入"十二五"规划并独立成篇，表明我国走绿色发展道路的决心和信心。

"面对资源约束趋紧、环境污染严重、生态系统退化的严峻形势，必须树立尊重自然、顺应自然、保护自然的生态文明理念，把生态文明建设放在突出地位，融入经济建设、政治建设、文化建设、社会建设各方面和全过程，努力建设美丽中国，实现中华民族永续发展。"

党的十八大报告首次单篇论述生态文明，首次把"美丽中国"作为未来生态文明建设的宏伟目标，把生态文明建设摆在总体布局的高度来论述，表明我们党对中国特色社会主义总体布局认识的深化，把生态文

> 明建设摆在五位一体的高度来论述，也彰显出中华民族对子孙、对世界负责的精神。
>
> 要实现真正的国富民强，必须守住"绿水青山"。那么，如何实现"美丽中国"？报告也给出了答案：坚持节约资源和保护环境的基本国策，坚持节约优先、保护优先、自然恢复为主的方针，着力推进绿色发展、循环发展、低碳发展。这不仅是当今世界的主流观念，也越来越受到我们党的重视。
>
> 绿色发展、循环发展、低碳发展，首次被写入党代会报告，就是向世界宣告：我们要发展环境友好型产业，降低能耗和物耗，保护和修复生态环境；我们要发展循环经济和低碳技术，使经济社会发展与自然相协调。

地方层面，2008年12月，住房和城乡建设部与世界自然基金会（WWF）在中国以上海和保定为试点联合推出了"低碳城市"项目。同年，我国政府投入4万亿元进行经济激励计划，其中大量投资于环境基础设施建设、新能源开发和能效的提高。2010年8月，国家发改委发布《关于开展低碳省区和低碳城市试点工作的通知》，确定首先在广东、辽宁、湖北、陕西、云南5省和天津、重庆、深圳、厦门、杭州、南昌、贵阳、保定8市开展低碳试点工作。与此同时，国内多个省份、多个城市也积极行动起来，发展低碳经济。目前，全国已经有100多个城市提出打造"低碳城市"的战略构建，全国均呈现出积极发展低碳经济的热潮。

（三）中部地区发展低碳经济面临的挑战

1. 资源能源和环境压力日趋突出

加速中部地区工业化和城镇化进程，是实现中部崛起战略目标的必由之路。从现实情况来看，中部地区多是人口和能源大省，工业化和城镇化的加速推进，必然带来能源消耗的加速增长和环境污染的日益加剧。目前，中部地区处于工业化的中期阶段，能源消费正经历一段快速增长期。为此，当前较长一段时间内中部地区既要保持经济较快增长，还要保护好生态环境，实现区域经济、资源、环境的可持续发展，这种双重压力对中部地区发展低碳经济形成了巨大的挑战。

2. 产业结构转型升级与"被动式"产业转移的压力

中部地区钢铁、水泥、煤化工等传统高能耗、高排放、高污染行业占经济总量比重比较大，产业结构转型升级的任务还很艰巨。与此同时，由于历史的原因，中部地区与东部地区存在明显的经济梯度。特别是由于中部地区某些地方领导"唯 GDP 是从"的观念仍然占据主导地位，这种观念往往致使当前东部沿海发达地区的某些劳动密集型、资源消耗严重、污染较大的产业"被动"转移至中部地区，从而既增加了中部地区产业结构优化升级的难度，也增加了中部地区发展低碳经济的环境压力。

3. 发展低碳经济与降低成本存在一定矛盾

相对于传统高碳经济而言，新兴的低碳经济在发展前期的成本相对更高，低碳发展与发展成本之间存在一定矛盾。对于财政收入水平不是很高的中部而言，强调大力发展低碳经济，就意味着前期投入的成本加大，这无论对于政府或是企业，包袱都较大。在眼前利益驱使下，高碳的生产模式和消费模式仍可能是许多市场主体的首选。同时低碳技术创新周期一般较长，费用投入巨大，研发风险较大，大多数企业不愿涉足。因此，如何有效解决低碳转型过程中低碳技术研发的高投入和高风险难题，是中部低碳发展面临的现实问题和长期挑战。

（四）中部地区发展低碳经济面临的机遇

1. 国际低碳经济迅速发展的市场机遇

2012 年，全球碳市场潜力将达到 1500 亿美元，有望超过石油市场成为世界第一大市场（韩鑫韬，2010）[9]，国际低碳经济发展蕴藏的市场潜力巨大。借助低碳经济的发展能在中部地区催生出一大批新的产业，为新能源、新材料、信息等低碳产业发展带来巨大的国际市场，这些产业的迅速崛起，也将为中部低碳产业发展创造巨大空间。

2. 国内低碳战略全面实施的战略机遇

我国已将低碳经济作为未来发展的重大战略，正在研究出台促进低碳经济发展的指导意见和编制低碳产业振兴规划。哥本哈根会议后，国家正在进一步加大对新能源、低碳交通、低碳建筑等低碳产业的支持力度，有望为中部各省发展低碳经济带来重要机遇和注入新的动力。

3. "两型社会"建设先行先试的政策机遇

武汉城市圈和长株潭城市群"两型社会"改革建设与发展低碳经济内涵一致，中部地区的湖南和湖北在建设"两型社会"方面有先行先试的权力，这将为中部创新低碳经济发展机制提供有力的政策保障。

"两型社会"

"两型社会"指资源节约型与环境友好型社会，是温家宝总理在党的第十六届五中全会上提出来的，"要在全社会大力倡导节约、环保、文明的生产方式和消费模式，让节约资源、保护环境成为每个企业、村庄、单位和每个社会成员的自觉行动，努力建设资源节约型和环境友好型社会"。

资源节约型社会是指整个社会经济建立在节约资源的基础上，建设节约型社会的核心是节约资源，即在生产、流通、消费等各领域各环节，通过采取技术和管理等综合措施，厉行节约，不断提高资源利用效率，尽可能地减少资源消耗和环境代价满足人们日益增长的物质文化需求的发展模式。环境友好型社会是一种人与自然和谐共生的社会形态，其核心内涵是人类的生产和消费活动与自然生态系统协调可持续发展。

资源节约型包含了探索集约用地方式、建设循环经济示范区、深化资源价格改革；环境友好型则囊括了建立主体功能区，制定评价指标、生态补偿和环境约束政策和完善排污权有偿转让交易制度等。

三、中部地区低碳经济建设的重要意义

从宏观上讲，中部地区发展低碳经济，既是贯彻落实科学发展观的体现，也有利于建设资源节约型、环境友好型社会，还有利于加快"转方式、调结构"的步伐，同时有利于实现中部崛起的战略目标。

(一) 发展低碳经济有利于中部地区深入贯彻落实科学发展观

低碳经济在强调经济又好又快发展的基础上，更加注重经济发展质量

与环境质量，强调在排放最少温室气体的同时获得整个社会最大的产出。作为一种新的经济发展模式，低碳经济与目前实践科学发展观，建设和谐社会的本质要求是一致的。鉴于中部地区特殊的资源能源特征，发展低碳经济是时代的必然选择。中部地区在低碳经济发展进程中，也必然会出现这样或那样的问题。以问题为出发点，结合中部地区特色，发展低碳经济有利于中部地区全面贯彻落实科学发展观（冯之浚、牛文元，2009）[10]。

（二）发展低碳经济有利于中部地区建设资源节约型、环境友好型社会

尽管低碳经济与"两型社会"的涵义有所差别，但在发展的本质和目的上两者是一致的，即两者都要求节约资源和能源，提高资源和能源的利用率，都要求人们的生产和生活活动减少二氧化碳的排放，减轻对环境的污染与温室效应，保护生态，实现环境友好，实现人、自然和社会经济的和谐永续发展。目前中部地区拥有长株潭城市群、武汉城市圈两个国家级资源节约型与环境友好型综合配套改革试验区，面临着承担国家两型社会改革试验建设的重任。而当前中部地区能源消耗、碳排放量的迅猛增长，使得中部地区面临越来越大的生态环境压力。这种特殊区情，使得中部地区必须寻求一种新的经济发展模式，进而实现"两型社会"建设。低碳经济作为一种新的经济发展模式，有利于中部地区的跨越式发展，有利于中部地区加快"两型社会"建设步伐。

（三）发展低碳经济有利于中部地区加快"转方式、调结构"的步伐

当前，加快转变经济发展方式、调整区域产业结构已经成为全国的主旋律。中部地区如何在这场"转方式、调结构"的战役中率先取得新成绩，继而最终实现中部崛起的战略目标，是摆在中部各省面前的必须要解决的问题之一。中部六省自然资源储量丰富，各省产业结构中，重化工业占有很高的比重，这对加快转变经济发展方式、调整区域产业结构形成较大挑战。发展低碳经济并不是一味地要抛弃钢铁、建材等高耗能的产业，这对处于工业化中后期的整个中国都是不现实的，中部地区亦面临如此情况。因此，中部地区发展低碳经济，既要实现工业产业的低碳升级，又要积极发展低碳产业。基于此，中部地区发展低碳经济，明确低碳经济发

的重点、难点与出路，对于整个中部地区加快转变经济发展方式、调整产业结构均具有重要的现实意义。

(四) 发展低碳经济是抢占发展制高点、提升中部省份竞争力的需要

低碳经济的提出及相关产业技术的研发时间不长，许多低碳技术和产品的研制刚刚起步，几乎没有一个国家和地区目前已经形成了非常完整的低碳产业链和低碳经济体系。因此，率先发展低碳经济，掌握低碳技术，就能赢得先机，掌握未来发展的制高点和主动权（庄贵阳，2009）[11]。在这种背景下，中部地区在推进低碳发展过程中将大有可为。特别是通过加大支持创新力度，加快低碳技术创新，就能持续获得可持续发展的主导能力，在激烈的国际竞争和我国其他地区的追赶中抢占发展制高点。

(五) 发展低碳经济有利于实现东、中、西三大区域的协调发展

改革开放之初，我国实行的是区域倾斜发展战略，虽然近些年来强化了区域协调发展意识，但目前我国东、中、西部发展极不平衡，东、中、西三大区域经济差距过大。在这种现实国情下，积极发展低碳经济给当前相对落后的中、西部地区带来了新的机遇，特别是对中部地区来说，更是一个难得的"赶超机遇"。中部地区低碳经济的发展对于实现区域跨越式发展具有重要意义。然而，中部地区发展低碳经济也并非易事，同样存在着资源、技术等问题以及一系列挑战。中部地区在低碳经济发展进程中，通过系统地研究中部地区低碳经济发展中存在的典型、突出问题，以及面临的挑战，继而研究专门指导低碳经济发展的政策措施，才能保障低碳经济的健康发展，继而有利于实现中部地区崛起，最终有利于实现东、中、西三大战略区域的协调发展。

四、中部地区低碳经济发展的基本框架

(一) 指导思想

中部地区发展低碳经济必须坚持以科学发展观为指导，强化资源能源节约，加强节能技术、可再生能源技术以及煤炭清洁高效利用技术等减缓

温室气体排放技术的研发；必须紧抓"中部崛起"、"两型社会"建设的战略机遇，将低碳经济发展与转方式、调结构有机结合；必须以完善体制机制为突破口，逐步建立健全有利于低碳经济发展的政策环境与政策体系。

（二）基本原则

中部地区发展低碳经济，需要遵循以下原则：

1. 低碳发展与经济发展相互促进的原则

中部地区低碳经济发展必须要坚持经济增长与低碳化并重的方针，发展低碳经济决不能以经济发展的倒退为代价，而是通过加快新能源和可再生资源开发利用，推进重点行业和重点领域的结构调整与技术进步等措施促使经济发展方式的转变，最终促进经济的可持续发展。

2. 整体规划和分步推进相结合的原则

由于低碳经济发展涉及的领域多、影响因素复杂，中部地区低碳经济发展需要按照"一次规划、分步实施"的思路，不能简单地按照"整体推进"模式进行，必须有阶段、有重点地分步推进低碳经济发展进程。

3. 能源节约与可再生资源开发利用并举的原则

能源利用与消费的低碳化是低碳经济发展的重点领域。能源消费的低碳化，应结合当前中部地区的实际情况，即短时期内要通过当前传统化石能源的高效、节约利用来实现，而长时期内则要通过风能、太阳能等可再生能源的开发利用来实现。

4. 以科技为先导、以技术创新为动力的原则

技术创新是低碳经济发展的关键。低碳能源的开发、化石能源的低碳化都需要依赖于技术的创新。中部地区发展低碳经济要牢固树立科技支撑低碳经济发展的理念，着力研发、推广应用一批先进适用技术，最终有效推进中部地区低碳经济的发展进程。

5. 政府推动和市场主导相结合的原则

在当前经济社会均面临低碳转型的背景下，中部地区发展低碳经济必须注重政府的推动与引导作用，这是在我国特有的现实国情下必须重视的一环。然而，从长远看，中部地区发展低碳经济应以发展市场的主导作用为重点，通过市场机制来发展壮大低碳经济。因此，中部地区发展低碳经济需要坚持政府推动与市场主导相结合的原则。

6. 低碳规划与现行规划体系相协调的原则

当前，中部多个地区结合区域实际情况已经着手编制出台了相关的低碳经济规划、低碳城市规划等规划纲要。作为一个新兴的规划，中部地区低碳总体规划以及专项规划的编制必须要与城市总体规划、土地利用规划、国民经济和社会发展规划等总体规划以及相关的产业发展规划、交通发展规划等专项规划相协调，这样才能最终有效促进中部地区低碳经济的快速发展。

7. 全社会广泛参与、共同行动的原则

中部地区低碳经济的发展，并不能简单地依托政府部门或企业单一地实现。这是由低碳经济发展涉及的社会主体多等因素所致。为此，中部地区发展低碳经济，必须坚持全社会广泛参与、共同行动的原则，逐步形成政府推动、企业实施、全社会共同参与的低碳经济发展新局面。

（三）发展思路

完善法律法规体系，提供政策保障。结合建设资源节约型、环境友好型社会的工作目标要求，中部地区应深入研究制定低碳经济发展的战略目标，逐步完善低碳经济法律法规体系，逐步建立健全相关的财税政策、土地政策等，从污染治理、资源节约、环境保护和清洁能源等各个方面为中部六省低碳经济的发展提供政策保障。

加强体制机制建设，优化发展环境。建立并完善碳交易市场，加快环境金融产品创新。抓住建设创新型国家的契机，把低碳技术的开发纳入中部地区中长期发展规划当中。改进土地利用方式，改进森林管理，积极植树造林，增加生物碳汇，改善生态环境。推行"低碳示范区"的实施，探索建立适应中部地区的、支持低碳经济的政策体系和市场环境，寻求具有中部特色的低碳经济发展之路。

> ## 碳 交 易
>
> 碳交易是《京都议定书》为促进全球温室气体减排，以国际公法作为依据的温室气体排减量交易。在6种被要求减排的温室气体中，二氧化碳为最大宗，所以这种交易以每吨二氧化碳当量为计算单位，所以通称为"碳交易"。其交易市场称为碳市（Carbon Market）。2005年京都议定书正式生效后，全球碳交易市场出现了爆炸式的增长。2007年碳交易量从2006年的16亿吨跃升到27亿吨，上升68.75%。成交额的增长更为迅速，2007年全球碳交易市场价值达400亿欧元，比2006年的220亿欧元上升了81.8%，2008年上半年全球碳交易市场总值甚至就与2007年全年持平。经过多年的发展，碳交易市场渐趋成熟，参与国的地理范围不断扩展、市场结构向多层次深化和财务复杂度也不可同日而语。

优化经济产业结构，转变发展方式。优化经济产业结构，对于中部地区低碳经济发展具有十分重要的意义。要综合运用财政、税收、金融、产业等政策手段，严格控制污染重、能耗高的第二产业的增幅；大力发展污染小、能耗低、吸纳就业能力强的第三产业；积极推动高污染高能耗企业的升级转型，淘汰落后产能，对转型不到位、节能减排不达标的企业，采取停业整顿等措施督促整改，缓解能源、环境和就业压力。

加强国际交流合作，注重协同创新。气候变化问题的长期性、外部性、全球性，决定了该问题的解决需要国际社会的长期合作和努力。在全球化的今天，作为在中国发展相对靠后的中部地区要加强与在低碳发展领域拥有先进技术、经验的国家、地区和企业的务实合作交流，积极学习有益经验，引进先进制度和先进技术，同时注重协同创新，促进中部地区低碳技术的提高，推动低碳经济的可持续发展。

普及低碳发展知识，增强低碳意识。中部地区应切实贯彻落实科学发展观，充分认识发展低碳经济是科学发展的根本要求。要广泛宣传低碳经济的概念、内涵和发展低碳经济的必要性、重要性，吸引全民关注，号召大众参与，鼓励人们转变生活方式、消费方式，把低碳融入到日常生活，倡导节约资源、使用节能产品，推动中部地区经济社会向低碳社会转型。

（四）总体目标

中部地区发展低碳经济的总体目标是：深入贯彻科学发展观，坚持以人为本，围绕低碳经济建设的总体要求，立足中部地区区域经济发展的实际，深化体制机制改革，健全相关法律法规，加快建立适应低碳经济发展的产业体系、市场体系、消费体系、技术体系、政策体系和保障监督体系，力争把中部地区建设成生产低碳化、资源节约化、环境友好化的全国低碳经济发展的先行区、示范区。

（五）具体目标

分省区来看，中部地区低碳经济发展的具体目标是：

1. 湖南省

到 2020 年，湖南省低碳产业在全省产业经济中的比重，以及低碳能源在能源生产和消费结构中的比重均将大大提高；以新能源推广应用、能源消费强度和二氧化碳排放强度不断降低为标志的低碳经济发展模式基本形成；节能减排取得显著成效，减排目标提前达到国家要求标准；低碳文化得到广泛认同，低碳消费方式基本建立；森林覆盖率达到 60% 左右，低碳产业产值占比达 30% 左右；全省单位 GDP 二氧化碳排放比 2005 年降低 50% 左右，碳排放强度的降幅以及经济社会发展的增幅位居中部省区前列。

2. 江西省

到 2020 年，江西省产业、能源结构趋于合理，生产方式基本实现向低碳型转变；低碳技术的研发能力全面提升，若干技术和产业规模达到国内领先水平；温室气体排放得到有效控制，碳汇能力明显提高；与低碳经济社会发展相适应的法规、政策和管理体系基本建立；能源结构进一步优化，非化石能源占一次能源消费比重达到 15% 以上；单位 GDP 二氧化碳排放显著下降，单位 GDP 能耗等主要指标达到或超过国家同期标准。

3. 湖北省

到 2020 年，湖北省能源消费结构进一步优化，核电和可再生能源比重增加到 22% 左右；产业结构进一步调整，服务业与高技术产业比重逐步增加，新能源及其低碳装备制造产业居国内领先地位；单位 GDP 能耗降低到 1 吨标煤以下；建立较完善的低碳发展法规保障体系、政策支撑体系、技术创新体系和激励约束机制；建成若干以低碳发展方式和低碳消费方式为特征的低碳经济示范区。

4. 安徽省

到 2020 年，安徽省产业结构优化升级，六大高耗能、高排放、高污染产业比重在 2009 年的基础上下降 5 个百分点；高新技术产业增加值占 GDP 比重达到 15% 以上；现代服务业占 GDP 比重提高到 18%。工业节能方面，到 2020 年，每万元生产总值能耗较 2010 年降低 15% 左右。能源结构从传统化石能源为主向清洁和可再生能源为主的结构转变，新能源和可再生能源占全省能源总量的比重达 20%。

5. 河南省

到 2020 年，河南省在优化结构、提高效益和降低能耗的基础上，努力实现"两高一低"，主要经济指标年均增速高于全国平均水平、力争高于中部地区平均水平；产业结构、城乡结构、需求结构、要素投入结构调整取得重大进展，"三化"发展的协调性不断增强，生态环境质量显著提高；单位国内生产总值能耗、二氧化碳排放量、主要污染物排放量控制在国家下达的指标内。

6. 山西省

到 2020 年，山西省产业结构不断优化，积极发展第三产业，改善整体经济的能源消耗和碳排强度，降低对煤炭等一次化石能源的依赖度；淘汰关键行业及领域的高能耗落后产能，降低能源消耗；提高新建项目的技术要求，提升新增产能的能源效率和减排效果；提高管理水平，加强技术改造，加大节能减排力度；明确绿化目标，提高环境绿化率，维护自然的碳汇能力；在不影响经济增长的前提下，控制能源消费的增长速度，降低经济的能耗强度，力争能耗降幅高于全国平均水平。

五、中部地区低碳经济建设的指标体系

（一）指标体系构架

科学合理的低碳经济建设指标体系是科学指导中部地区低碳经济发展

的重要环节。借鉴、参考国内外现有的低碳经济评价指标体系研究成果（兰柏超，2011）[12]、（叶依常、黄明凤，2011）[13]，结合中部地区实际，同时本着简洁性、代表性等原则（见表2-11），初步构建了包括人均GDP、第三产业所占比重、碳生产率、碳排放量、人均碳排放等10个指标在内的中部地区低碳经济建设指标体系（见表2-12）。

表2-11　　　　　中部地区低碳经济建设指标构建原则

科学性原则	指标体系的构建必须符合低碳经济发展的客观事实，能够客观地反映中部地区低碳经济发展的本质特征和复杂性，同时能够准确反映低碳经济发展水平。这要求每个指标必须概念清晰、内涵明确，有利于对中部地区低碳经济发展状态进行动态评价和分析研究，为科学发展决策提供客观依据
简洁性与代表性原则	一套指标体系不可能涵盖所有碳指标，但必须能够反映当前中部地区低碳经济发展的真实水平。因此，选取指标时需选择那些有代表性、信息量大的指标
整体性与层次性原则	所构建的指标体系要既能全面客观科学地评估中部地区整体低碳发展水平，又能够将该体系分成不同层次，逐级地反映出各个指标的发展状况，体现出低碳经济发展的指标结构层次
稳定性与动态性原则	一方面，建立的指标评价体系要能稳定客观地反映出中部六省低碳经济发展情况；另一方面，由于社会、经济、科技都是在不断的发展变化，所以该指标体系要能够适时地做出调整，有针对性地改变具体指标选取和指标权数

表2-12　　　　　中部地区低碳经济建设指标体系

指标名称	基期年（2010年）	2015年	2020年	2030年
人均GDP（元）	23486.37	36556.88	52656.04	97978.02
第三产业所占比重（%）	35.00	40.00	43.00	51.00
碳生产率（10^4元/吨）	0.47	达到国家平均水平	高于国家平均水平	高于国家平均水平
碳排放量（10^4/吨）	44979.54	312891.39	331968.32	337312.03
人均碳排放（吨/人）	1.23	8.25	8.49	8.18
单位GDP能耗	1.25	1.20	1.16	1.00
非化石能源消耗所占比重（%）	低于国家平均水平	达到国家平均水平	达到国家发展目标（15）	达到国家平均水平
森林覆盖率（%）	高于国家平均水平	高于国家平均水平	高于国家平均水平	高于国家平均水平
低碳经济规划编制情况（有/无）	较少编制出台	大部分区域编制出台	绝大部分区域编制出台	全部编制出台
低碳经济认知率（%）	30	50	65	90

> **碳 生 产 率**
>
> 　　碳生产率是指单位二氧化碳的 GDP 产出水平，又可称为碳均 GDP，它与单位 GDP 的碳排放强度呈倒数关系。通过现行统计数据中的万元 GDP 能耗，可较为方便地计算出一个地区或某一产业的碳生产率水平。碳生产率＝GDP/碳排放量。
>
> 　　碳生产率提高的速度可以用来度量一个国家或地区应对气候变化的努力和成效，提高碳生产率是低碳经济发展的核心。碳生产率的概念于1993年由学者提出（Kaya 和 Yokobori）。近几年，很多研究者关注二氧化碳总排放量控制与碳生产率的关系。拜因霍克（Beinhocker）等研究了到2050年为实现二氧化碳排放量比2005年减少50%的目标所需要的碳生产率提高的倍数。布莱尔（Blair）及气候小组基于碳生产率和其他方面分析的基础上提出了解决全球应对气候变化走出困境的建议。
>
> 　　一般而言，一个国家碳生产率的高低与其现代化程度密切相关，多数发展中国家的碳生产率水平都低于发达国家。2005年，印度、巴西和我国的碳生产率低于日本、英国和德国。我国2005年碳生产率仅为发达国家平均水平的1/5，仅为日本的1/12。这是我国总体能源技术水平较低、经济处于国际产业价值链低端、重化工业比重高等因素的综合反映。而这些特征是处于工业化和城市化发展阶段的发展中国家很难在短时间内摆脱的。

　　在构建的中部地区低碳经济建设指标体系中，人均 GDP、第三产业所占比重、碳生产率等三个指标主要反映经济低碳化程度；碳排放量、人均碳排放、单位 GDP 能耗等三个指标主要反映社会低碳化程度；非化石能源消费所占比重、森林覆盖率等两个指标主要反映资源能源低碳化程度；低碳经济规划编制情况、低碳经济认知率等两个定性指标则主要反映整个社会对低碳经济发展的重视程度以及低碳经济发展的环境优劣程度。

> **单位 GDP 能耗**
>
> 单位 GDP 能耗是反映能源消费水平和节能降耗状况的主要指标,是能源消费总量与国内生产总值(GDP)的比率,是一个能源利用效率指标。该指标说明一个国家经济活动中对能源的利用程度,反映经济结构和能源利用效率的变化。单位 GDP 能耗(吨标准煤/万元)= 能源消费总量(吨标准煤)/国内(地区)生产总值(万元)。
>
> 能源消费总量是指一个国家(地区)国民经济各行业和居民家庭在一定时间内消费的各种能源的总和。主要包括:原煤、原油、天然气、水能、核能、风能、太阳能、地热能、生物质能等一次能源;一次能源通过加工、转换产生的洗煤、焦炭、煤气、电力、热力、成品油等二次能源和同时产生的其他产品;其他化石能源、可再生能源和新能源。根据学者们的研究,影响单位 GDP 能耗的主要因素大致可以归纳为三类:①产业结构变化因素;②技术进步因素;③对外开放程度因素。

(二) 发展目标

结合中部地区实际,本章将中部地区低碳经济建设主要划分为三个阶段[①],即起步与准备阶段(2011~2015 年)、纵深推进阶段(2016~2020 年)以及远景提升阶段(2021~2030 年)。

起步与准备阶段的主要发展目标是推广低碳经济理念和低碳消费生活方式,建立有利于低碳经济发展的体制机制,完善相关法律法规,出台激励政策,实施若干个低碳经济发展重点工程,积极推进低碳经济示范区的建设,使中部地区初步形成低碳生产特征较为明显、低碳消费体系较为完善、资源能源利用效率较大提高、低碳经济认知度较大提升的低碳经济发展格局。

纵深推进阶段的主要发展目标是进一步加大体制机制改革力度,进一步完善低碳经济发展保障机制,构建相对完善的法律法规体系,低碳经济重点工程加速推进,低碳经济示范区建设成效显著并得以推广,使中部地区基本形成低碳生产特征明显、低碳消费体系完善、资源能源利用效率较

---

① 基于对比分析不同阶段指标发展目标的差异,中部地区低碳经济建设划分阶段与第七章略有不同。

高、低碳经济认知度全面提升的低碳经济发展格局,使中部地区初步成为全国低碳经济发展的先行区。

远景提升阶段的主要发展目标是提升并完善低碳生产体系、低碳消费体系和低碳政策体系,力争将中部地区建设成为全国低碳经济发展的典型示范区和样板区。

六、中部地区低碳经济发展的核心内容

根据上文对低碳经济核心内容的辨析解读,结合当前中部地区仍处于从高碳经济向中碳经济转型的现状,中部低碳经济发展的核心内容包括资源禀赋、低碳技术、消费模式和政策体系。

(一) 构建低碳产业体系

1. 低碳制造业

在全球金融危机的持续影响下,欧美等发达国家纷纷将经济复苏与发展低碳产业结合起来,制定了各自的低碳产业战略计划。目前,从全球范围来看,低碳制造业不仅仅是为了实现环境保护的目标,更是未来经济增长的引擎。为此,中部地区要想推动低碳经济的快速发展,必须加快构建低碳制造业体系,以应对新一轮绿色工业革命。目前,中部地区工业结构呈现重型化格局,高新技术产业和绿色低碳产业发展滞后。在这种背景下,中部地区构建低碳制造业必须从以下方面着手:(1)以区域制造业发展现状为基础,以重点产业为核心进行产业链的深度整合,整合与传统工业相关联的配套产业,延伸产业链,增强产业集中度,以产业链整合以及技术升级改造实现传统工业的低碳化。(2)对工业园区传统产业进行低碳改造,对各工业园区微观生产系统进行绿色设计,促进清洁生产,提高能源使用率,逐步将各级工业园区建设成为低碳生产系统。(3)积极发展循环经济,努力寻求老工业基地的低碳转型途径,遵循低碳经济条件下的循环工业模式,形成"资源—产品—再生资源"的闭环工业生产模式,实现经济效益、社会效益和环境效益的协调发展。

2. 低碳建筑业

低碳建筑是在建筑的全生命周期内,以低污染、低能耗、低排放为基

础，最大限度减少温室气体的排放，为人们提供合理舒适的使用空间的建筑模式（李启明、欧晓星，2010）[14]。建筑碳排放是城市碳排放的重要来源，中部地区多为人口大省，城市化进程快，推动低碳建筑节能工作非常重要。中部地区推进低碳建筑节能降耗不仅包括既有传统建筑的节能改造，还包括新建建筑的低碳建造等。此外，中部地区应立足地区资源，积极使用本地天然材料和本地建材，减少在生产运输过程中对能源造成的浪费，利用更少的资源完成建筑的构建，消耗更少的化石能源保障建筑供暖供电的需求，营造舒适健康的生活工作环境，这是中部地区低碳建筑的目标。

低 碳 家 装

低碳家装是指从材料的生产，到家装设计，再到后期使用，全过程减少耗能，减低碳排放，其核心就是运用新科技、新材料、新能源等因素，以达到节能、节材和节水等环保目的。一是倡导简约风格，多注重室内绿色造景，不要过度装修，用材上尽量崇尚简约，少用大量高碳排放的材料。二是尽量选用保温性能的装修材料，做好室内的隔音和隔热。三是装修采光优先选择自然光，把自然光作为设计的主要装修元素来设计。选用适宜的照明控制节能方法以及照明智能控制管理系统，可减少不必要的电能耗费。四是将室内与室外连在一起进行设计，使室内与室外衔接更紧密，让更多的阳光和空气进入室内，塑造一种亲近自然、融入自然的感觉。

3. 低碳农业和碳汇林业

在中部地区现有的农业生产格局中发展垄作免耕技术、灌溉节水技术、施肥技术、病虫害防治技术、新型农作物育种技术、畜禽健康养殖技术、沼气工程节能减排技术、秸秆资源化利用等低碳农业技术，是中部地区低碳农业的发展方向，也是世界农业发展方式的创新（赵其国、钱海燕，2009）[15]。作为陆地生态系统的主体，森林植被通过光合作用吸收并固定二氧化碳，具有独特的碳汇功能，对稳定大气中温室气体浓度起到重要作用。因此，增加和保护森林植被已成为国际公认的减缓气候变暖的有效措施。碳汇林业，指利用森林的储碳功能，通过植树造林、加强森林经营管理、减少毁林、保护和恢复森林植被等活动,吸收和固定大气中的二氧化碳,并按照相关规则与碳汇交易相结合的过程、活动或机制(李怒云等,2009)[16]。中部地区,特别是湘鄂赣地区有着丰富的林业资源。下一步要继续加大碳汇林业发展。

低碳农业

低碳农业注重农业整体能耗和碳排放的降低,是全球气候变暖催生的生态革命的产物,也是低碳经济的重要组成部分。传统农业大量使用化肥、农药和能源,属于高碳农业。低碳农业是转变农业发展方式的重要方向。低碳农业的主要内容包括:努力减少化肥、农药、农用薄膜的使用量,使用生物治虫方法,使用可降解农膜,开展测土配方施肥和平衡施肥;推行立体种养的节地模式,提高土地、阳光、空气和水的利用效率,比如苗木立体种植、稻田养殖、菱蟹共生、藕鳖共生、藕鳝共生、稻田养鸭的生产模式;大力发展节水型农业,推广节水灌溉、微喷灌、滴灌等技术,提高水资源的利用率;从耕作制度、农业机械、养殖及龙头企业等方面减少能源消耗;大力推进无公害农产品、绿色食品、有机食品,提高农产品的安全性能;倡导清洁能源模式,比如风力发电、秸秆发电、秸秆气化、沼气、太阳能利用等;还有种养废弃物再利用模式、农产品加工废弃物循环利用模式、农业观光休闲模式。

---

4. 低碳服务业

随着低碳服务的不断普及,低碳服务业在低碳经济发展中的重要性越来越显著。中部地区要发展低碳经济,必须重视对低碳服务业的打造。(1)根据中部地区经济发展总体战略,发展生产性服务业,并且结合实际情况,发展符合低碳理念的金融、保险、法律、电信、技术服务、咨询、物流等现代服务业。(2)推动文化产业的进一步发展,加快实现传统文化事业单位向现代化企业的转变,加大对动漫、网络新闻、电子出版、网络出版物的支持力度。(3)推动低碳旅游业的发展,中部地区拥有丰富的人文历史、自然景观旅游资源,要以中部文化、自然景观资源为特色和优势,发展低碳旅游产业,这既是中部地区构建生态文明的需要,也是体现地区文化特色的需要。

> **低碳旅游**
>
> 低碳旅游是指在旅游活动中，旅游者尽量降低二氧化碳排放量，即以低能耗、低污染为基础的绿色旅行。低碳旅游是指在旅游系统运行过程中，应用低碳经济理论，以低能耗、低污染、低排放为原则开发和利用旅游资源与环境，实现资源利用的高效低耗与对环境损害最小化的全新旅游发展方式。低碳旅游是一种深层次的环保旅游，包括旅游生产的低碳化和旅游消费的低碳化两大方面。低碳化的旅游方式就是将旅游活动、度假方式等消费行为的排碳量控制在合理的水平，使旅游既能益智益体，放松心身，保持优雅的生活方式，又在环境资源承载的范围内。转变现有旅游模式，倡导公共交通和混合动力汽车、电动车、自行车等低碳或无碳方式；扭转奢华浪费之风，强化清洁、方便、舒适的功能性，提升文化的品牌性；加强旅游智能化发展，提高运行效率，及时引进节能减排技术。

5. 构建低碳交通体系

中部地区各省低碳交通体系应以营业性道路运输、水路运输和内河港口生产为重点领域，逐步减缓能源消费总量的增长，优化行业结构，提高能源利用效率。(1) 尽快构建高效、节能、经济、绿色、低污染的城市低碳交通体系，注重加强交通行业战略规划引导，完善高速公路、农村公路、国省道干线路网、内河航运等重要规划，充分发挥对交通节能的网络效应、规模效应和集约效应，大大提升交通系统整体节能水平。(2) 完善城市现有道路格局，新建或完善自行车道，鼓励市民选用公交车或自行车等低碳交通工具出行。(3) 出台优惠措施鼓励市民优先购买新能源汽车，提高新能源汽车比重。(4) 优化汽车、船舶等运输工具的能源消费结构，推广利用太阳能、燃料电池、天然气、生物柴油等清洁能源。(5) 推进内河港口的结构升级，强化内河港口工程节能设计。(6) 加强运输组织管理、节能监督管理，实现管理挖潜增效。

> **低碳交通运输**
>
> 低碳交通运输是一种以高能效、低能耗、低污染、低排放为特征的交通运输方式,其核心在于提高交通运输的能源效率,改善交通运输的用能结构,优化交通运输的发展方式。低碳交通是指在日常出行中选择低能耗、低排放、低污染的交通方式,比如公交、地铁、轻轨、自行车等交通方式。城市低碳交通体系包括多中心空间布局、以公共交通为主的交通工具系统、自觉低碳出行的交通主体、发达的低碳交通技术和先进的交通管理等五个有机组成部分。利用智能交通系统提高交通效率,最大限度削减无效碳排放。重视新能源车辆的使用,如采用纯电动、混合动力、燃料电池等新技术,降低地面交通的尾气排放量,形成低碳交通工具的示范效应。低碳交通运输具有以下特点:力求交通运输发展不断低碳化;减少运输工具的尾气排放;加强低碳交通运输的体系化建设;既包括生产层面的减碳,也包括消费层面的减碳。

(二) 调整和促进能源结构低碳化转型

传统化石能源的低碳、高效利用以及新能源的开发利用是发展低碳经济的重要保障,同时开发利用新能源也是我国"十二五"能源发展规划的重要目标。为此,在高效利用传统化石能源的基础上,中部地区应加快新能源开发、利用步伐,其低碳能源规划需要以能源结构调整、利用效率提高和低碳能源推广为出发点。可采取以下措施:一是着力开发经济清洁的新能源。大力开发太阳能、水能、核能、地热能等新能源和可再生能源,积极扶持核电、风电的发展。二是着力提高能源生产加工效率。综合运用煤炭高效开采技术和配套装备,以及煤炭高效燃烧、洁净转化、综合利用等洁净煤技术,减少粉尘等污染,提高煤炭综合效率。三是着力完善能源管理与监控机制。实施重点节能工程,推行合同能源管理,实行固定资产投资项目的节能评估和审核,制定实施细则。

(三) 推进低碳技术创新

一是制定低碳技术创新路线与确定低碳技术创新重点领域,重点建立由清洁能源和可再生能源生产技术、新能源装备加工制造技术、建筑节能技术、绿色交通装备技术等组成的多元化低碳技术体系。二是强化低碳技术创新的资金和人才支持。建立低碳技术创新财政预算机制。探索建立低碳技术创新引导资金和风投基金,引导企业加大对低碳技术研发的投入。建立人才培养、激励与竞争的长效机制,形成有利于低碳技术研发的领军人物及其团队成长的工作环境和学术氛围。三是加强产学研合作。建立低碳产业技术创新战略联盟、研发基地、孵化基地、低碳科技成果中试和产业化基地,完善整合区域科技创新资源,加速推进产学研合作(赖流滨,2010)[17],以中部地区的科研院校、高新企业为尖兵,依托中部地区的后发优势,加强合作交流,推进低碳技术的发展。

(四)构建低碳基础设施体系

中部各省低碳基础设施建设包括城市基础设施和农村基础设施建设两个方面。其中,城市的基础设施主要由能源设施、给排水设施、交通设施、邮电通信设施、环保设施、防灾设施等部分组成。农村基础设施则主要包括交通邮电、农田水利、供水供电、商业服务、园林绿化、教育、文化、卫生事业等生产和生活服务性设施。构建低碳基础设施体系要求城市在基础设施建设时要积极引进垃圾无害化处理系统和污水处理系统;建设和完善核电,风能、太阳能等新兴能源的利用、供应系统;改善城市生态环境,增加人均公共绿地面积;兴建服务于新能源汽车的公共设施,减少城市交通的石油消耗;完善城市公交系统和设施的覆盖,倡导公交先行,减少私家车数量。建设集中供暖、供冷系统,减少家庭、工作、公共场所的空调使用,实现温室气体排放量的降低。构建低碳基础设施体系的同时,要求农村在基础设施建设时需围绕"水、土、能、环",扎实开展农村基础设施建设。兴建小型水利设施,开展乡镇集中供水工程,保证农业灌溉与生活用水。积极开展基本农田的现代化改造,完成农业综合开发土地生态治理。大力开展农村沼气和电力基础设施的建设,实现农村供能供电的全面化、低碳化。营造生态防护林,改善农村生态环境。

(五)构建低碳消费模式

一是要积极培育市民低碳消费意识。通过大众化、多样化的教育,提高市民低碳消费意识,建立低碳消费结构,构建低碳消费渠道。二是通过体制保障激励市民低碳消费。利用多种手段鼓励有关主体增加对低碳技术的研究和开发、通过技术手段抑制消费主体的高碳消费倾向,同时建立有利于各企业之间进行物质、资源、能量和废物的交换、转化和利用的管理体制。三是将低碳消费纳入法制轨道。在现有国家立法的基础上，结合中部地区实际情况，采取必要的行政手段，有效监督与激励消费对象和消费行为，同时对环境治理的利益矛盾进行协调。

低 碳 消 费

低碳消费是低碳经济的重要内容。低碳消费方式是一种基于文明、科学、健康的生态化消费方式，关注如何在保证实现气候目标的同时，维护个人基本需要获得满足的基本权利。在环境资源日益稀缺的今天，低碳消费方式是一种更好地提高生活质量的消费方式。低碳消费方式是消费者对消费对象的选择、决策和实际购买与消费的活动。低碳消费方式的基本涵义包括：恒温消费，消费过程中温室气体排放量最低；经济消费，对资源和能源的消耗量最经济；安全消费，消费结果对消费主体和人类生存环境的健康危害最小；可持续消费，对人类的可持续发展危害最小；新领域消费，转向消费新能源，鼓励开发新低碳技术，研发低碳产品，拓展新的消费领域，推动经济转型。政府引领低碳消费方式，企业主导低碳消费方式，社会组织积极推进低碳消费方式。

低 碳 生 活

低碳生活是指生活作息时所耗用的能量要尽力减少，从而减少碳排放量，特别是二氧化碳的排放量，进而减少对大气的污染，减缓生态恶化，实际上就是低能量、低消耗、低开支的生活方式。低碳生活是一种经济、健康、幸福的生活方式，它不会降低人们的幸福指数，相反会使我们生活的更加幸福。低碳生活既是一种生活方式，同时也是一种生活理念，更是一种可持续发展的环保责任。低碳生活是健康绿色的生活习惯，是更加时尚的消费观，是全新的生活质量观。实现低碳生活是一项系统工程，需要政府、企事业单位、社区、学校、家庭和个人的共同努力。

(六) 建设低碳服务型政府

政府是低碳经济发展的倡导者、协调者，也是社会资源的管理者、消费者，因此政府在发展低碳经济中应起到积极行动者和示范者的作用。中部地区要建设低碳服务型政府，一是要在政府日常管理的考核和工作岗位职责中纳入低碳责任的内容，通过制定节约目标、编制节能规划、实施节能方案等措施，完善机关节约节能的管理措施。二是将资源节约的责任和效果纳入工作目标和考核体系，建立科学的绩效评估体系，不断完善有关资源节约的奖惩制度，扎实推进低碳政府建设，使之取得实效。还可建立专家参与的决策机制，组建由自然科学与社会科学专家共同参与的独立的研究组织，为全省低碳经济发展决策提供智力支持。

(七) 加强生态环境建设

生态环境既是市民生活、居住的自然空间，也是森林碳汇的主要来源。中部地区低碳生态建设需要从以下方面入手：一是通过优化生态空间格局，实施主体功能区分类管理，严格产业的准入制度，构建主动预防体系，促进发展方式的低碳化转变。二是针对各省生态环境状况，加大森林、湿地、水域等重点生态功能区建设，通过造林和再造林、退化生态系统恢复、农林复合系统建立等措施提高森林、湿地碳汇能力，构建生态安全屏障。三是加强水污染、大气污染、固体废物污染等污染防治和环境保护工作，统筹城乡环保试点建设，建立完善的环境监管机制，改善城乡环境质量。

森林碳汇与湿地碳汇

森林碳汇是指森林植物通过光合作用将大气中的二氧化碳吸收并固定在植物与土壤当中，从而减少大气中二氧化碳浓度的过程。森林在制氧固碳、减缓温室效应方面具有重要作用，森林固碳被普遍认为是一种与工业减排并行不悖的应对气候变化的方法。

湿地碳汇是湿地中有机质的不完全分解导致湿地中碳和营养物质的积累，湿地植物从大气中获取大量的二氧化碳，成为巨大的碳库。湿地又通过分解和呼吸作用以二氧化碳和甲烷的形式排放到大气中，湿地的

> 碳循环过程受气候条件及人类活动的影响，发挥了"碳汇"和"碳源"两方面的作用。湿地生态系统是地球重要的碳库，是目前已知陆地生态系统中仅次于森林的重要碳汇，对全球范围的碳循环有着显著影响。

（八）推进低碳合作

一是争取全球范围的资金合作，弥补资金短缺。培育中部各省的 CDM 市场，规范 CDM 项目管理。二是创新合作方式。通过国际和国内其他地区合作模式和体制创新，共同促进生产模式、消费模式和资源配置方式的转变。三是营造宽松开放的环境。营造廉洁高效的政务环境、宽松灵活的政策环境，充满活力的市场环境，建立健全更加有利于开放合作的体系，协调好国内外低碳发展资金、技术研发组织和人员的合力。

参考文献

[1] 张秀生，陈志福. 中部地区经济发展研究丛书 [M]. 中国地质大学出版社，2009.

[2] Bernstein. L, P. Bosch, O. Canziani, Z. Chen, R. Christ, O. Davidson, W. Hare, S. Huq, D. Karoly, V. Kattsov. IPCC, 2007: climate change 2007: synthesis report. Contribution of working groups I [J]. II and III to the Fourth Assessment Report of the Intergovernmental Panel on Climate Change. Intergovernmental Panel on Climate Change, Geneva. < http: //www. ipcc. ch/ipccreports/ar4-syr. htm, 2007.

[3] 庄贵阳. 低碳经济：气候变化背景下中国的发展之路 [M]. 中国气象出版社，2007.

[4] 姚晓芳，陈菁. 欧美碳排放交易市场发展对我国的启示与借鉴 [J]. 经济问题探索，2011 (4).

[5] 乔晗，李自然. 碳税政策国际比较与效率分析 [J]. 管理评论，2010，22 (6).

[6] 赖流滨. 低碳技术创新的国际经验及启示 [J]. 科技管理研究，2011，31 (10).

[7] 施用海. 低碳经济对国际贸易发展的影响 [J]. 国际经贸探索，2011，27 (2).

[8] 刘传庚，谭玲玲，丛威. 中国能源低碳之路 [M]. 中国经济出版社，2011.

[9] 韩鑫韬. 美国碳交易市场发展的经验及启示 [J]. 中国金融，2010，24.

[10] 冯之浚，牛文元. 低碳经济与科学发展 [J]. 中国软科学，2009 (8).

［11］庄贵阳．中国发展低碳经济的困难与障碍分析［J］．江西社会科学，2009（7）．

［12］兰柏超．低碳经济理论指标体系的构建研究［J］．会计之友，2011（27）．

［13］叶依常，黄明凤．低碳经济发展指标体系的构建与实证评价［J］．统计与决策，2011（8）．

［14］李启明，欧晓星．低碳建筑概念及其发展分析［J］．建筑经济，2010（2）．

［15］赵其国，钱海燕．低碳经济与农业发展思考［J］．生态环境学报，2009，18（5）．

［16］李怒云，杨炎朝，何宇．气候变化与碳汇林业概述［J］．开发研究，2009（3）．

［17］赖流滨．湖南省低碳技术创新对策研究［J］．大功率变流技术，2010（5）．

第三章

中部六省低碳经济建设区域分析

近年来，伴随着全球气候变暖、资源能源短缺、环境污染等问题的加剧，低碳发展模式开始受到世界各国政府的关注与推崇，低碳经济发展也正成为世界经济新的增长点。对于高速发展的中国来讲，发展低碳经济既是难得的机遇，也是严峻的挑战。对中部地区低碳经济建设进行区域分析，有利于中部地区更好地发展低碳经济，加快实现中部崛起的战略目标。

一、山西省低碳经济建设

（一）基本情况

山西省土地面积 15.66 万平方公里，现辖 11 个地级市，85 个县，11 个县级市，23 个市辖区。地形多样，以山地丘陵为主。矿产资源丰富，以煤、铝土、铁等突出，是全国重要的能源化工基地。山西煤炭资源储量丰富，易于开采，煤质较好，形成了高度依赖煤炭资源、原材料工业占据主要地位的产业结构。2010 年，山西省 GDP 为 9200.9 亿元，人均 GDP 为 26283 元。工业产值 12471.3 亿元，其中重工业产值 11800.1 亿元，占工业总产值的 94.6%。这样的产业结构，形成了高消耗、高排放、高污染的特征，加大了山西发展低碳经济的难度。

山西作为一个煤炭大省，独特的资源禀赋决定了它一方面必须承担为全国发展大局提供能源支撑的历史责任；另一方面也造成了长时期的环境污染和生态破坏。近年来，为了摆脱高耗能、高污染的产业发展模式，山西省编制了多项规划，并采取得力措施促进低碳经济的发展。

作为第二批国家循环经济示范试点省，2009 年，山西省、太原市相继出台了《山西省循环经济发展总体规划》和《太原市循环经济发展规划》，以指导各行业、各区域的循环经济实践活动。同年12月，山西省公布了《山西省低碳经济战略发展规划》，着重对山西民用、交通和非能源、非重化工高碳工业领域的低碳、集群化的发展进行规划。2010年6月，针对以低技术含量和低附加值产品为主导的"三高一低"的传统煤化工产业的发展现状，山西省启动了《山西省化工行业"十二五"节能规划》，将节能减排作为山西化工行业优化升级的首要任务。2011年4月，山西电科院完成了山西省首部《电力行业"十二五"节能专项规划》，提出实现全省电力行业节能降耗的建设目标。2011年10月，太原市编制了《太原市建筑节能"十二五"专项规划》，确立了太原市"十二五"时期建筑节能工作的指导思想和原则、发展目标、工作重点以及规划实施的保障措施，以实现太原市建筑节能工作在该阶段取得跨越式发展。同时山西省委明确提出实施生态兴省大战略，增加森林资源总量以应对气候变化，规划以后每年完成造林任务400万～500万亩，到2020年全省森林覆盖率达到26%。随后，开始在全省范围内推广《太阳能生物能综合利用技术项目》。该项目依托省内现有的温室大棚技术和沼气生产技术，采用太阳能温室与沼气池相结合的方法，在全省农村地区建设生态农业庭院。

  作为第二批国家循环经济示范试点省，近年来，山西省积极推进传统产业循环化发展、高碳产业低碳发展以及传统产业的清洁生产。在循环经济和生态工业理念的指导下，山西省煤炭工业依托资源优势，加速煤炭产业循环经济发展进程，逐步建立起适合山西煤炭工业特点的循环经济发展模式。以构建"经济、生态、循环、区域"的循环经济发展模式为重点，不断延伸企业间、产业间的循环链条。围绕"煤—电—材、煤—焦—化、煤—气—化、煤—电—铝、煤—油—电"等产业链条，启动建设煤炭洗选、坑口电厂、瓦斯发电厂、煤矸石热电联供、煤矸石（粉煤灰）制砖、氧化铝、煤焦化工、煤炭液化（煤变油）等工程项目。目前全省建立了20个煤炭循环经济园区，国有重点煤炭企业建立的14个循环经济园区已初具规模。其中，同煤塔山循环经济园区成为全省的典范，实现了产业链完整闭合；潞安、阳煤、晋煤集团的一批煤化工项目相继建成，潞安煤油园区成为全国循环经济示范园区，潞安集团成为全国循环经济试点企业。山西太钢集团、山西焦煤集团、西山煤电集团逐步形成了以"煤炭资源高效开采—清洁洗选加工—深加工转化—废弃物综合利用—污染物减排"为重点的清洁煤发展链条。

2010年，山西省被批准为第一个资源型经济转型综合配套改革试验区，也是全国第一个全省域、全方位、系统性的国家级综合配套改革试验区。山西省资源型经济转型综合配套改革试验，主要任务就是要通过深化改革，加快产业结构的优化升级和经济结构的战略性调整，加快科技进步和创新的步伐，建设资源节约型和环境友好型社会，统筹城乡发展，保障和改善民生。同时，山西按时完成了"十一五"规划的节能减排目标，大力推行煤炭资源整合，这些都为低碳经济的发展打下了基础。

太原城市圈

2005年，山西省公布《山西省城镇化发展纲要》，提出增强太原的城市集聚辐射功能、加快太原都市圈发展的任务，确立了太原市与晋中市榆次区"同城化"的发展目标，即建设大太原都市圈。由太原市区、晋中市区、清徐县城、阳曲县城构成的太原都市区为"一核"；以太原都市区为核心、太原盆地城镇密集区为主体，辐射阳泉、忻定原、离柳中城镇组群的太原大都市圈为"一圈"；以大同、朔州为核心的晋北中部城镇群，以长治、晋城为核心的晋东南中部城镇群，以临汾、运城为核心的晋南城镇群为"三群"。山西省明确提出，要将太原城市圈建设成为全国重要的清洁能源生产与技术创新基地。

（二）现存问题

一是粗放式发展仍在延续，产业结构转型困难。近年来，山西省经济快速增长，但也付出了沉重的资源和环境代价，其主要原因在于省内传统产业和重点行业的粗放式的发展模式。山西省单位GDP能耗从2005年的2.95吨标准煤每万元下降到2010年的2.24吨标准煤每万元（见图3-1），虽有所下降，但均高于同期全国平均水平。山西省大多数工业行业，如冶金、电力、化工、耐火材料、玻璃、陶瓷等大都是以能源和矿产资源的初级利用为主体，技术装备落后，在开发、加工、转化过程中资源综合利用率比全国平均水平低10个百分点左右，与国际水平之间的差距更大。长期以来，在能源（煤炭）丰富、价格低廉、使用方便等因素的影响下，从开采运输到加工利用上形成一种粗放型的生产经营方式，致使能源利用环节损失大，浪费现象十分严重。

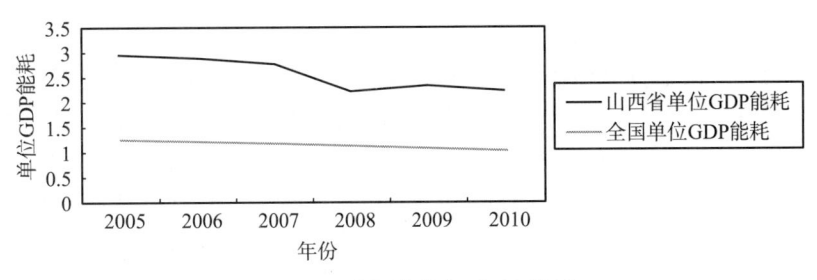

图 3-1　山西省单位 GDP 能耗

二是环境与资源逆向互动,资源供需矛盾突出。山西森林覆盖率仅13.17%,比全国平均水平要低 2.2 个百分点,人均占有林地面积仅为全国平均水平的 2/3,水土流失面积占到全省土地面积的 69%,生态环境脆弱。全省人均耕地 2.07 亩,高出全国人均水平,但水资源严重不足,人均水资源占有量 381 立方米,是全国人均水资源量的 1/6。煤炭开采破坏了水资源的赋存状况。地下水超采严重,形成众多的地下水漏斗。全省重点煤矿原轩岗矿务局中有 17 个关闭,全省国有重点煤炭生产企业的 32 处矿井以及近一半的乡镇煤矿将面临资源枯竭,全省煤矿的平均开采年限比服务年限缩短 20%~50%①。山西煤炭探明储量占全国的 1/3,但持续多年的大量开采已对许多地方的煤炭资源和生态环境造成显著破坏。

三是自主创新能力有待加强,低碳技术开发应用存在着系列障碍。尽管近年来山西省出台了一系列与低碳技术研发有关的优惠政策,但执行难度较大,迄今收效不够明显,一部分政策难以执行。整体来看,山西省高新技术和先进制造发展水平较低,工业主体属于高能耗、高污染、高排放型。煤炭生产技术工艺有待全面升级,洗选、炼焦、发电等关键环节有待大力改进,深加工产品所占比重有待努力提升。许多煤炭企业顾虑节能减排成本高,技改投资难收回,因此对低碳技术的推广应用缺乏积极性(孙滔,2010)[1]。

(三) 发展对策

山西是一个产煤大省,其产业发展对煤炭的依赖非常严重,单位 GDP 能耗是中部六省中最高的。山西产业结构不够合理,重工业所占比重长期居高不下,资源型产业仍然占据主导地位。在这样的背景下,山西低碳经

---

① 部分资料来自《山西省循环经济发展规划》。

济建设应采取如下对策:

第一,改造提升传统产业。以传统产业改造升级为支撑,实现传统产业优化升级、产品更新换代,促进产能大型化、生产集约化、利用清洁化、发展高端化。(1) 改造提升煤炭工业。以晋北、晋中、晋东三大煤炭基地为依托,以机械化、信息化、智能化为目标,大力提升产业发展水平,积极推动煤矿安全生产状况根本好转,努力实现煤炭产业的高效安全绿色发展。实现煤矿综合机械化开采,提高煤炭生产规模化、集约化、机械化、信息化水平。推进煤炭产业循环发展,推进晋北动力煤循环发展、晋中炼焦煤循环发展、晋东无烟煤循环发展三大板块建设,努力打造煤电材、煤焦化、煤气化、煤液化四大循环链条(见表3-1)[①]。(2) 改造提升焦炭工业。积极推进焦炭企业兼并重组,鼓励推进煤、焦一体化,开展焦炭产能置换;建设技术达到国际先进水平、产能规模经济合理的特大型焦化项目。提升焦化产业技术水平,大力扶持骨干企业推广高新技术和先进适用技术全面应用,提升现有清洁型热回收焦炉的技术水平。推进焦化产业节能减排,对污染物排放实行在线检测,加强对焦化行业污染物排放的日常监管。(3) 改造提升冶金工业。以企业大型化、装备现代化、布局基地化为导向,以控制总量和兼并重组为突破口,以不锈钢材、铝材、铜材、镁合金等产品为重点,加强相关产业的多元化经营,积极推进产业链延伸,全面提升山西冶金行业竞争力。以大型骨干企业为主体,努力建设电解铝及铝材加工产业园区、镁及镁合金深加工生产基地和铜产业基地。

表3-1　　　　　　　　山西省四大循环链条发展重点

循环产业链	发展重点
煤电材循环经济产业链	煤-电-建材循环链
煤焦化循环经济产业链	煤焦油深加工、粗苯精制延伸产品和焦炉煤气的利用
煤气化循环经济产业链	用灰熔聚流化床粉煤气化工艺生产合成气,用同样流程联产甲醇
煤液化循环经济产业链	煤、油、化多联产——能源化工循环链

第二,大力发展新兴产业和现代服务业。充分发挥资源优势,以重大项目为支撑,以技术研发和品牌建设为重点,大力培育龙头企业,突出创新引领、标准为上,推进产业园区化、规模化、生态化,努力培育壮大新

---

① 部分资料来自《山西省国民经济和社会发展第十二个五年规划》。

兴产业。以资源优势为基础，充分发挥大企业、大集团的平台作用，研发应用前沿技术，加快产业链群发展，努力实现"材料加工"向"加工材料"转变。以抢占产业竞争制高点为导向，以加强科技创新和管理创新为重点，加大政策和资金支持力度，推进战略性新兴产业取得突破性发展。以建设生产性服务业大省为目标，以重大项目为抓手，完善服务业发展政策体系，引导服务业向规模化、专业化、现代化发展，努力构建与山西现代产业体系相适应的服务业发展体系。

第三，鼓励低碳技术研发与应用。低碳技术是低碳经济发展的动力和核心。建议山西省首先制定长远的发展规划，组织力量开展有关低碳经济关键技术的科技研发与创新应用，优先开发新型、高效的低碳技术，鼓励企业积极投入低碳技术的开发、设备制造和低碳能源的生产。根据全省资源特点、优势，要重点突破的技术领域包括：绿色建筑、绿色交通技术、余热回用技术、绿色能源技术、现代农业技术、新材料技术等，同时加大对垃圾焚烧发电和秸秆等生物质能发电，以及煤层气和煤矸石的综合利用（侯贵宝，2010）[2]。建立低碳技术创新的激励机制，加大资金投入力度，鼓励相关研究所和相关企业合作研发，鼓励企业低碳技术研发的自主创新力度，提高自身研发的能力。围绕节能环保产业重点领域，培养造就一批定位明确、层次清晰、结构合理、团结协作的具有国内领先水平的创新团队，为低碳经济发展提供全方位的人才服务和支撑。

第四，加快发展碳汇林业和农业。发挥碳汇潜力，就是要通过土地利用调整和林业措施将大气温室气体储存于生物碳库。加强和改进林业生态建设和管理，强力实施封山育林、退耕还林、绿色长廊、水土保持等工程，大力发展林果业，扩大造林面积；积极发展生态农业，积极推广标准化生产，支持和奖励农业企业开展有机、无公害绿色农产品认证；积极推进退耕还林及成果巩固、京津风沙源治理、三北防护林、太行山绿化、黄土高原地区综合治理、矿区植被恢复等生态工程。

太原市产业转型

太原是国家规划建设的能源重化工基地，产业结构以煤炭—焦化、煤炭—电力、煤炭—钢铁、煤炭—电力—电解铝为主导。太原市政府提出，要在产业转型、生态修复、城乡统筹、民生改善四个方面实现整体推进，重点建设装备制造产业集群、新材料产业集群和高新技术产业集群。"十一五"期间，太原率先推进煤炭资源整合和煤矿兼并重组，煤矿数量由130座减到53座，非煤矿山数量由221座压减到97座。煤矿数量减少了，煤炭产能大幅上升，产业集中度大幅提高。2011年，国家正式批准设立太原武宿综合保税区，这意味着山西有了承接全球高新技术产业转移、发展现代物流业的重要基地。

太原市按照"新兴化、高端化、园区化、集群化、循环化、信息化"的思路，以建设新兴产业基地、自主创新基地、现代宜居城市为目标，布局绿色新兴产业，实施了一系列转变增长方式、改造提升传统产业、大力发展新兴产业的举措，为非煤产业和新兴产业的快速发展打开了广阔的空间，电子设备、煤矿专用设备、新材料、食品制造等绿色新兴产业迅速发展壮大。2011年，太原市实现地区生产总值2080.12亿元，人均地区生产总值49292元，全市财政收入393.04亿元。太原市坚持"生态立市"的生态文明新理念，制定最严格的绿色标准体系"抑黑促绿"，持续不断地调整产业结构和产业布局，通过将煤炭产业退出主城区、实施西山综合整治等规划措施，使太原的生态环境得到显著改善。

二、河南省低碳经济建设

（一）基本情况

河南省地处中原，土地面积16.55万平方公里，设18个省辖市、50个市辖区、20个县级市、88个县。其中，中原城市群以郑州为中心，包括洛阳、开封、新乡、焦作、许昌、平顶山、漯河、济源9个城市，是河南省乃至中部地区承接发达国家及我国东部地区产业转移、西部资源输出的枢纽和核心区域之一，并将成为促进中部崛起、辐射带动中西部地区发展的重要增长极。河南矿产资源丰富，以煤炭、石油、天然气、钼、金、铝等相对突出。河南是我国重要的农业大省和粮食主产区。河南省长期作为全国重要的食品工业基地、煤电基地和铝业基地，汽车、纺织、机械制造等行业相对发达。2010年，河南省GDP为23092.4亿元，居中部六省首位。河南是我国的资源大省，高耗能产业相对集中，高投入、高消耗、高污染的粗放型增长方式，造成了广泛的生态环境系统破坏。

河南省是我国资源大省，重工业、高耗能产业集中，长期的高投入、高消耗、高污染、低效率粗放型经济增长方式已经造成了区域性的水环境、生态系统破坏。为了加快发展方式的转变，推进生态大省的建设，近年河南出台了多项低碳发展规划。2006年河南省住房和城乡建设厅编制了《河南省"十一五"建筑节能专项规划》，将建筑节能作为了河南省"十一五"建设科技工作的重点。同年该省还制定了《河南省重点耗能行业"3515节能行动计划"》。2007年，该省出台《河南省"十一五"节能专项规划》、《关于加快发展循环经济的决定》和《关于加快发展循环经济的实施意见》，开展低碳循环示范型企业、示范性园区和示范性区域的建设，促进非金属制造、铝加工、农产品加工、再生有色金属等产业部门的发展。2010年，许昌市出台了《许昌市2010~2015年低碳经济发展规划》，作为河南省首个开展低碳经济建设的城市。2011年，河南省相继推出了《河南省公路水路交通运输"十二五"节能减排规划》、《郑州新区低碳经济发展规划》，提出了于2020年基本建成中原经济区"低碳经济示范先导区"的发展目标。

近些年来，河南省相继出台了一系列低碳发展和节能减排政策，加强了对高耗能产业的市场准入管理，停止审批焦化、电石、铁合金、化学制浆（草浆）、酒精等项目，从严控制产能过剩的电站项目和规模小的化工项目等，并强调通过技术进步提高能源使用效率、开发利用天然气和煤气、提高环境绿化率，维护自然碳汇能力。目前，河南省在电动汽车、光伏太阳能等低碳经济领域具有优势，是国内最早开展电动汽车技术研究的省份。河南省已提出要争取把郑州等省辖市列入第二批国家《节能与新能源汽车示范推广财政补助资金管理暂行办法》试点城市。自2005年来，已累计建成节能建筑1亿5千万平方米，可再生能源建筑应用面积达4000多万平方米，鹤壁、洛阳、内乡、宝丰、太康、西平、鲁山等市县被国家批准为可再生能源建筑应用城市示范和农村地区县级示范，21个可再生能源建筑应用项目和17个光电建筑应用项目获国家财政资金支持。

在重点行业和领域，河南省针对全省有色、电力、造纸、建材等资源消耗多、废弃物与污染物排放量大的重点行业，大力发展低碳经济，通过总量控制、市场准入、建立落后产能退出机制、提高产业集中度、积极发展高技术产业及新兴产业等措施，有效降低工业生产过程中温室气体的排放强度（张兴平、陈晓梅，2009）[3]。自2003年起，河南省单位GDP能耗呈下降趋势（见图3-2），能源利用效率得到较大提高，节能减排工作初见成效。

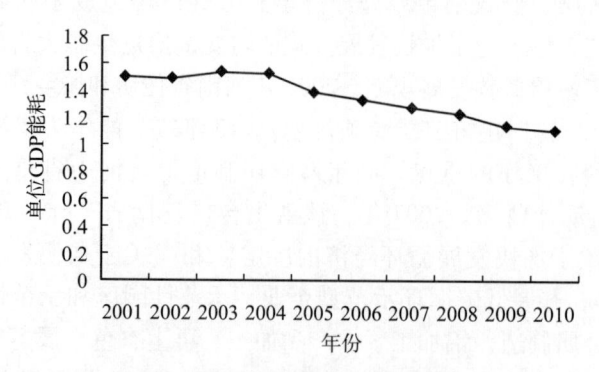

图3-2 河南省单位GDP能耗

在节能减排领域，河南省制定了《河南省重点用能单位节能管理办法》，重点抓好省内钢铁、有色、煤炭、电力、石油石化、化工、建材、纺织、造纸等能源消费量较大行业节能减排工作。河南省节能工作取得了较大成效，用电、用水、用气和用油耗能呈下降趋势（见图3-3），为河南省低碳经济发展奠定了良好基础。

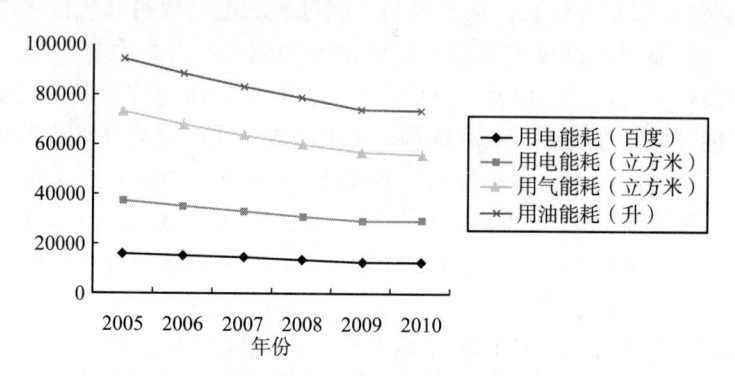

图3-3 河南省用电、用水、用气、用油能耗趋势

河南省积极推进太阳能、浅层地能、污水源热泵等可再生能源在建筑中的应用，通过采用地源热泵采暖技术、中水回用技术等新技术、新工艺、新产品、新设备，取得了良好的节能效果。在小高层及以下居住建筑与医院、学校、饭店、游泳池、公共浴室等热水消耗大户采用太阳能集中

热水系统，并进行一体化设计、安装；具备条件的民用建筑积极采用土壤源、浅层水源和污水源等热泵技术供热制冷；居住建筑楼梯间与民用建筑的庭院积极采用太阳能光伏技术照明。同时，河南省大力推进建筑节能科技创新。围绕新型墙体材料、外墙保温、门窗密闭保温、供热采暖系统温度调控及热计量、可再生能源利用等方面，加大科研开发和技术改造力度，扶持开发了上百项新技术、新产品。目前，河南省水泥轻质保温防水墙板、钢丝网架夹芯板外墙外保温、太阳能和地热应用等30余项技术居国内领先水平。

河南是全国较早开展循环经济试点的省份之一，2007年底国家将河南省列入全国第二批循环经济试点省。2012年，济源市被确定为交通运输部第二批低碳交通运输体系建设试点市之一，目前已在城乡公交一体化、交通运输管理智能化平台、通道绿化、交通基础设施建设等多个项目上进行了规划、设计。另外，省内已连续开展了三批循环经济试点工作。通过积极推进循环经济试点，目前河南省内已初步形成企业、行业、区域相关联，"点、线、面"相结合的循环经济发展格局（任杰等，2011）[4]。

中原城市群

中原城市群是以郑州为中心，以洛阳为副中心，以开封、新乡、焦作、许昌、平顶山、漯河、济源等地区性城市为节点构成的紧密联系圈。中原城市群包括23个城市、34个县城、374个建制镇，土地面积5.87万平方公里，约4000万人口。从城市体系来看，第一层次为郑州都市圈，包括郑州下辖的中牟以及郑汴一体化区域；第二层以郑州都市圈为中心，以洛阳、开封、焦作、新乡、许昌、平顶山、漯河、济源、巩义、禹州、新郑、新密、偃师等中心城市为结点，构成中原城市群紧密联系圈；第三层为外围带。中原城市群也是河南省乃至中部地区承接发达国家及中国东部地区产业转移、西部资源输出的枢纽和核心区域之一，并将成为参与国内外竞争、促进中部崛起、辐射带动中西部地区发展的重要增长极。

（二）现存问题

河南省是我国农业大省、新兴工业大省和人口大省，同时也是一个经济大省，近年来经济社会得到了较快的发展，但是河南的经济增长质量还是不高，高科技产业份额小，具有市场竞争力的新的经济增长点不多，高附加值产品少。在产业结构中资源型产业占据重要地位，资源消耗量大、能耗高，水电等清洁能源比重偏小。在今后一段时期，随着河南经济社会的发展，资源和环境的约束问题将更加突出。

多年来，河南省经济发展主要依赖于重化工行业，能源结构也主要以煤炭、石化能源为主，其经济增长呈现出典型的资源型、高碳型结构特点。这也导致了河南省温室气体和污染物排放一直维持在较高水平，万元GDP能耗也高于全国平均水平，与经济发达省市的能源利用效率相比差距十分明显。2010年，河南三次产业结构比为14.1∶57.3∶28.6，与全国平均水平10.1∶46.8∶43.1相比，第一产业比重过高、第三产业比重过低，其中第一产业高出全国4个百分点，第三产业低于全国14.5个百分点，产业结构不合理。而且河南省工业结构以劳动密集型和初级加工产品为主，粗放型经济增长的特征比较明显，转变经济增长方式和调整经济结构的任务很重（武瑞玲，2006）[5]。

煤炭是河南省最主要的传统化石能源，长期以来形成了以煤炭为主的能源消费结构。到目前为止，河南省能源供应仅以煤为主，在河南省能源消费中，煤炭占70%以上。一方面，以煤炭为主的能源消费结构带来了严重的环境污染。由于单位能源燃煤释放的二氧化碳是天然气的近两倍，以煤炭为主的能源消费结构必然会产生较高的排放强度。另一方面，河南省清洁能源资源匮乏，无海洋能资源，风能和太阳能资源也不具有明显优势，只有水能和生物质能资源及少量的煤层气有一定的开发利用，太阳能在工业领域的利用开发还没有起步，这些在一定程度上制约了河南省清洁能源的发展。

（三）发展对策

第一，加快产业结构调整。河南省产业结构不合理、层次偏低是发展低碳经济的一大制约因素，加快产业结构调整、构建现代产业体系是推动低碳经济发展的主攻方向，同时也是建设中原经济区、加快中原崛起和河南振兴的主要支撑。坚持走新型工业化道路，注重比较优势与后发优势相结合、做大总量和优化结构相结合、增创制造业新优势与促进服务业大发展相结合，壮大战略支撑产业，培育战略新兴产业，强化战略基础产业，增强产业集聚区载体功能，构建结构优化、技术先进、清洁安全、附加值高、吸纳就业能力强的现代产业体系[①]。强化核心关键技术研发，突破重点领域，大力发展新能源汽车、生物、电子信息、节能环保、新能源和新材料等战略性新兴产业，努力建设全国重要的战略性新兴产业基地。加快发展服务业，把推动服务业大发展作为产业结构优化升级的战略重点，以重点项目、龙头企业、特色园区建设为抓手，以改善政策和体制环境为保障，推动规模化、标准化、品牌化、网络化经营，努力提高服务业在国民经济中的比重和服务业从业人员在全社会从业人员中的比重。把产业集聚区建设作为拉动增长、优化结构、增强竞争力的战略举措，努力增强载体功能。坚持科学规划、提升功能，完善集聚机制、积累机制、服务机制和激励机制，不断提高基础设施、公共服务、创新平台等保障能力，促进企业集中布局、产业集群发展、资源集约利用和功能集合构建。

第二，优化能源供应与消费结构。煤作为高碳能源，一直是河南省主要的能源消耗来源。提高资源能源利用效率，通过推广煤炭的清洁转化技术、增加石油和天然气消费比重、推广使用新能源、以及大力发展新能源产业等措施，改变能源结构，实现能源消费结构的低碳化（莫灼均等，2010）[6]。积极发展生物质能热电联产和煤矸石综合利用热电联产，加快发展风能、生物质能、太阳能等可再生能源，开发西北部太行山区、西南部秦岭大别山区等区域风能资源，大力推广使用太阳能光伏电源，鼓励建设与建筑物一体化的屋顶太阳能并网光伏发电设施。由于低碳理念的生活方式可以大大降低碳排放，是建设低碳城市的重要途径（张吉献、于正松，2011）[7]，为此政府要加强宣传，正确引导居民消费行为，形成一种节约能源、提高能源效率、减少二氧化碳排放的生活方式。

第三，推进循环经济试点建设。以提高资源产出效率为目标，完善法规和支持政策，实行生产者责任延伸制度，在资源开采、生产消耗、废物产生、最终消费等环节，逐步建立覆盖全社会的资源循环利用体系。推广清洁生产，加快资源循环利用产业发展，加强矿产资源综合利用，鼓励支持企业开展循环式生产，鼓励产业废物循环利用，建立完善再生资源回收体系和垃圾分类回收制度，推进资源再生利用产业化。全面实施郑州国际物流中心建设规划及一批重大物流工程，做优做强冷链物流，做大粮食、医药、煤炭、钢铁、邮政、快递等行业物流等。

第四，把打造低碳产业作为产业转型升级的突破口。突出抓好电力、

---

① 部分资料来自《河南省国民经济和社会发展第十二个五年规划纲要》。

水泥、钢铁、有色化工等重点行业的存量调整，依法关闭浪费资源、污染环境和不具备安全生产条件的企业，着力提升重点企业现代制造、系统集成和服务增值能力，集中支持整机成套装备、智能电网装备、轨道交通装备、动力装备率先突破，提高汽车规模化生产水平和零部件集聚配套能力，加快发展高精有色合金及深加工、高强优质钢和高端化工产品，提高产业链中高端产品比重。积极培育战略性先导产业，以电子信息、生物及新医药、新材料和新能源等低碳产业领域为重点，强化技术创新支撑，加大产业链前端产品研发和后端推广应用支持力度，推动电动汽车、节能环保、新型电池、创新药物、非金属功能材料软件及外包服务等产业化，打造高新技术产业链和特色产业集群，培育新的增长点。加快推进信息化和工业化深度融合，选择重点行业和龙头企业开展两化融合试点工作。

三、湖北省低碳经济建设

（一）基本情况

湖北省地处我国中部腹地，土地面积18.59万平方公里，辖12个省辖市、1个自治州、38个市辖区、24个县级市、38个县、2个自治县、1个省直管林区。全省森林面积578.82万公顷，森林覆盖率31.14%，属于全国林业资源大省。2010年，湖北省GDP为15967.6亿元，三次产业比重为13.4∶48.7∶37.9。湖北是一个能源资源相对短缺的省份，缺煤、少油、乏气，但水电资源却很丰富。

2007年底，武汉城市圈获批成为全国"两型社会"综合配套改革试验区。配合试验区的建设，武汉市逐步建立起促进低碳经济发展的体制机制。2008年，湖北省政府出台《湖北省节能中长期专项规划》和《湖北省节能"十一五"行动计划》，为湖北省近、中、远期的节能减排工作的重点领域和发展目标做出了全面、系统、可行的规划。2009年，黄石市推出了《黄金山低碳经济社会示范区"两型"建设先行区改革试验实施方案》和《黄石市黄金山低碳经济社会示范区控制性详细规划》，对资源枯竭型城市转型发挥了重要作用。2009年，襄樊市出台了《襄樊市新能源与低碳产业发展规划（2009~2015年）》，确定了襄樊市以新能源开发利用为基础的低碳产业发展道路。2010年，湖北省旅游局制定了《湖北省低碳旅游十二项行动计划》，提出了湖北省旅游走绿色、环保、低碳发展道路的十二项行动计划。2011年,咸宁市推出了《咸宁市低碳经济发展规划》,促进咸宁市经济由依赖型向创新驱动型转变,由高碳发展向低碳化发展的转变。

自开展低碳经济建设以来,湖北省在全国率先设立了低碳发展专项资金,由节能、淘汰落后产能、建筑节能、低碳试点和新能源建设等5项组成,总额1.7亿元。其中,新增的低碳试点和新能源建设专项资金,按激励性转移支付的方式管理,奖励给各级政府统筹使用。湖北省积极开展省内低碳试点工作,确定包括襄阳、咸宁、东湖开发区和黄石工业开发区、百步亭社区和鄂州长港镇峒山社区为省内第一批低碳试点单位。为支持低碳产品和低碳技术,武汉市也出台了一系列优惠政策:通过对公共项目投资来对企业实现定点采购,扶持低碳产业发展;出台激励政策为企业融资提供贷款;试行征收资源税、排污水、环保税;组建光谷科技银行,在武汉城市圈域内发行节能债、市政债及水专项债券等。

武汉城市圈作为国家"两型社会"建设综合配套改革试验区,将全面推进体制机制改革,切实走出一条有别于传统模式的工业化、城市化发展新路。面积不到湖北三分之一的武汉城市圈,集中了全省一半的人口、六成以上的GDP,不仅是湖北发展的核心区域,也是中部崛起的重要战略支点。"两型社会"建设与湖北低碳经济发展具有高度的统一性,国家赋予武汉城市圈的"先行先试"政策权限,为低碳经济的技术创新和制度创新提供了政策条件。国家战略性新兴产业发展规划相继出台,对于湖北大力发展新材料、新能源、生物医药等新兴低碳产业具有推进作用。湖北东湖高新区获批成为国家自主创新示范区,有利于加快低碳技术创新步伐。湖北拥有武汉城市圈"两型社会"建设先行先试的平台,具备发展低碳经济的优势条件。湖北应通过一系列创新,建立有利于低碳经济发展的管理体制和政策机制,开展低碳区域、低碳领域和低碳企业试点,探索具有湖北特色的低碳经济发展模式。

近年来,湖北省将转方式、调结构、节能减排作为发展低碳经济的重要举措,率先推行节能目标责任制,采取一系列行之有效的措施,大力发展高新技术产业和现代服务业,加快淘汰落后产能,抑制上马高耗能产业项目。"十一五"期间,全省累计关停各类高耗能高污染企业691家,淘汰小火电机组产能129.6万千瓦、落后造纸制浆产能194.86万吨、小印染产能80752万米、小水泥产能3319.7万吨、小炼铁炼钢产能438.7万吨、小酒精产能13.6万吨,促进了产业结构的优化和升级。

在节能减排方面，湖北省重点耗能企业与重点领域节能管理取得了显著成效。全省组织实施了"百家企业节能工程"，加大对重点耗能企业能源计量、统计的管理力度，建立企业、车间、班组三级节能管理体制，健全能源计量管理制度，能源计量器具配置率逐步提高，企业采购、使用、外送能源各个环节计量器具配置率达到99%以上，次级能源计量器具配置率达到98%，开展年耗能万吨标准煤以上重点用能企业能源利用状况填报、审计以及节能规划编制工作，建立能源计量及调度管理网络系统，初步实现能源数据采集自动化、传输网络化、结算电算化、计量自动化，供、用能系统基本实现高效、低耗、稳定、可靠运行[1]。

尽管湖北能源资源不足，但却具备发展风能、核能、太阳能和生物质能的优势条件。武汉凯迪电力和东湖高新，已形成了以脱硫、生物发电、生物柴油、环保工程为核心的产业链。依托先进装备制造的产业优势，湖北大力发展风电机组、核电设备和环保机械。依托农林产业优势，湖北着力发展碳汇产业。依托东风汽车产业优势，湖北大力发展节能汽车和电动车。依托武汉"中国光谷"，湖北大力发展节能照明、太阳能光电以及高科技信息产业等。

2010年7月，包括湖北省在内的五省八市被国家发改委确定为全国低碳试点省市。湖北低碳试点的主要任务集中体现在"两个着力"上，即着力转变经济发展方式，增强湖北综合实力和可持续发展能力；着力建立以低碳发展为特征的产业体系，积极应对气候变化对湖北的影响和挑战。随后，湖北省在全国率先设立低碳发展专项资金，由节能、淘汰落后产能、建筑节能、低碳试点和新能源建设等5项组成。

湖北积极申报低碳项目，武汉市被选为全国10个建设低碳交通运输体系首批试点城市之一。武汉市编制完成了《武汉市低碳交通运输体系建设建设试点实施方案》，并获得了节能减排专项资金支持。在低碳交通运输体系方面，武汉市积极完善综合运输体系建设和结构节能，加快了综合运输体系建设，着力提高公共交通出行、非机动出行等低碳出行比例；积极探索使用交通替代能源，提高了使用清洁能源和节能与新能源公交车辆的比例；加快交通节能减排技术开发应用，港口开展了照明灯具和控制系统改造；加快了行业信息化、智能化建设，建立了运输信息化平台，提高了运输组织管理水平。

---

[1] 部分资料来自《湖北省节能"十二五"规划》。

此外，湖北省积极开展低碳试点工作，确定咸宁、襄阳 2 市，东湖新技术开发区和黄石经济开发区黄金山工业园 2 个园区，武汉市百步亭社区、鄂州市长港镇峒山社区 2 个社区为湖北省第一批低碳试点示范单位。咸宁市试点的主要特色和方向是发展低碳服务业、清洁能源开发、森林碳汇；襄阳市则着力于发展低碳产业、低碳技术推广应用和发展循环经济；东湖高新区作为首批国家级高新区，把"自主创新"和"低碳经济"有机结合，创新产学研合作机制，构建整合低碳技术创新力量，完善中小企业融资机制，引导低碳企业发展；黄石市是国家资源枯竭型试点城市，以黄金山工业园区作为突破口，将低碳概念植入工业园区建设，带动整个黄石市的可持续发展；武汉市百步亭社区和鄂州市长港镇峒山社区都以低碳社区为发展目标，调动各方面的力量积极参与低碳社区的规划建设。

武汉城市圈

武汉城市圈，是指以武汉为中心，以 100 公里为半径的城市群落，包括黄石、鄂州、黄冈、孝感、咸宁、仙桃、天门、潜江等 8 个周边城市。武汉为城市圈中心城市，黄石为城市圈副中心城市。武汉城市圈是全国资源节约型和环境友好型社会建设综合改革配套实验区。洪湖市、京山县、广水市作为观察员先后加入武汉城市圈。武汉城市圈拟重点建设机械制造、优势能源和原材料、高新技术、农产品加工、轻纺、环保等产业集群。计划到 2017 年，先后建设武汉至黄石、鄂州、黄冈、咸宁、孝感、仙桃、潜江、天门等城市的城际铁路专用线，形成城市圈轨道交通网。2010 年，武汉城市圈被列为国家"十二五"重点发展区域，武汉被国务院批准成为中部地区的中心城市。武汉城市圈着力建设东湖国家自主创新示范区、东西湖区综合性示范区、青山—阳逻—鄂州大循环示范区、大东湖"两型社会"示范区、梁子湖生态旅游示范区等 5 大国家级或省级示范区。

（二）现存问题

作为全国老工业基地集中的省份之一，湖北省能源资源相对匮乏，传统产业、重化工业比重大，经济增长的粗放型特征比较明显，支撑湖北经济的优势产业多为高能耗产业,能源严重供不应求、对外依存度高、环境能量有限,进一步发展面临着能源资源和环境的双重压力。

湖北省"缺煤、少油、乏气"的省情,使得煤炭、石油等能源产品供给主要依靠从外省调入,一次能源生产量远远无法满足消费量的需求。随着经济社会快速发展,湖北省能源需求将快速上升,能源对外依存度将越来越高,能源问题将成为制约湖北省经济社会跨越式发展的重要因素。湖北省能源消费以煤炭为主,煤炭在湖北省终端能源消费中扮演着主要角色。尽管近年来湖北省能源消费结构有所调整,但煤炭消费总量仍在不断上升(见图3-4)。目前,在一次能源结构中,煤炭在湖北省一次性能源消费中的比例仍然高达73%,石油约19%,天然气约2%,水电等约6%。

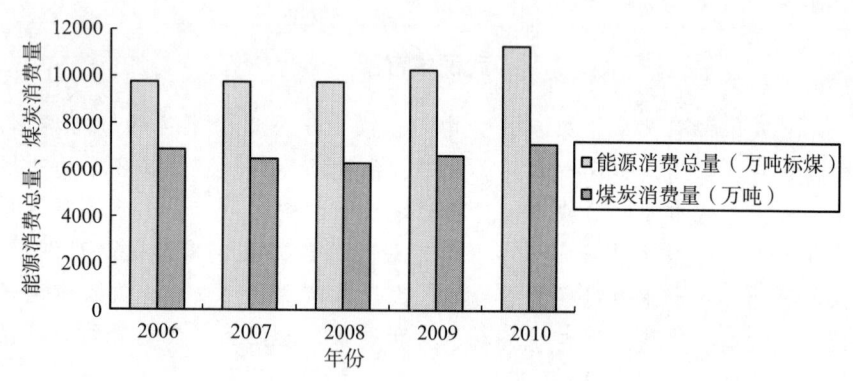

图3-4 2006~2010年湖北省能源消费总量及煤炭消费量

在湖北省产业结构中,钢铁、冶金、有色、建材、电力等高耗能、高污染、高排放的产业比重大,这些产业的产能过剩问题被充分暴露出来。当前,这些产业产能过剩问题又以新的形式表现出来,并有进一步发展趋势。一段时期内,这些产业面临严峻的产业转型和节能减排形势。虽然,目前湖北省单位GDP能耗低于全国平均水平,但单位工业增加值能耗却高于全国平均水平,工业领域的节能减排任重道远。

湖北高度重视高新技术产业的发展,提出"逐步把湖北建设成为我国中部重要的高新技术发展区"。但主要问题在于,湖北经济表现出明显的重型化特征,发展高新技术产业的体制机制不够灵活,产学研结合力度明显不足,科技成果转化体系建设滞后,高新技术投融资体系不够健全。在湖北高新技术产品中，消费类所占比重低，产业配套能力也比较弱，高新技术企业聚集水平不高，对全省的拉动作用还不够明显。而且产业外向度不高，2010年，全省高新技术产品出口额为370.8亿元，仅占高新技术产业产值的6.9%，低于全国平均水平。对国际性大财团、大企业的招商引资工作仍未取得突破性进展，外资经济在高新技术产业总产值中所占的比例不到20%；在湖北投资的跨国公司不多，支撑高新技术产业持续增长的增量不足[①]。

(三) 发展对策

湖北具备发展低碳经济的良好条件，在全省推行低碳经济发展，可采取以下对策：

第一，构建低碳产业支撑体系，形成以新能源、新材料、现代商贸物流、休闲旅游为重点的低碳产业体系。一方面要加快传统产业低碳化改造，淘汰高能耗产业；另一方面积极扶持新兴产业发展，尤其要以东湖、襄樊两个国家级高新区为主要载体，围绕电子信息、生物医药等重点和优势领域，加快实施一批高新技术产业化重大项目（邹伟进、王简辞，2005)[8]。

第二，大力发展能源装备制造业，使风能发电、核电、太阳能光伏发电设备等新能源装备制造产业成为未来发展的战略性新兴产业。应当依托现有的产业基础，加大研发投入，强化企业自主创新主体地位，大力发展新能源装备制造业，支持风电机组、核电设备及配套材料、太阳能电池板及组件、节能技术改造关键设备研发和生产企业做大做强，提升综合竞争力，提前抢占市场份额，以适应未来大规模新能源建设的需要。

第三，加强低碳发展的技术创新。技术创新是低碳经济发展的另一重要动力。应健全政府支持、企业主导、产学研结合的技术研究和开发体系，加大对低碳技术的研究与开发，构建发展低碳经济的技术支撑体系和信息服务体系，如组织开发和示范有普遍推广意义的资源节约和替代技术、能量梯级利用技术、延长产业链和相关产业链接技术、"零排放"技术、绿色再制造等技术；利用现代信息技术及时向社会发布有关低碳经济的技术、管理和政策等方面的信息，开展信息咨询、技术推广、宣传培训等（张奋勤、刘望辉，2010)[9]。充分利用武汉城市圈科技资源、人才资

---

① 部分资料来自《湖北省高新技术产业发展"十一五"规划》。

源丰富的优势，建立企业、大专院校、科研院所联合的股份合作方式的企业研发机构，鼓励科技人员创办科技企业，为中高端技术、研发人才的自主创业提供方便。加快构建并完善以企业为主体、以市场为导向、产学研相结合的区域技术创新体系，整合社会科技资源，以重大产品和关键核心技术为主攻方向，组织实施电子与信息、生物技术与新医药、新能源、新材料、节能环保等行业领域科技创新工程。

第四，优化调整能源生产与消费结构。到2020年，全省能源消费结构进一步优化，核电和可再生能源比重增加到22%左右；产业结构进一步调整，服务业与高技术产业比重逐步增加，新能源及其低碳装备制造产业居国内领先地位；单位GDP能耗降低到1吨标煤以下，碳排放强度年均降低4%以上，主要高耗能行业单位产品能耗达到国内先进水平；建立较完善的低碳发展法规保障体系、政策支撑体系、技术创新体系和激励约束机制；建成若干以低碳发展方式和低碳消费方式为特征的低碳经济示范区。

第五，改善能源结构，加快发展新能源产业。积极发展核电，加快咸宁大畈核电站的建设进程。有序推进清洁能源开发，推动小汽车主要燃料向压缩天然气转化，推广汽车利用醇类燃料、合成燃料、生物柴油、替代燃料及电动汽车技术。大力推广沼气和农林废弃物气化碳化、压缩成型技术，提高清洁、可再生能源在农村地区生活用能中的比例。积极推进太阳能利用，推广太阳能利用产品的应用，发展太阳能热利用产业集群，加快太阳能光伏一体化发电项目建设。

第六，加强循环经济示范试点和汽车零部件再制造试点建设。推动青山—阳逻—鄂州大循环经济示范区建设。发展可再生资源产业，建立可再生资源回收网络体系，建立再生资源产业基地和产业园区。在武汉城市圈着手建立低碳经济试验示范区，探索区域低碳能源、低碳交通、低碳产业发展模式。重点发展核电生产必备的电机、压缩机、鼓风机、输变电设备、高性能仪器仪表、核电保温材料、高压泵阀、核电专用工具、电器开关等配套产品，力争形成核电配套产业群。

第七，加快发展碳汇产业。重点发展高效经济林、速生丰产林、花卉苗木、中药材产业及生态旅游业。通过加快林业产业集聚，打造林业科技产业园。开展林业碳汇研究，加快培育二氧化碳吸收率高的树种和品种，探索二氧化碳清除率高的营造林模式。加强碳汇林固碳能力的计量与监测，为碳汇林的营建提供科技支撑。通过CDM项目引进发达国家先进的低碳技术，鼓励企业依靠商业渠道引进技术。重点研究新一代生物燃料技术、二氧化碳捕集、运送和埋存技术、智能电力系统开发和电力储存以及提高能效的相关技术等。

四、湖南省低碳经济建设

(一) 基本情况

湖南省地处长江中游，土地面积211829平方公里，现辖13个市、1个自治州、122个县级行政单位。湖南省自然资源丰富，洞庭湖为全国第二大淡水湖。湖南是著名的"有色金属之乡"和"非金属矿之乡"，其中锑、钨、锰等矿产储量居全国前列。2010年，湖南的GDP为16038亿元，全省人均GDP为24719元。

2006年，湖南出台《湖南省建筑节能"十一五"发展规划》，提出了湖南省建筑节能的推进步骤和考核指标。2007年，湘潭市出台了《湘潭市节能减排科技发展规划》，对湘潭市重点区域、重点工业行业和重点企业的节能减排发展目标、技术措施进行了全面规划。2010年，长沙市出台了《长沙市新能源与环保节能产业发展规划》，以培育新的经济增长点，发展绿色经济、循环经济和低碳经济。2010年，湖南省出台的《湖南省战略性新兴产业新能源产业专项规划》，为光伏、风能、太阳能等6大新能源领域的发展确定了发展思路和目标体系。同年益阳市也出台了《益阳市"十二五"节能专项规划》，明确了"十二五"期间该市在工业、建筑、节能等多个领域的节能建设工程和任务。2011年，湖南省科技厅编制了《湖南省"十二五"循环经济发展规划》。同年，长沙、株洲2市提出了创建低碳城市的战略构想。株洲市还出台了《株洲市创建低碳示范城市总体实施方案》，在交通、工业等领域进行低碳发展实践。

近年，湖南大力发展低碳经济，节能减排工作取得一定成效（瞿理铜，2011）[10]。清水塘循环经济工业园、10万千瓦光伏太阳能利用、比亚迪新能源汽车基地、生物清洁燃料的生产等重点项目取得重要进展，水电、太阳能、风能、生物质能等新能源技术开发取得较大突破。在交通方面，湖南侧重发展低碳公交、城市慢行、节能低碳交通工具3大绿色出行系统。株洲以公交汽车低碳化为突破口，启动低碳化城市交通体系整合工程。长沙在全市小城镇建成区试点垃圾处理，运行和推广"户分类、村收集、镇中转、县处理"和"分户建池收集、村分类分解减量、镇少量集中填埋处理"的农村垃圾处理模式。

湖南抓住"两型社会"建设契机,积极推进新型工业化战略,在严格控制高能耗、高排放产业规模和加快传统产业技术改造的基础上,大力发展绿色装备制造、电子信息、文化产业、新能源与节能环保等产业部门,产业结构调整取得显著进展,高新技术产品增加值占 GDP 的比重逐年上升,初步呈现向低碳方向发展的趋势。湖南循环经济发展步伐加快,汨罗循环经济园、株冶智能化工纳入国家第一批循环经济试点,清水塘循环工业园、泰格林纸集团纳入国家第二批循环经济试点。

湖南碳排放强度在 2000~2010 年间经历了"平稳—升高—降低"的变化过程,现已下降到 2.6~2.8 吨/万元区间。2010 年,湖南森林覆盖率 57.01%,同年,完成造林面积 21.34 万公顷,实有封山育林面积 48.12 万公顷,已建立自然保护区 119 个,面积 134.51 万公顷,森林系统在碳平衡中起到巨大的碳汇功能作用。

湖南具有发展低碳经济的技术优势,在水电、太阳能、风能、核能以及生物质能等方面具有较好基础,在绿色装备制造领域具有较强的产业优势,电动客车、风电、电气牵引、电动车辆制造等技术在国内居于领先水平。中南大学、湖南大学、远大空调、中联重科等单位,在低碳技术开发方面具有很强实力。湖南积极开发具有技术转让效果的 CDM 项目,取得了良好成绩。

长株潭城市群

长株潭城市群位于湖南省东北部,包括 3 个省辖市(长沙、株洲、湘潭)、4 个县级市(浏阳、醴陵、湘乡、韶山)、8 个县(宁乡、望城、长沙县、湘潭县、株洲县、攸县、茶陵、炎陵)和 177 个建制镇,土地面积 2.8 万平方公里。长株潭城市群自然资源丰富,生态环境良好,地貌类型以河谷平原、丘陵、盆地为主,并有一部分海拔较高的山地。城市群属于我国中亚热带湿润气候区,光照充足,热量丰富,四季分明,降水较多,农业生产条件良好。

长株潭城市群地理区位优越,三市沿湘江呈"品"字形分布,彼此相距 20~30 公里,结构紧凑,联系密切。城市群东靠江西,西邻益阳和娄底,北接岳阳,南与衡阳、郴州交界,构成湖南经济社会发展的"金三角"。该城市群有京广、浙赣、湘黔、石长、武广高铁等铁路穿越，有京港澳及复线、上瑞、长常等高速公路和 106、107、319、320 等国道经过，加之湘江、洞庭湖的水运和黄花国际机场，共同构成了以铁路和高速公路为骨架、以国道、水运、航空为支撑的交通运输网络体系。

2007 年 12 月，长株潭获批"两型社会"建设综合配套改革试验区，给城市群发展带来重大机遇。长株潭城市群现已成为湖南新型工业化和新型城市化的重点推进区域。2010 年，三市地区生产总值 6715.87 亿元，占全省的 42.23%；工业增加值 2862.2 亿元，占全省的 45.61%；三市进出口总额 97.18 亿美元，占全省的 66.16%。城市群土地面积占全省 13.3%，人均水资源拥有量 2069 立方米，森林覆盖率 54.7%。长株潭科教实力雄厚，三市拥有 65 所高等院校，占全省的 2/3。三市高新技术产业发展迅猛，成绩斐然。

近些年来，长株潭城市群大力推进新型工业化建设，取得了显著成效。高新技术产业快速发展，传统产业加快改造提升，装备制造、钢铁、有色金属等产业的支柱地位得到凸显，电子信息、新材料、生物医药等新兴产业集群逐步形成，食品、石化、建材等传统产业改造升级取得突破。

（二）现存问题

湖南省仍处于工业化中期阶段，受经济技术条件的制约，在未来一段时间内，以化石能源为主的能源消费结构难以大幅度改变。在 2010 年湖南省能源消费总量中，煤炭占 62.98%，石油占 11.1%，水电、天然气合占 15.18%，清洁型能源占比过低，能源结构的高碳化特征明显。

湖南面临着产业结构偏重的问题（见表 3-2）。2010 年，湖南第二产业能源消费总量 10284.7 万吨标煤，占全社会消费总量的 69.3%；其中工业耗能 10021.1 万吨标煤，占全社会消费总量的 67.5%。同年湖南 6 大高耗能行业（电力、黑色冶金及加工、非金属矿物制品、化工、有色冶金及加工、石油加工）综合能源消费量 5268.1 万吨标煤，占全省能源消费总量的 78.1%（李奇，2012）[11]。

表3-2　　　　　　　　　湖南省分产业能源消费结构　　　　　　　　单位:%

	2005	2006	2007	2008	2009	2010
第一产业	5.62	5.26	4.94	5.07	5.09	5.69
第二产业	70.26	70.53	71.07	71.31	70.95	69.25
其中:工业	68.74	69.00	69.49	69.94	69.56	67.47
第三产业	13.29	13.71	13.54	13.00	12.97	12.94
居民生活消费	10.84	10.50	10.44	10.61	11.00	12.13

通过对长沙、湘潭等城市的实地调研发现,长期以来形成的"面子消费"、"奢侈消费"等消费观念普遍存在,绿色消费理念适才起步,在日常消费中浪费现象比较严重。目前全省真正的"绿色消费者"只有1/4,"非绿色消费者"接近1/3,"准绿色消费者"不到1/2。

(三) 发展对策

湖南是人口多、资源匮乏的省份,无油、无气、缺煤、少电。能源的短缺以及高耗能的产业结构问题,已成为湖南可持续发展的瓶颈。为了降低经济能耗强度和碳排放强度,湖南必须加快产业结构优化升级的步伐,严格控制新高能耗项目,要把能耗标准作为项目核准和备案的强制措施,严格执行国家产业、土地、环保、资源综合利用等政策,提高准入门槛,抑制高耗能行业过快增长,快速推进产业升级(金勇等,2008)[12]。同时,湖南应充分利用自身历史文化厚重、旅游资源丰富、教育发达、交通便捷的优势,大力发展旅游、金融、科研、服务、通信等第三产业,实现主要依靠工业带动增长的方式向由工业、服务业、旅游业、文化产业和农业共同带动增长的方式转变,从根本上改变湖南经济结构偏重工业、工业重型化格局(王思敬、邓敏,2010)[13]。

以循环经济试点省建设为契机,按照"多联产、全循环、抓高端"的思路,以循环经济为基本经济形态和产业发展模式,大力发展循环型农业、循环型工业、循环型服务业,从企业、行业、园区、社区、区域5个层面,着力推动循环经济发展。湖南省应把循环经济作为转型跨越发展的基本路径,坚持把循环经济作为改造提升传统产业的主要手段,作为新产业、新项目的准入门槛,作为资源配置的优先领域。把循环产业园区作为区域经济的主要载体,改造提升循环工业园区,推动产业循环式组合,构筑纵向延伸、横向耦合、链接循环的产业体系,实现土地集约利用、废物交换利用、能量梯级利用和污染物集中处理。

湖南政府应加大环保方面的资金投入力度，大力支持企业的技术创新和传统产业的技术改造，提高生产效率和技术水平；淘汰技术水平较低、不能适应现代经济发展要求的落后企业和落后产能，进一步提高长株潭城市群经济的发展质量和整体效率。加大对低碳经济发展的培育力度，尤其在技术开发应用领域，给予政策引导和资金扶持。通过理论、原理、方法、评价指标等方面的创新，寻求技术突破，以更大限度地提高资源生产率及能源利用率。

倡导绿色消费模式，鼓励消费者购买使用节能节水产品、节能环保型汽车和节能省地型住宅，减少使用一次性用品，抵制过度包装。推进政府绿色采购，逐步提高节能节水产品和再生利用产品比重。加强宣传教育，强化垃圾分类投放意识与行为，推动形成绿色生活方式和消费模式。

从湖南发展实际来看，中国南车、湘潭电机等企业的低碳技术居于国内先进水平，湖南的铀开采、核应用技术在全国也具有较高地位，在生物质能、环保产业、清洁生产、光伏产业等重点领域和核心环节也不断取得突破。

湖南大力发展绿色装备制造、电子信息、文化产业、新能源与节能、环境保护等具有低碳特征的产业，产业结构调整取得重要进展，高新技术产品增加值占GDP的比重逐年上升，初步呈现向低碳方向发展的趋势。继汨罗循环经济园、株冶智能化工纳入国家第一批循环经济试点之后，清水塘循环工业园、泰格林纸集团纳入第二批试点。

发展低碳经济对目前湖南的发展模式、以煤为主的能源结构、节能环保技术自主创新、资源保护和利用，以及传统观念和做法等都提出了巨大挑战。相对于高碳经济而言，低碳发展与发展成本之间存在一定矛盾。如何有效破解低碳转型过程中低碳技术研发的高投入和高风险难题，是湖南低碳发展面临的现实问题和长期挑战。

湖南发展低碳经济，需要依托"长株潭城市群两型社会建设综合配套改革试验区"的发展平台，构建长株潭城市群低碳经济体系建设，突出低碳产业、低碳能源、低碳技术、低碳城市、低碳管理5大重点领域，抓好重点行业节能工程、低碳能源建设工程、低碳建筑建设工程、城市"公交优先"提升工程、碳汇建设工程。长株潭"两型社会"试验区，要发展成为各种低碳技术、产品、服务、管理、投资方式的试验田，促进与国际低碳经济体系的接轨，有效地引进国际低碳新技术，充分利用国际融资，增强低碳发展能力。

五、江西省低碳经济建设

(一) 基本情况

江西省位于长江中下游，土地面积16.69万平方公里，下辖11个省辖市、14个县级市、70个县。位于江西北部的鄱阳湖，是我国最大的淡水湖，是具有世界影响的重要湿地。鄱阳湖生态经济区包括鄱阳湖平原及周边38个县市区，国土面积5.12万平方公里，是我国著名的鱼米之乡和重要的商品粮油基地。江西新型工业初具规模，初步建立了以汽车、航空及精密仪器制造、特色冶金和金属制品加工、中成药和生物制药、电子信息和现代家电产业、食品工业、精细化工及新型建材等为核心的产业体系。2010年，全省GDP为9435亿元，财政收入1226亿元，全社会固定资产投资8775亿元。然而，江西省能源资源十分贫乏，"少煤、缺油、乏气"是江西省能源结构特点，能源需求对外依赖度达到50%，以高耗能产业为主的产业结构也决定了江西省必须走低碳经济发展之路。

2008年，江西省相继推出《江西省科技厅公共机构节能规划》、《九江市级公共机构节能规划》、《上饶县公共机构节能规划》等规划，正式启动节能减排工作。同年，《江西省公路水路交通节能中长期规划》通过评审，提出了江西省公路、水路等交通行业近期的重点工程和保障措施。2009年12月，国家发改委公布了《鄱阳湖生态经济区规划》，其规划范围包括南昌、景德镇、鹰潭3市，以及九江、新余、抚州、宜春、上饶、吉安等共38个县（市、区）。《规划》在生态建设、环境保护、产业发展、基础设施等多方面对鄱阳湖生态经济区进行了规划分析，以指导鄱阳湖生态经济区的建设与发展。南昌市政府出台了《关于推进"低碳经济、绿色发展"建设的若干意见》，提出全面打造低碳城市，推进绿色生态文明建设。南昌市还制定了《南昌市发展低碳经济，建设低碳城市行动计划》，从政策上保障低碳经济的人才引进、技术研发、企业融资、土地征用的高效进行。2009年11月，江西省政府在全国率先发布《绿色崛起之路——江西省低碳经济社会发展纲要》，被称为我国首个低碳经济白皮书。2011年11月，《江西省工业节能与资源综合利用"十二五"规划纲要》出台，提出以技术开发、产业节能为重点，以政策引导和依法监管为保障，不断提高资源综合利用率，减少污染排放，促进工业经济发展与生态环境建设相协调。

江西在低碳新能源方面不断探索，大力发展风能、光伏、光电、天然气、生物质能等清洁能源，取得了显著成效。光伏产业成为江西重要的支柱产业，在国内拥有一流的生产规模、一流的工艺技术和一流的骨干企业。南昌高新区 LED 产业基地初步形成以晶能光电、欣磊光电等公司的外延片为上游产业；晶能光电、欣磊光电、联创光电等公司的芯片制造为中游产业；联创光电、联创博雅科技有限公司、江西中业景观照明的光源、灯具、LED 显示屏、联创致光科技的手机背光源为下游产业的较为完整的产业链。南昌市作为全国 8 大低碳经济试点城市之一，积极策应鄱阳湖生态经济区建设部署，以半导体照明、光伏、服务外包 3 大产业为重点推进低碳经济发展，低碳经济在全市工业中的比重已占 30%。

江西拥有良好的生态环境，全省森林覆盖率高达 63.1%，居全国第 2 位；拥有国家级森林公园 35 个，自然保护区 156 个。经过各方面的努力，鄱阳湖生态经济区逐步建成了以鄱阳湖为核心，以鄱阳湖城市圈为依托，以保护生态、发展经济为重要战略构想，成为全国生态文明与经济社会发展协调统一、人与自然和谐相处的生态经济示范区和中国低碳经济发展先行区。建成后的鄱阳湖生态经济区，将成为江西省绿色崛起的策动区、建设低碳经济社会的示范区、城乡统筹发展的先进区、全国生态文明与经济文明协调发展的先行区。从现实情况来看，近年来，列入鄱阳湖生态经济区规划实施方案的 405 个重大项目有 300 多个已启动，累计完成投资近 5000 亿元。建立鄱阳湖生态经济区，是优化生态环境、促进经济发展、加强城乡统筹、造福子孙后代的必然要求，不仅关乎鄱阳湖地区、关乎江西省的经济社会发展，同时对于国家低碳发展也有重要作用。

江西已初步形成了初具规模的低碳产业集群，比如以南昌、吉安、赣州为重点的电子信息产业集群；南昌高新区升级成为国家半导体照明产业化基地；金庐软件园升级成为"国家火炬计划软件产业基地"。全省 5 个开发区被命名为国家科技兴贸创新基地。此外，半导体发光材料及器件（LED）、电子材料的研发和生产规模处于全国同行业领先地位。同时，江西省在发展低碳经济战略方面抓住时机，积极引进先进技术，加快低碳技术的创新和推广速度。江西省目前现有的低碳产业和低碳技术在国内具有一定的比较优势，同时江西省在服务外包、绿色农业、生物医药等低碳产业等方面也具有比较优势。正是这种比较优势，为江西引进国外先进的低碳技术提供了良好的平台,从而能够使江西获得更为优越的后发优势(彭新万,2010)[14]。

> **鄱阳湖生态经济区**
>
> 鄱阳湖生态经济区是以鄱阳湖为核心,以鄱阳湖城市圈为依托,以保护生态、发展经济为重要战略构想的经济特区。鄱阳湖生态经济区位于江西省北部,包括南昌、景德镇、鹰潭3市,以及九江、新余、抚州、宜春、上饶、吉安等共38个县(市、区)和鄱阳湖全部湖体在内,面积为5.12万平方公里。该区域是我国重要的生态功能保护区,是世界自然基金会划定的全球重要生态区,承担着调洪蓄水、调节气候、降解污染等多种生态功能。国务院已于2009年12月正式批复《鄱阳湖生态经济区规划》。鄱阳湖生态经济区要以促进生态和经济协调发展为主线,以体制创新和科技进步为动力,转变发展方式,创新发展途径,加快发展步伐,努力把鄱阳湖地区建设成为全国乃至世界生态文明与经济社会发展协调统一、人与自然和谐相处、经济发达的生态经济示范区。规划建设光电、新能源、生物、铜冶炼及精深加工、优质钢材深加工、炼油及化工、航空、汽车及零部件等产业基地。

(二)现存问题

江西是我国中部发展水平还比较低的省份,常规能源贫乏,缺油少气,产业结构不够合理,钢铁、水泥等高耗能行业在经济中所占比例偏高,这都对江西省省低碳经济的发展形成了制约。

江西省一次能源中,常规能源只有少量煤炭及水能,是一个"少煤、缺油、乏气"的省份,石油和天然气对外依存度很大,50%的能源需要从外部调入。江西省现有煤炭资源中,煤炭累计探明储量19.25亿吨,保有储量只有14.3亿吨。新井建设和生产矿井接替的后备储量严重不足,且资源禀赋条件差,地质构造复杂,煤层瓦斯含量较高,开发成本高,安全隐患多,经过多年高强度开采,许多矿井面临资源枯竭、进入资源危机矿山行列的局面,主要矿区的接替和矿井延深陷入了困境,短期内煤矿建设的规模及煤炭产量难有大的突破。

由于江西能源品种单一，原油、天然气严重缺乏，因此煤炭仍然是主要的能源消费品种。2005~2010年，江西省煤炭消耗量一直居高不下，比重停留在70%以上（见表3-3）；石油消耗量略有下降，天然气严重匮乏，2006年，江西才开始有天然气的生产和消费，虽然占能源消费比重呈逐年上升趋势，但升幅微小，到2010年天然气的消费比重仅占能源消费量的1%；水能资源的理论蕴藏量为684.56万千瓦，虽然省内电站居多，但大多都是中小型电站，且大多为已开发，尚未开发的多数为中低水头，开发难度大，工程造价高，经济效益差，这导致近期水电开发和发电量也难以有较大增长，发展空间不大。

表3-3　　　　　　　2005~2010年江西省能源消费及构成

年份	能源消费总量（万吨标准煤）	占能源消费总量的比重（%）			
		煤炭	石油	天然气	水电
2005	4286.0	72.4	17.2	0	10.5
2006	4660.1	73.2	16.9	0.2	8.0
2007	5052.5	75.9	15.5	0.3	5.6
2008	5383.0	73.7	14.8	0.6	5.7
2009	5812.5	73.8	13.6	0.5	4.7
2010	6354.9	74.4	13.7	1.0	4.8

江西省正处于以工业化和城市化加速发展的关键时期，工业化的持续推进和城乡基础设施建设的发展以及居民消费结构的不断升级，对工业产品形成了巨大的需求，进而转化为对能源的需求，经济发展对能源的依赖度大。在三次产业比例中，江西省第二产业所占比重较高，服务业发展相对滞后。资源型、粗加工型工业比重较高，主要支柱产业中，冶金、火电都是高能耗、高排放产业，对资源的依赖大，调整产业结构的任务十分艰巨（樊纲、马蔚华，2011）[15]。

（三）发展对策

低碳经济引领经济发展正成为世界潮流，江西应以此为契机，调整产业结构与能源结构，加快建立以低碳农业、低碳工业、低碳服务业为核心的新型经济体系。

一是调整产业结构与能源结构。在产业结构调整方面，加快建立以低碳农业、低碳工业、低碳服务业为核心的新型经济体系。在能源结构调整方面，要逐步改变以煤为主的能源结构，发展核能、风能、太阳能等清洁能源和可再生能源。通过结构调整，强化能源节约和高效利用的政策导向，有利于发展循环经济，提高资源利用率。

二是加大低碳示范建设力度。南昌市是我国低碳试点中唯一一个中部地区省会城市，要结合南昌市产业特点和资源条件，重点布局四个低碳经济试点区：南昌高新区低碳产业示范区、湾里生态园林示范区、红谷滩生态人居与现代服务业示范区和进贤军山湖亲水旅游示范区。并且围绕国家公布的十大重点节能工程，在冶金、电力、造纸、化工等重点用能企业中，培育一批节能减排示范企业、培育一批资源综合利用示范企业。

三是强化科技助推低碳发展。以科技创新推进低碳经济，建立江西省低碳经济技术研究中心。发展能源科技，要早谋划、早安排，建立能源科技储备，当前要瞄准低碳能源和低碳能源技术，积极开展研究开发和示范工作。一方面依托现有最佳实用技术，淘汰落后技术、推动产业升级，实现技术进步与效率改善；另一方面大力推动相关技术创新，包括碳捕获和碳封存技术、替代技术、减量化技术、再利用技术、资源化技术、绿色消费技术、生态恢复技术等，通过理论、原理、方法、评价指标等方面的创新，寻求技术突破，以更大限度地提高资源生产率及能源利用率（肖憨，2011）[16]。

《绿色崛起之路——江西省低碳经济社会发展纲要白皮书》

该白皮书阐述了江西低碳经济发展区域布局的思路，即建设以"四大生产区"和"八大生产基地"为核心的低碳农业产业群；建设以"六大发展区"和"八大工业基地"为核心的低碳工业产业群；建设发展以"四大功能区"和"两大精品线路"为核心的现代旅游产业群；发挥南昌示范城市的带动作用，推行以生态保护、低碳产业为主导的城市经济发展模式。

"四大生产区"为南部平原优质粮食和无公害蔬菜生产区；北部平原优质棉花、油菜生产区；环湖水域高效渔业产区；丘陵山地高效林业、牧业、果业生产区。"八大生产基地"为鄱阳湖大型优质粮食生产基地、鄱阳湖淡水养殖基地、棉花种植基地、油菜种植基地、有机茶生产基地、无公害蔬菜生产基地、畜禽养殖基地、早熟梨种植基地。"六大发展区"为装备制造、石油化工产业发展区；陶瓷产业发展区；铜产业发展区；

医药、食品产业发展区；建材、光伏产业发展区；生态产业发展区。"八大工业基地"为光电产业基地；新能源产业及设备制造基地；铜冶炼及深加工基地；优质钢材深加工基地、炼油及化工产业基地，航空产业基地；汽车及零部件生产基地。"四大功能区"为北部山水揽胜旅游区；中部湖泊生态旅游区；东部特色文化旅游区；南部人文景观旅游区。"两大精品线路"为鄱阳湖区域的精品线路；跨省旅游精品线路。

重点城市的产业定位分别为，打造九江沿江产业带；打造南昌"世界光电之都"；打造景德镇"绿色瓷都"；打造鹰潭"世界铜都"；打造赣州"世界钨都、稀土王国"；打造宜春"亚洲锂都"；打造萍乡"循环经济试验城"，打造新余"国家新能源科技示范城"；打造上饶"中国光学产业城"；打造吉安"绿色产业示范城"；打造抚州"绿色农产品示范城"。在城市推行以低碳发展为理念的城市规划和交通模式，创建以低碳经济为主流的社会环境，率先推动"低碳化"公共管理与服务体系的建立，率先完善"低碳化"生产的标准和制度。

2020年，江西省建设低碳经济社会的目标是：产业、能源结构趋于合理，生产方式基本实现向低碳型转变；低碳技术的研发能力全面提升，若干技术和产业规模达到国内领先水平；温室气体排放得到有效控制，碳汇能力明显提高；与低碳经济社会发展相适应的法规、政策和管理体系基本建立；在低碳领域与国内外交流合作的平台全面建立，国际低碳经济交流合作中心的地位得到确立。

六、安徽省低碳经济建设

（一）基本情况

安徽省位于我国东南部，土地面积13.96万平方公里，总人口6750万人，设17个地级市、5个县级市、45个市辖区和55个县。矿产资源丰富，煤炭资源较为丰富。2010年安徽省实现GDP为12263.4亿元，产业结构逐步优化。

2010年1月12日，国务院正式批复《皖江城市带承接产业转移示范区规划》，包括合肥、芜湖等在内的9市和六安市的舒城县、金安区等共

59个县（市、区）承接产业转移示范区建设纳入国家发展战略。2007年，安徽省根据《国务院关于印发节能减排综合性工作方案的通知》制定了《安徽省节能减排工作方案》，把节能减排作为调整经济结构、转变增长方式的突破口和重要抓手，旨在形成集约型的增长方式和节约型的消费模式。2009年8月，安徽省发改委组织编制了《安徽省节能环保产业规划（2009～2012年）》，为环保装备和产品生产、节能装备和产品生产、资源循环利用和节能环保技术服务业3大环保产业的发展提供了指导。2009年10月，安徽省全椒县出台了该省首个低碳产业规划，为安徽省低碳经济发展拉开了序幕。2010年，安徽省先后编制了《安徽省低碳技术发展规划纲要》、《安徽益民低碳物流园区发展规划》、《合肥市节能环保产业"十二五"发展规划》3项低碳节能规划，逐步实现安徽省产业结构的升级和低碳化发展。2011年10月，安徽省又接连出台了《安徽省公共机构节能"十二五"规划》和《安徽省建筑节能"十二五"发展规划》。

近年来，安徽省不断加大对低碳经济的支持和引导，已经取得一些积极成效，主要表现为：一批以资源加工、加工制造、废物综合利用等为主要发展方向的循环经济产业园初步建成，铜陵市、淮北市、马钢集团等10个城市、企业被国家发改委列入国家循环经济试点，江汽、奇瑞被国家批准为汽车零部件再制造试点。蚌埠、池州、宿州、安庆等部分地区已初步形成新能源和可再生能源生产基地。大力实施"百镇千村万户生态示范工程"，已成功创建34个全国环境优美乡镇、13个国家生态示范区、5个国家级生态村，154个省级环境优美乡镇、445个省级生态村；马鞍山市在中西部省份率先建成国家环保模范城市，霍山县被环保部批准为中西部省份首个国家级生态县，生态示范工程已成为全省生态环境不断改善的强劲"催化剂"；安徽黄山风景区成功入选首批"全国低碳旅游实验区"，并顺利通过"全国低碳旅游示范区"初审；芜湖市打造低碳环保城市，从2011年9月起陆续在城市中心投放公共租赁自行车12000辆，建设500个租赁停车点，15600个停车位，旨在打造低碳绿色生态城市；黄石抓住被列为省级循环经济试点城市的机遇，重点实施以10个重点项目、10家重点企业、10项重点技术推广为主要内容的循环经济"310工程"，使全市大中型企业每年排放的300多万吨钢渣、铜渣、化工渣等循环利用率达到90%以上[①]。

---

① 部分资料来自《黄石市关于发展低碳经济的调查报告》。

"十一五"期间,安徽省资源节约工作成效显著,能源消费弹性系数逐年下降,缓解了能源供需矛盾;单位GDP能耗由2005年的1.216吨标准煤/万元下降到2010年的0.969吨标准煤/万元,工业固体废弃物综合利用率达到84%;能效水平大幅提高,其中水泥、钢铁、铜冶炼等行业综合能耗分别下降25.22%、3.88%、10%。马钢集团、铜陵有色、海螺水泥等资源能源利用大户节能减排和资源利用率达到国内先进水平。

安徽着力推进主要高耗能行业低碳技术的研发,主要高耗能行业节能技术取得新突破。淮南煤矿已建成世界上第一座低浓度瓦斯发电站,煤矿洁净煤技术稳步推进,煤矿瓦斯治理技术达到国内领先水平;淮化集团和清华大学、中化集团共同研制的流化床甲醇转化丙烯试验装置成功运行,主要技术指标和总体技术处于国际领先水平;淮北市已着手建设煤炭资源综合利用工程技术研究中心,临涣煤焦化工程加快实现相关技术应用,煤炭资源利用率显著提升;马钢集团已掌握烧结余热、转炉汽化蒸汽、高炉冲渣热水等发电技术,年发电量1.4亿千瓦时,年节约标煤3万吨、减少碳排放约8万吨;海螺集团利用纯低温废气余热回收技术,建立了余热利用装备成套公司和高效纯低温余热锅炉制造基地,并在海内外160多条水泥生产线上成功应用。

2012年2月,安徽省蚌埠市成为第二批低碳交通运输体系建设城市试点,围绕低碳交通基础设施、低碳交通运输装备、低碳交通运输组织、智能交通服务管理和低碳基础能力建设5大领域去探索低碳交通运输体系建设的规律和途径。在此基础上,结合城市实际,蚌埠市交通运输局通过交通运输部科学研究院编制完成了《蚌埠市建设低碳交通运输体系试点实施方案》,选择47个重点项目进行试点,总投资概算240.34亿元,重点建设低碳型交通基础设施,切实提升低碳建设理念,并推广应用低碳型交通运输装备,优化城市公交、客运班线的线网布局和站场布局,落实城市公交优先发展战略,完善交通运输碳排放管理体系。

皖江城市带

皖江城市带包括合肥、芜湖、马鞍山、铜陵、安庆、池州、滁州、宣城等9个地级市,以及六安市的金安区和舒城县等共59个县(市、区),土地面积7.6万平方公里,人口约3000万。该城市带确立了以长江一线为"发展轴"、合肥和芜湖为"双核"、滁州和宣城为"两翼"的

"一轴双核两翼"产业布局,大力振兴发展装备制造业、原材料产业、轻纺产业以及现代服务业和现代农业,着力培育高技术产业,构建具有较强竞争力的现代产业体系,在承接中调整产业结构,在转移中发挥示范作用。发挥长江黄金水道的作用,依托中心城市,突破行政区划制约,在皖江沿岸适宜地区规划建设高水平承接产业转移集中区。要立足安徽,融入长三角,联结中西部,积极承接产业转移,努力构建区域分工合作、互动发展新格局,加快建设合作发展的先行区、科学发展的试验区、中部地区崛起的重要增长极、全国重要的先进制造业和现代服务业基地。2010年1月,国务院正式批复《皖江城市带承接产业转移示范区规划》,安徽沿江城市带承接产业转移示范区建设纳入国家发展战略。

(二) 现存问题

在安徽工业结构中,钢铁、化工、冶金、有色、建材、电力等高耗能、高污染、高排放的产业比重明显偏大。2010年,全省6大高耗能行业增加值占全省规模以上工业增加值的28.5%(见图3-5),能耗占比达到79%,万元工业增加值用水量约为全国平均水平的1.8倍。

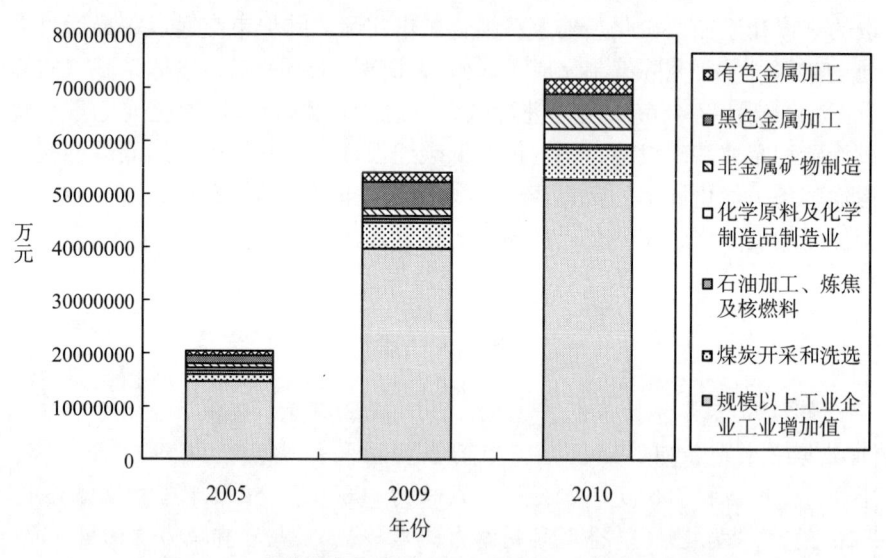

图3-5 安徽省高耗能行业和规模以上工业企业增加值

未来一段时期，安徽以煤为主体的能源结构难以改变，由于水电开发潜力有限，而风能、太阳能等可再生能源开发受资源、技术和政策制约，这导致可再生能源较长时期内难以成为主力能源。安徽省能源消费结构性矛盾突出的现状，既导致提高非化石能源比重的压力较大，也致使全省节能减排和应对气候变化面临着较大挑战（庄贵阳，2009）[17]。

近年，安徽低碳经济建设虽然初具成效，但低碳经济发展支撑体系仍不完善，主要表现为：科技支撑作用不够，自主创新水平不高，具有自主知识产权的资源节约和环境保护重大技术的研发还比较薄弱，资源高效利用和低碳利用的关键技术有待突破；体制支撑体系不健全，全省尚缺乏系统完善的地方性标准和技术规范，也缺乏与低碳经济有关的市场准入、运营与退出机制、能效与环境标志、示范项目建设以及相关技术、设备和产品性能等方面的技术标准和技术规范。

发展循环经济是一项系统工程，需要政府引导、市场驱动、技术支撑和公众参与等多方面协同推进。目前低碳经济发展的体制机制不健全，低碳经济发展的地方性法规尚未建立，相关配套法规和标准还不健全，有利于低碳经济发展的价格、财税和金融政策还不完善，低碳经济评价考核体系和统计制度尚未建立，缺乏有效的激励和约束机制。部分企业在产业政策、产业结构、标准规范以及产业化示范和推广等涉及行业低碳经济发展的重大问题上，缺乏研究和自觉行动的动力，企业低碳经济相关人才严重不足，没有形成推进循环经济发展的基础工作环境。

（三）发展对策

产业发展是城市发展的基础和支柱，产业结构体系的调整、优化和升级是转变城市经济增长方式、实现城市可持续发展的根本保障，也是建设低碳城市的有效途径（刘怡君等，2009）[18]。发展低碳经济必须以产业为支撑，要把打造低碳产业作为安徽省产业转型升级、培育新的经济增长点的切入点和突破口。

一是优化产业结构。把打造低碳产业作为安徽省产业转型升级、培育新的经济增长点的切入点和突破口。遏制高耗能、高排放行业过快发展，修订焦炭、电石、铁合金、水泥等高耗能、高排放行业的准入标准，提高"高碳"产业准入门槛。突出抓好钢铁、有色、化工、汽车、纺织等重点耗能行业的节能降耗，用高新技术、清洁生产技术改造和提升传统生产工艺，提高现有生产能力的能源利用水平，坚决淘汰高耗能产业。大力发展电子信息、文化创意等低碳产业和服务业。完善集成电路产业链，培育信息家电产业集群。积极推进研发设计、软件设计、建筑设计、咨询策划、文化传媒和时尚消费等创意产业，大力支持以创意设计工作室、创意产业园和文化创意体验区为载体的创意产业发展。加强有机食品、绿色食品和无公害食品基地的建设。

二是优化能源消费结构。鉴于煤炭在安徽能源消费中的主导地位，因此要大力推进洁净煤技术创新，加强相关基础设施建设。同时，要大力开展水电、微水电、太阳能、沼气、地热能和生物质能的开发和利用；加大对垃圾焚烧发电和秸秆等生物质能发电，以及煤层气和煤矸石的综合利用；降低能源消费强度和碳排放强度，实现碳排放与经济增长的逐步脱钩（孔晓宏等，2010）[19]。

三是加快发展低碳农业。安徽属于农业大省，农业发展潜力较大。要加强林业生态建设和管理，扩大造林面积，着力提高森林质量，加强森林资源管理，减少火灾和病虫害损失。同时，减少农业活动中化肥、农药的使用，大力推广高效投入产出、减少土壤污染、水土流失和温室气体排放的农耕方式。

四是建立并完善节能环保市场机制。进一步推进资源性产品价格改革，推动反映市场供求关系、资源稀缺程度、环境损害成本的生产要素和资源价格机制的形成，为生产者和消费者提供有利于资源节约和环境保护的市场信号。适当提高污水处理费和排污收费标准，尽快形成有效的污水处理和排污收费制度。探索建立排污权有偿使用和交易机制，适时建立排污权交易市场，开展排污权有偿使用和排污权交易试点。

《安徽省低碳技术发展"十二五"规划纲要》

到2015年，初步形成节能减排、清洁能源、自然碳汇等关键低碳技术研发、推广和应用体系，初步建立"合芜蚌滁"四大低碳技术基地。全省低碳技术创新能力不断增强，关键技术领域取得突破，低碳产业比重逐步提升。在节能减排技术、清洁能源技术、碳汇技术等领域力求获得较大突破。

低碳技术发展的主要任务：以技术研发和产业化为抓手，着力提高自主创新水平；发挥企业主体作用，提高低碳技术产品的核心竞争力；建立低碳技术交易合作平台，支撑产业技术发展；建立低碳技术示范载体，发挥示范和带动作用。

低碳技术发展的保障措施：发挥政府引导作用，逐步建立长效机制；加强人才队伍建设，打造低碳技术的人才洼地；建立融资保障体系，推动低碳技术研究与转化；加大财政政策扶持力度，建立多层次的政策支持体系；加强组织领导，促进规划实施。

参考文献

[1] 孙滔. 低碳技术. 低碳经济的核心竞争力 [J]. 河南科技，2010，16 (8).

[2] 侯贵宝. 对山西低碳经济发展的几点思考和建议 [N]. 山西日报，2010 (6).

[3] 张兴平，陈晓梅. 中国能源消费、碳排放以及经济增长分析 [J]. 生态经济学，2009 (68).

[4] 任杰，贾涛，吕迎. 河南省低碳经济发展研究 [J]. 河南科学，2011，9 (2).

[5] 武瑞玲. 河南省在中部崛起的 SWOT 分析 [J]. 河南师范大学学报（哲学社会科学版），2006，33 (3).

[6] 莫灼均，孙成访，方伟成. 论低碳城市发展体系的构建 [J]. 广西轻工业，2010 (8).

[7] 张吉献，于正松. 河南低碳城市战略及其实现途径研究 [M]. 安阳师范学院学报，2011 (2).

[8] 邹伟进，王简辞. 湖北省产业结构调整趋势研究 [J]. 湖北社会科学. 2005.

[9] 张奋勤，刘望辉. 湖北低碳经济发展的几点思考 [M]. 湖北经济学院学报，2010，8 (5).

[10] 瞿理铜. 长株潭低碳城市群建设的问题与对策 [J]. 经济研究，2011 (3).

[11] 李奇. 湖南低碳经济发展路径与政策研究 [D]. 长沙理工大学，2012.

[12] 金勇，王垚，胡山鹰，朱兵. 低碳经济：理念实践创新 [J]. 中国工程学，2008 (9).

[13] 王思敬，邓敏. 湖南发展低碳经济初探 [J]. 消费经济，2010，26 (4).

[14] 彭新万. 江西发展低碳经济的后发优势、后发优势与政策安排 [J]. 求实，2010 (6).

[15] 樊纲，马蔚华. 低碳城市在行动 [M]. 北京：中国经济出版社，2011.

[16] 肖慜. 江西省低碳经济发展战略的思考与对策 [M]. 科技创业月刊，2011 (8).

[17] 庄贵阳. 中国发展低碳经济的困难与障碍分析 [J]. 江西社会科学，2009 (7).

[18] 刘怡君，付允，汪云林. 国家低碳城市发展的战略问题 [J]. 建设科技，2009 (15).

[19] 孔晓宏，徐和生，胡再生. 安徽发展低碳经济的途径和建议 [J]. 决策，2010 (Z1).

第四章

中部地区低碳经济发展水平比较分析

一、国内外低碳经济发展水平评价研究回顾

自从 2003 年英国政府在其能源白皮书《我们能源的未来：创建低碳经济》中首次提出了"低碳经济"的概念①以来，世界各国学者对低碳经济进行了广泛的深层次的探讨。伴随着对低碳经济的概念、内涵以及其具体实施措施的研究发展，部分国外专家也将注意力放在了对于低碳经济具体发展水平的评价上，试图建立一个综合性的多维指标体系，用于度量在建设低碳经济时所处的具体发展阶段以及在不同领域内的低碳经济发展水平。其中具代表性的有：有的学者提出通过采用相应的政策措施，可以实现在经济稳步增长的同时大幅减少温室气的排放（Treffer, 2005）[1]。也有学者尝试建立了低碳排放能源系统，研究与碳减排有关的能源消费结构转换（Johnston D & Lowe R Bell, 2005）[2]。格鲁斯和福克斯（Gross R & Foxon T, 2003）[3]以及费舍尔（Fischer, 2008）[4]等强调了在低碳发展领域，政策支持对创新技术的重要意义。也有学者提出低碳技术的创新、可再生能源市场的完善能够有效地保护环境、减少碳排放量，分析并给出了提高能源利用、增加绿色能源替代的节能技术和建议（Abdeen Mustafa Omer, 2008）[5]。

至于评价方法，国外学者主要运用扩展的 I-O 模型、CGE 模型、低碳经济综合评价模型来对低碳经济发展进行评价：I-O 模型即投入产出

---

① The U K Secretary of State for Trade and Industry by Command of Her Majesty. Our Energy Future: Creating a Low Carbon Economy [M]. London: TOS, 2003 (6).

分析法，通过对 I－O 模型的变化和扩展，可以将经济各系统部门间的投入产出依存关系通过经济数量的方式展示出来。也有学者以灰色理论和 I－O 模型为基础，模拟了几种不同碳税情况下的减排状况和经济影响（Cheng F Lee et al.，2007）[6]。CGE 模型中包含有"均衡"和"市场"的因素，能够模拟不同行业部门间的相互作用，对经济系统的模拟比较完善，有学者就通过运用跨区域性的 CGE 模型预算出了碳消费的支出额（Mustafa H. Babiker，2005）[7]。低碳经济综合评价模型是将经济发展、能源使用与碳排放综合考虑评价的模型，其本质是环境—经济模型，有的学者通过运用此类模型分析评价了英国的碳排放情况，给出了一系列减碳的政策建议（A. S. Dagoumas & T. S. Barker，2010）[8]。除此之外，国外学者也使用宏观经济模型（凯恩斯模型）、动态能源优化模型等方法对低碳经济发展水平进行了模拟和评价，获得了丰富的理论知识和实证经验。

国内对于低碳经济发展水平评价的研究以及评价指标体系的建立，还是一个比较新的研究课题，其中比较有代表性的研究成果有：付加锋等（2010）[9]分析了低碳经济的 4 个核心要素，构建多层次的评价指标体系和相应的评价方法，定量的评估低碳经济发展潜力；陆小成（2011）[10]以中部六省为研究对象，进行了区域低碳创新系统评价实证研究；李晓燕、邓玲（2010）[11]则以我国的 4 个直辖市为研究对象，进行了综合性的低碳发展评价，指出了直辖市低碳经济发展中现存的各种问题，并提出了相对应的政策建议；赵先超（2011）[12]基于长沙市的实证分析，构建了包含人口系统、资源系统、环境系统、经济系统与社会系统的 5 大准则层，低碳人口指标、低碳能源指标、森林碳汇指标等 10 个子准则层的城市低碳发展综合评价指标体系；刘新宇（2010）[13]对京沪穗低碳经济的发展水平进行了研究比较，分析了三地的碳排放强度和碳排放行业分布，并对三市作出了产业结构比较。

在低碳评价的方法上，我国学者如郭红卫（2010）[14]、余丽生等（2011）[15]多使用的是以层次分析法（AHP）为基础的低碳经济综合评价体系，此外黄敏等（2010）[16]尝试使用"KAYA 公式"研究了江西省的碳排放量；付允等（2010）[17]梳理概括了低碳城市的 5 项特征，并运用主要指标法和复合指标法从经济、社会、环境 3 方面构建了低碳城市评价指标体系；吴彼爱、高建华（2010）[18]利用"产业—能源—碳排放关联模型"对中部六省低碳发展水平进行了测度，并对其发展潜力作出系统的分析；也有学者基于 MFA、物质流分析方法系统研究了低碳经济的评价方法

(万宇艳、苏瑜,2009)[19]。

综合比对国内外学者关于低碳经济发展评价的研究,可以发现,相对于国内,国外研究更重视实践研究,对理论研究较少,其关注的角度更倾向于某一具体化领域内的具体发展模式,其评价方法中所使用的数理模型也较我国丰富。总体而言,目前国内对于低碳经济发展水平评价和具体评价指标体系构建方面的探索还依然处于相对初级阶段,与之相关的理论探讨和实证研究相对贫乏,综合评价指标体系也不够完善,国际上尚缺乏一套具有权威性的评价指标体系。

本着科学衡量中部六省低碳经济发展水平的目的,本章在借鉴国内外相关研究成果的基础上,从评价对象、评价方法、评价标准等多方面入手,系统构建了低碳经济评价指标体系,从而对中部六省低碳经济发展水平进行实证分析。

二、中部地区低碳经济发展现状分析

(一) 社会发展

中部六省占地面积广大,人口众多(见图4-1)。2010年底,六省户籍总人口约3.8亿,其中河南省人口更是突破了1个亿,人口年增长率略高于全国同期水平,男女比例为106∶100。六省内城镇居住人口共约1.52亿,城镇从业人员合计5900万,城镇登记失业人口约为231.28万,占城镇总人口的1.52%。

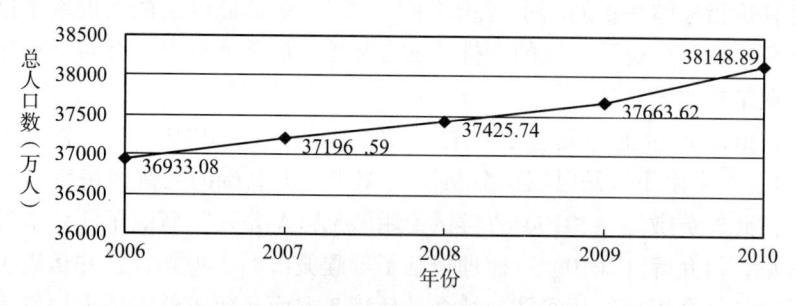

图4-1 2006~2010年中部六省人口增长

近年来,随着中部崛起战略的实施,中部六省积极推进城市建设,城市化得到了迅猛发展。2006~2010年,中部六省城市化水平逐年提高

(见表4-1)。截至2010年底,除河南省以外,其余五省城市化率都超过了40%。根据雷·诺赛姆的"S"型曲线城市化进程规律,可以发现中部六省都处于城市化的中期加速阶段(30% < 城市化率 < 70%)。中部六省中城市化最高的是湖北,其次为山西,湖南、江西紧跟其后,安徽、河南比较靠后。

表4-1　　　　　2006~2010年中部六省城市化率　　　　　单位:%

年份	2006	2007	2008	2009	2010
湖南	38.7	40.5	42.2	43.2	43.3
湖北	43.8	44.3	45.2	46	49.7
江西	38.7	39.8	41.4	43.2	44
山西	43	44	45.1	46	47.1
河南	32.5	34.3	36	37.7	38.8
安徽	37.1	38.7	40.6	42.1	43.2

资料来源:《中国统计年鉴》(2011),中国统计出版社,2011.

"十一五"以来,中部六省的居民收入、公共卫生服务、知识文化教育水平均得到了极大的提高,人民生活水平得到明显改善。除山西省外,其余五省农村居民纯收入增长幅度都要略大于城镇居民人均可支配收入(见图4-2)。

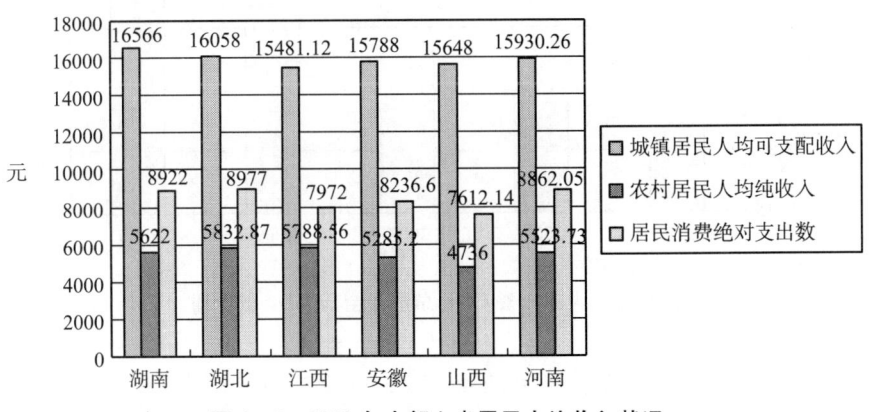

图4-2　2010年中部六省居民人均收入状况

(二) 经济发展

2010年，中部六省实现GDP为86109.39亿元，较2006年增长1.98倍（见图4-3）。"十一五"期间，中部六省GDP在全国GDP总量中的比重逐步上升（见图4-4）。

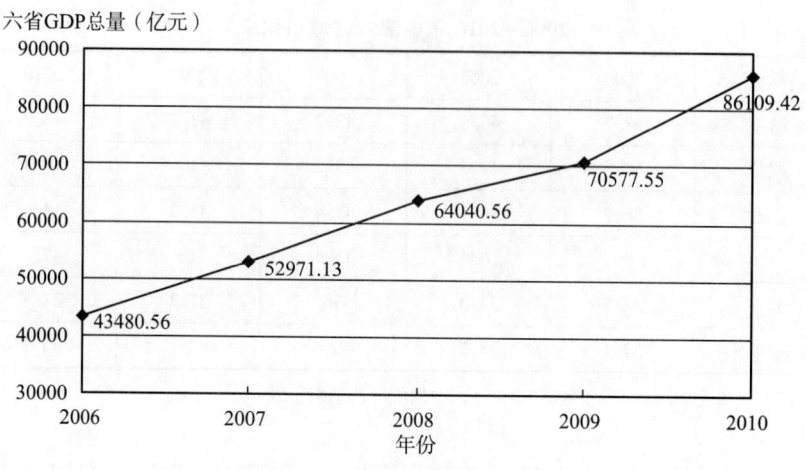

图4-3 中部六省GDP总量

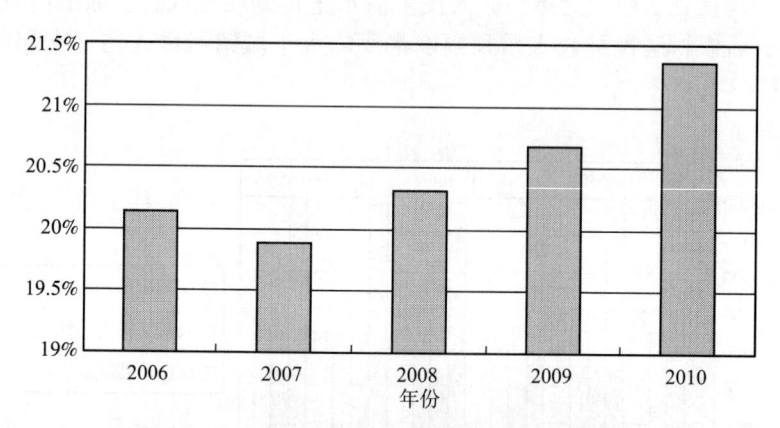

图4-4 中部六省GDP总量占全国GDP的比重

从中部六省CDP来看（见图4-5），河南一直居于首位，近年GDP占中部六省GDP总量的1/4以上。湖南、湖北两省GDP居于第二、三位，安徽居第四位，山西、江西两省则居第五、六位。

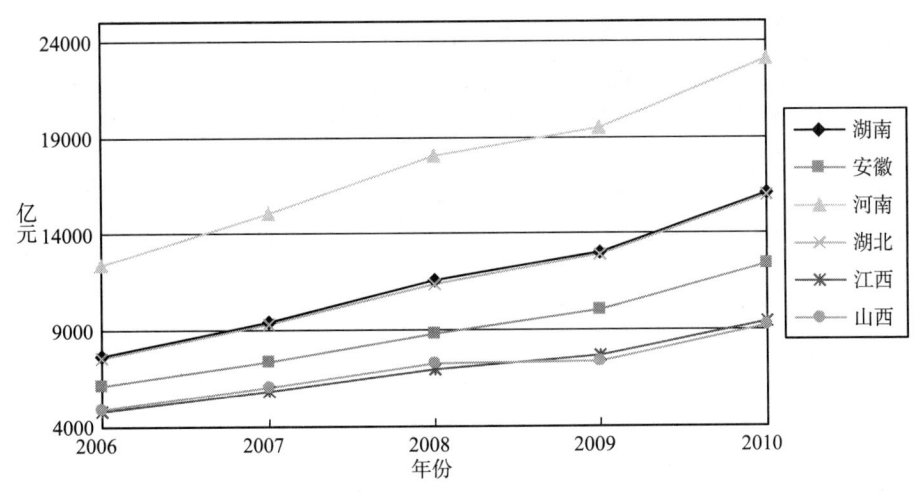

第四章　中部地区低碳经济发展水平比较分析 ·127·

图 4-5　2006~2010 年中部六省 GDP 总量

2006~2010 年，中部六省人均 GDP 均保持了良好的增长势头（见图 4-6），各自增长 1.8~2 倍。尽管中部六省人均 GDP 仍落后于同期全国人均水平，但其增速却高于全国同期增速。

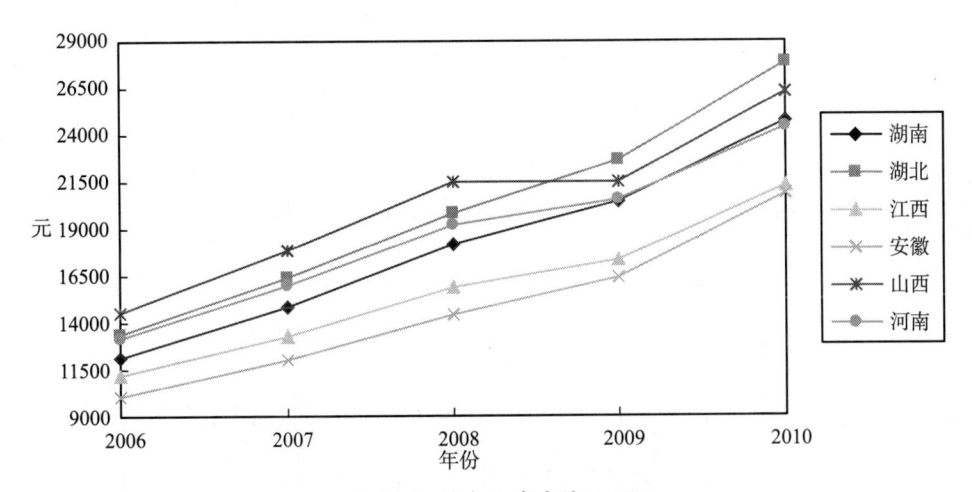

图 4-6　中部六省人均 GDP

中部六省经济稳步发展（见表 4-2），产业结构逐步优化（见表 4-3），三次产业结构比由 2000 年的 21∶41∶38 调整为 2010 年的 13∶52∶35，第一产业比重逐步下降，第二产业比重不断提高，表现出"二三一"的产业协调发展态势。

表4-2　　　　　　　　2010年中部六省经济发展指标

	地区GDP（亿元）	人均GDP（元）	固定资产投资（亿元）	社会消费品零售总额（亿元）	进出口总额（万美元）	地方财政收入（亿元）
湖南	16038.0	24719	9821.1	5839.5	1468886	1081.7
湖北	15967.6	27906	10802.7	7013.9	2590600	1011.2
江西	9451.3	21253	8772.3	2956.2	2160007	778.1
安徽	12359.3	20888	11849.4	4151.5	2427677	1149.4
山西	9200.9	26283	6352.6	3318.2	1257839	969.7
河南	23092.4	24446	16585.9	8004.2	1779200	1381.3

资料来源：《中国统计年鉴》（2011），中国统计出版社，2011.

表4-3　　　　　　　　中部六省产业构成　　　　　　　　单位：%

年份	2006	2010
湖南	16.5:41.5:42.0	14.5:45.8:39.7
湖北	15.0:44.2:40.8	13.4:48.7:37.9
江西	16.3:50.2:33.5	12.8:54.2:33.0
安徽	16.6:44.3:39.1	14.0:52.1:33.9
山西	5.7:56.5:37.8	6.0:56.9:37.1
河南	15.5:54.4:30.1	14.1:57.3:28.6
全国	11.1:48.0:40.9	10.1:46.8:43.1

中部六省逐步形成"二三一"的产业结构（见图4-7），工业化发展成效明显，湖南、湖北、江西、安徽、河南五省第一产业所占比重依然明显高于全国平均水平，中部六省第三产业所占比重则低于全国水平。

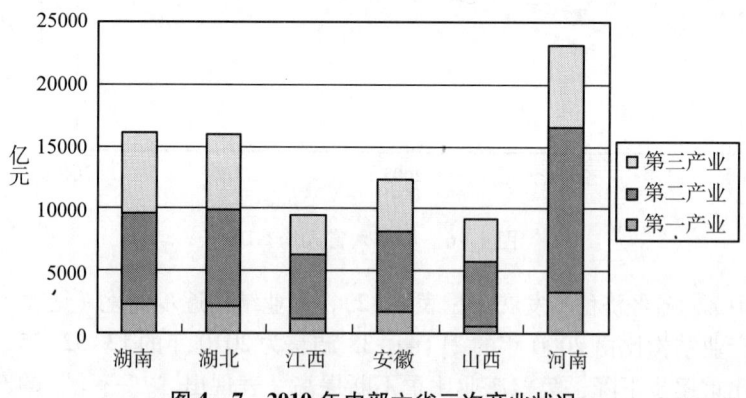

图4-7　2010年中部六省三次产业状况

（三）资源环境能源状况

1. 工业废水废气处理

2010年（见表4-4），中部六省共实现"三废"综合利用产品产值421.5亿元，其中湖南、湖北两省较高，分别为83.23亿元和81.19亿元。

表4-4　　　　　　　　　2010年中部六省环境治理指标

	工业废水排放量（万吨）	工业废水排放达标量（万吨）	工业二氧化硫去除量（吨）	工业二氧化硫排放量（吨）	工业烟尘去除量（吨）	工业烟尘排放量（吨）
湖南	93658	88858	997571	603667	5687585	212660
湖北	88192	85750	1080111	488409	11727777	166093
山西	45102	42469	1849139	1094983	22497240	487490
安徽	70976	69518	1613141	483911	16851337	208479
江西	72481	68085	1627851	469134	8359036	138954
河南	143284	139147	1085622	1072032	26628529	466021

目前，中部地区工业经济保持快速增长，废弃物排放量有所上升，但政府和企业也加大了对工业"三废"的处置力度，近年工业废水排放合格率不断提高，工业粉尘和工业二氧化硫排放量得到控制。

2. 能源生产消费状况

中部六省是我国重要的煤炭和水电产地，山西、安徽、河南都向外输出煤炭，湖北则输出水电。2010年，中国产煤达到世界总量的48.3%，而山西的产量则占据了中国产量的21%以上。

与我国其他区域类似，近年来在中部六省的能源消费结构中，煤炭依然占据了主要的地位，其消费比重常年高达70%以上，其主要原因是在于山西是中国主要的煤炭产地，煤炭能源丰富，便于开发利用；石油消费所占比重略有下降；天然气消费比重在部分省稍有增加；水电、风能、核能等新能源消费比重也有所增加，但是幅度不大，且在整个能源消费结构中所占比重很小。总的来说，中部六省能源结构中煤炭资源所占比重仍旧过大，而非化石能源的发展速度却依然缓慢。在六省能源消费产业构成中，第二产业的能耗高居首位，第三产业和生活消费次之，第一产业的能源消费最少。

1990~2010年，随着各省城市化、工业化的不断发展，与GDP总量不断增长相对应，中部六省能源消费总量也逐年上升（见表4-5）。至2010年，中部六省共消费89796万吨标准煤能源，为1990年的4倍，2000年的2.77倍，2006年的1.41倍。

表4-5　　　　　　　中部各省历年能源消费总量　　　　单位：万吨标准煤

年份	1990	1995	2000	2006	2007	2008	2009	2010
湖南	3821	5426	4071	10581	11629	12355	13331	14880
湖北	3997	5655	6269	11049	12143	12845	13708	15138
山西	4710	8413	6728	14098	15601	15675	15757	16808
安徽	2761	4194	4879	7069	7739	8325	8896	9707
江西	1732	2392	2505	4660	5053	5383	5813	6355
河南	5206	6473	7919	16232	17838	18976	19751	26908

2006~2010年，中部地区能源消费总量不断上升，但是其增速却呈现下降趋势。和地区GDP增速相比，可以发现，中部地区能源消费的增速要远远低于GDP的增速（见图4-8）。这说明"十一五"以来，中部六省经过产业转型、淘汰落后产能以及技术升级后，其能源利用率和碳生产力都得到了明显的提升，能够以更低碳环保的方式来实现经济的增长。

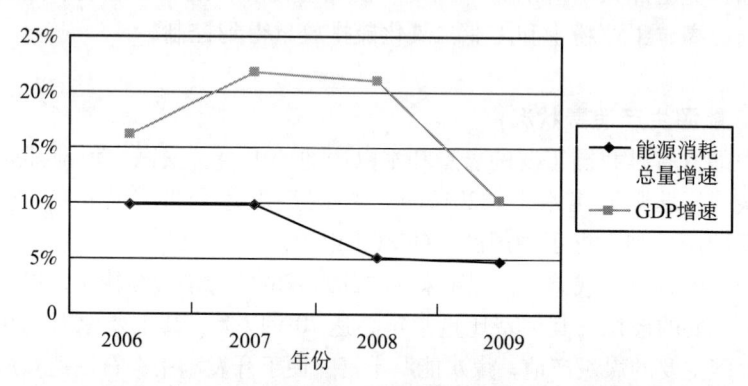

图4-8　中部地区能源消费总量增速与GDP增速

三、基于主要指标法的低碳经济发展水平评价与比较

由于各国在能源统计以及二氧化碳排放方面的具体测量方式以及统计

口径①的不统一，国际上目前尚缺乏一种广泛接受的碳排放计算方法。考虑到二氧化碳的主要来源是化石能源，其产生的二氧化碳占总排放量的95%以上，本书主要测算的是能源消费碳排放。对于能源消费碳排放的测算一般采用碳排放系数法，即通过各种能源消费量乘以其碳排放系数求和测算出来。为运算的简便性，本书将采用日本学者卡亚提出的 Kaya 恒等式对各省的二氧化碳排放量进行测度（张萍等，2011）[20]。

Kaya 恒等式：$CO_2 = P * (GDP/P) * (E/GDP) * (CO_2/E)$

式中 P 为人口数，GDP/P 即人均 GDP，E/GDP 为单位 GDP 能耗，CO_2/E 为二氧化碳与能源的换算值。

（一）碳排放总量

由 Kaya 恒等式，结合《2011年中国能源统计年鉴》里中部六省的能源消费情况，可得到 2006~2010 年中部六省的碳排放量（见表4-6）。

表4-6　　　　　2006~2010年中部各省碳排放总量　　　　单位：万吨

年份	2006	2007	2008	2009	2010
湖南	26346.4	28956.2	30764.7	33194.3	36982.1
湖北	27512.2	30236.4	31983.3	34132.4	37629.6
山西	35104.5	38846.7	39031.8	41120.7	42413.0
安徽	17602.8	19271.0	20730.3	22150.8	24169.4
江西	11603.6	12580.8	13403.6	14473.2	15823.7
河南	40418.7	44416.1	47250.9	49180.6	53380.6

1. 时间序列分析

结合表4-6与图4-5进行对比分析，可以看出中部各省的碳排放量与各省 GDP 自 2006~2010 年都基本保持了上涨的趋势。

从碳排放总量增速来看（见上图4-9），虽然各省的具体情况不一，但基本上呈现出增速放缓的趋势，与同期 GDP 增速放缓表现出较强的相关性（见表4-7）；另一方面，各省历年 GDP 增速都明显大于碳排放总量增速，说明各省能源的利用效率都在不断提高。

---

① 根据中国节能产业网 2009 年 12 月 10 日在《碳排放的计算以及与电的换算公式》一文中公布的数据，可算出在我国使用一吨标准煤的能源将排放 2.49 吨二氧化碳，因此本书中 CO_2/E 的系数值采用为恒量 2.49。由于 Kaya 恒等式中所计算的是二氧化碳总量，因此本章中所使用碳排放量、人均碳排量放皆代表二氧化碳的排放量。

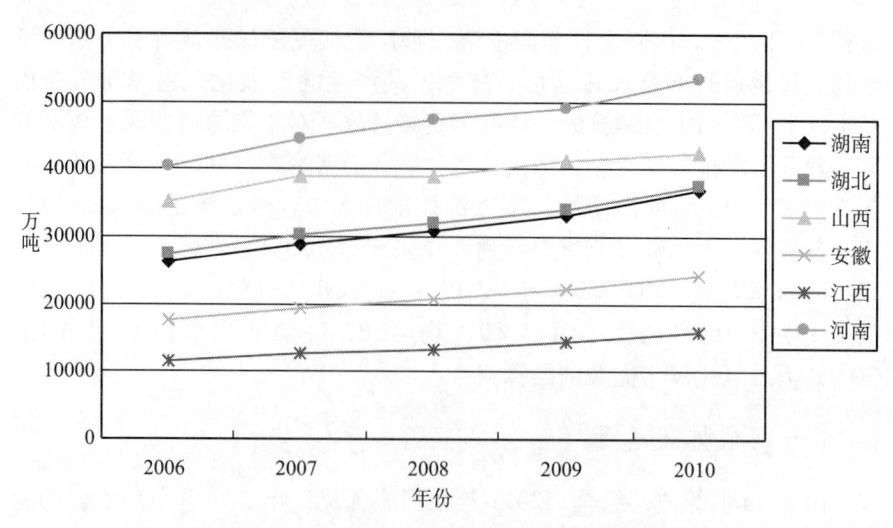

图 4-9 2006~2010 年中部各省碳排放总量

表 4-7　　　　2006~2010 年中部各省碳排放总量与 GDP 增速　　　单位：%

	2006 年		2007 年		2008 年		2009 年		2010 年	
	碳排放增速	GDP增速	碳排放增速	GDP增速	碳排放增速	GDP增速	碳排放增速	GDP增速	碳排放增速	GDP增速
湖南	9.00	14.00	10.00	17.20	6.00	16.20	8.00	15.10	11.40	14.60
湖北	9.60	13.20	10.00	14.60	5.80	13.40	6.70	13.50	10.20	14.80
山西	10.60	12.80	10.70	15.90	0.50	8.50	5.40	5.40	3.10	13.90
安徽	8.70	12.50	9.50	14.20	7.60	12.70	6.90	12.90	9.10	14.60
江西	8.70	12.30	8.40	13.20	7.60	13.20	8.00	13.10	9.33	14.00
河南	11.00	14.40	10.00	14.60	6.40	12.10	4.10	10.90	8.54	12.60

2. 各省对比分析

河南碳排放总量长期居六省之首，山西次之，而后是湖南、湖北、安徽、江西。各省碳排放量基本上反映出了 GDP 总量状况。河南 GDP 总量排首位，能源消费总量也居六省之首；湖南、湖北社会经济发展状况基本一致，因此碳排放量和变化趋势也基本保持一致；安徽、江西发展相对落后，从而其能源消耗、碳排放量也较小。山西 GDP 总量在六省中垫底，然而其碳排放量却高居第二位。其原因在于山西是我国最重要的煤炭产地，经济发展主要靠资源出售以及与煤炭相关产业，导致 GDP 总量较小，但其能源消费结构中，煤炭的比重要远远大于其他五省，其相关产业大多能耗高、污染大，所以山西的碳排放总量仅次于河南。

在碳排放增速方面，2006~2010年，各省都保持相对稳定，明显低于地区GDP的增长速度。河南和山西的降幅比较明显，河南2010年较2006年下降了3个百分点，山西在2010年增幅则下降到3.1%。说明各省的低碳建设通过不断投资发展和技术转型，正在逐步显现出现实效果。

（二）人均碳排放量

人均碳排放量①是国际上通用的考量区域低碳发展水平的重要指标，它去除了人口密度对于碳排放的影响，通过人均量来方便比对各地的低碳发展的差异。本节中将通过使用表4-7中的各省碳排放总量和各省年鉴中公布的省域人口，来计算中部六省的人均碳排放水平。

1. 时间序列分析

2006~2010年，全国人均碳排放和中部六省的人均碳排放都逐年升高，其中：全国人均增加约1.15吨；湖南增加约1.36吨；湖北增加约1.57吨；山西增加约1.85吨；安徽增加约0.97吨；江西增加约0.78吨；河南增加约1.3吨（见图4-10）。

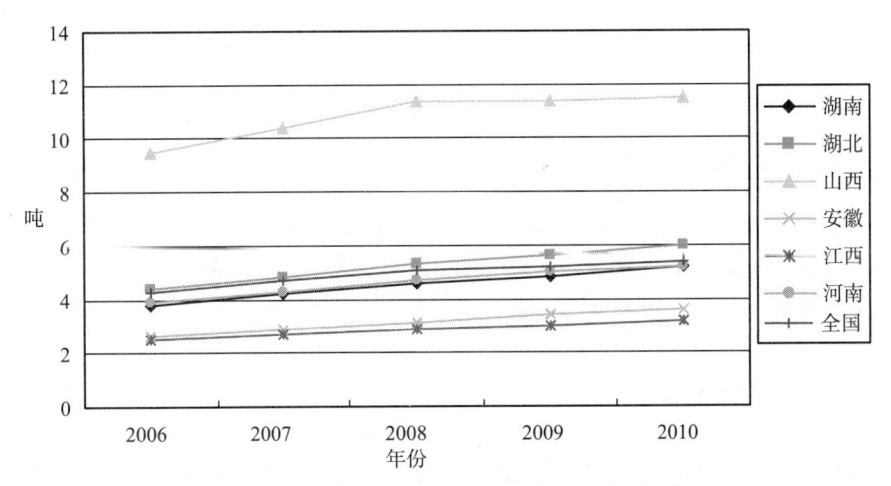

图4-10 2006~2010年中部各省人均碳排放量

---

① 其计算公式为：人均碳排放量=区域碳排放总量/区域人口总数。

自 2008 年起，中部六省人均碳排放量增速都开始降低。从整体趋势上来看，中部地区人均碳排放量将持续增加，但是人均碳排放量的增速要低于全国水平。

2. 各省对比分析

2006～2010 年，中部六省人均碳排放量排名保持不变，依次为山西、湖北、河南、湖南、安徽、江西。2010 年，六省的人均碳排放量分别为 11.9、6.6、5.7、5.6、4.1 以及 3.5 吨/人，河南、湖南、安徽、江西人均碳排放量都低于全国水平（见表 4－8）。山西省受制于其过高的碳排放总量，其人均碳排放量约为全国水平的 2 倍。

表 4－8　　　　　2006～2010 年中部各省人均碳排放量　　　　单位：吨/人

年份	2006	2007	2008	2009	2010
湖南	4.2	4.6	4.8	5.2	5.6
湖北	4.8	5.3	5.6	6.0	6.6
山西	10.4	11.4	11.4	11.5	11.9
安徽	2.9	3.1	3.4	3.6	4.1
江西	2.7	2.9	3.0	3.2	3.5
河南	4.3	4.7	5.0	5.2	5.7
全国	4.7	5.1	5.2	5.4	6.0

（三）碳生产力

碳生产力[①]反映的是区域内单位二氧化碳排放产出的 GDP，提高碳生产力的结果是能够使用更少能源产生较少的碳排放，而同时生产出更多的社会财富。

1. 时间序列分析

2005～2009 年，中部六省的碳生产力都在逐年增加（见图 4－11）。与 2005 年相比，2009 年湖南、湖北、山西、安徽、江西、河南的碳生产力分别提高了 0.12 万元/吨、0.12 万元/吨、0.06 万元/吨、0.12 万元/吨、0.15 万元/吨、0.11 万元/吨；分别为 2005 年碳生产力的 1.44 倍、1.45

---

① 其具体计算公式为：碳生产力 = 区域 GDP/二氧化碳排放总量。

倍、1.42倍、1.38倍、1.39倍、1.36倍。

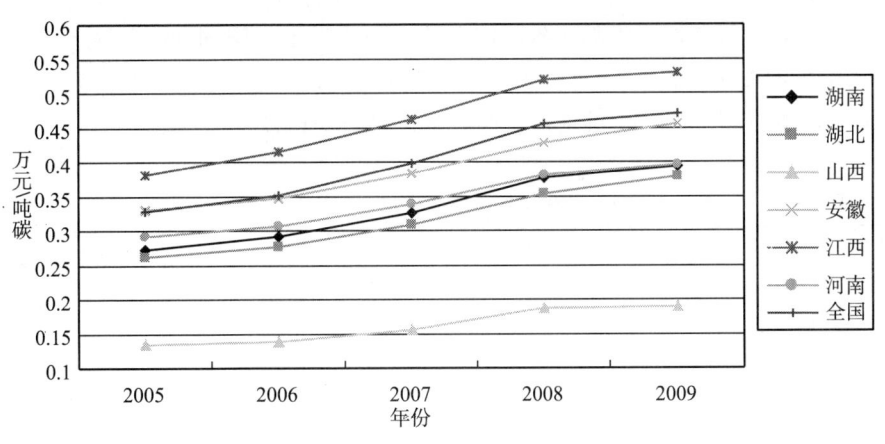

图4-11 中部各省碳生产力变化

2. 各省对比分析

由表4-9可以看出，2010年中部各省中，江西省的碳生产力最高，安徽其次，河南排第三，湖南、湖北排名靠后，山西省垫底。在六省中，仅有江西的碳生产力高于全国的平均水平，中部各省依然面对碳生产力较低的发展现状。总而言之，各省在提高碳生产力方面潜力巨大，任重道远。

表4-9　　　　　　中部各省碳生产力变化　　　　　单位：万元/吨碳

年份	2006	2007	2008	2009	2010
湖南	0.29	0.33	0.38	0.39	0.43
湖北	0.28	0.31	0.35	0.38	0.42
山西	0.14	0.16	0.19	0.19	0.22
安徽	0.35	0.38	0.43	0.45	0.51
江西	0.42	0.46	0.52	0.52	0.78
河南	0.31	0.34	0.38	0.40	0.43
全国	0.35	0.40	0.46	0.47	0.50

（四）单位GDP能耗

单位GDP能耗是区域能源消费量与区域GDP的比值，它可以对区域能源消费结构以及经济增长模式的变化做出客观的反映。对比各省单位GDP能耗可以发现（见表4-10），虽然各省的能源效率都在逐年不断提高，但除江西省外，中部各省的能源效率都要低于全国同期平均水平，其中山西单位GDP能耗甚至超出全国同期水平的2倍。在低碳经济建设与低碳技术运用方面，中部地区还有很大的上升空间。

表4-10　　　　2006~2010年中部各省单位GDP能耗　　单位：吨标准煤/万元

年份	2006	2007	2008	2009	2010
湖南	1.42	1.36	1.27	1.2	1.17
湖北	1.46	1.4	1.31	1.23	1.183
山西	2.89	2.76	2.55	2.36	2.235
安徽	1.35	1.13	1.08	1.02	0.969
江西	1.02	0.98	0.93	0.88	0.845
河南	1.34	1.29	1.22	1.16	1.115
全国	1.241	1.179	1.118	1.077	1.03

（五）非化石能源占能源消费总量比重

非化石能源，指不需要经长时间地质变化就能形成，能够循环反复利用的各种新型能源及可再生能源，包含风能、太阳能、水能、核能、地热能等。相对于传统的煤炭石油等化石能源，非化石能源基本不产生碳排放，并且对当地资源环境破坏较小，能够有效减少温室气体的产生，保护自然环境。因此，我国提出了"2020年非化石能源占一次能源消费比重15%左右"的战略目标。

中部各省的非化石能源消费在能源消费结构中所占比重差距明显，并且在时间序列上并没有明显共同趋势。其中，湖北、湖南水力资源丰富，水电使用较多，非化石能源比重在能源消费结构中逐年增加；江西省情况恰恰相反，其非化石能源所占比重逐年下降；而河南则一直保持在2%上下波动；安徽、山西两省是我国重要的煤炭产地，在两省的能源结构中，非化石能源所占比重偏低。

四、基于复合指标法的低碳经济发展水平评价与省际比较

目前，学术界对于城市低碳发展评价体系以及评价方法，已经做出了

许多卓有成效的探索。在参考借鉴众多学者的相关理论及实证研究成果的基础上，本章节尝试以"低碳经济"为中心，客观、全面、多元地从经济、社会、科技、生态资源等不同方面、不同角度入手，构建一个基于复合指标法的中部地区低碳经济发展水平评价体系，用以评估比较中部六省的低碳经济发展水平。

（一）构建指标体系

围绕低碳经济发展要求，结合国内外现有研究成果，在此构建包括资源、科技、社会、经济4大系统、12个具体指标的低碳经济发展水平的评价体系（见图4-12）。

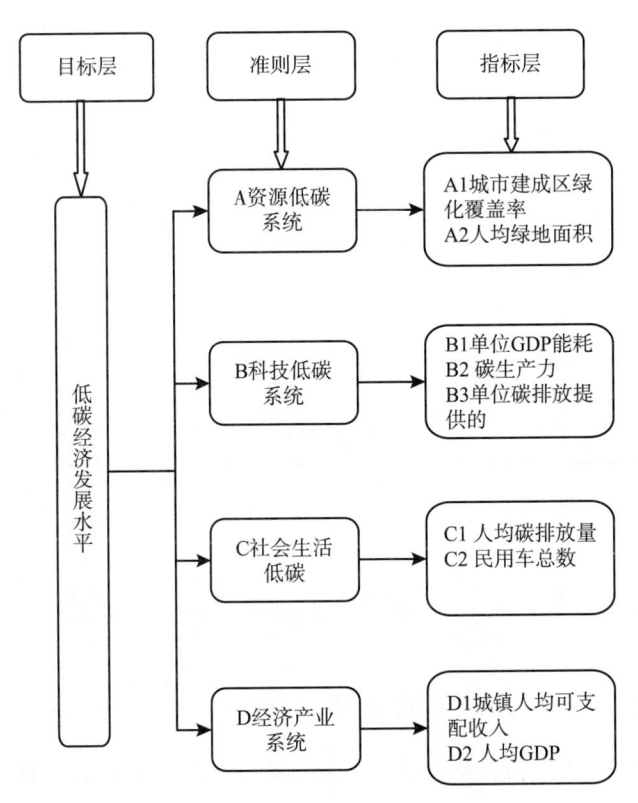

图4-12 低碳经济发展水平评价体系

目标层：低碳经济发展水平

准则层：
- A 资源低碳系统
- B 科技低碳系统
- C 社会生活低碳
- D 经济产业系统

指标层：
- A1 城市建成区绿化覆盖率
- A2 人均绿地面积
- B1 单位GDP能耗
- B2 碳生产力
- B3 单位碳排放提供的
- C1 人均碳排放量
- C2 民用车总数
- D1 城镇人均可支配收入
- D2 人均GDP

对中部六省原始数据进行极大值标准化处理。

对于正向指标，采用 $x'_{ij} = \dfrac{x_{ij}}{x_{ij\max}}$

对于逆向指标，采用 $x'_{ij} = \dfrac{x_{ij\min}}{x_{ij}}$

式中 x_{ij} 表示为第 i 个指标的第 j 个指数值，$x_{ij\max}$ 与 $x_{ij\min}$ 表示相应的指标值中的最大值和最小值。

关于指标赋权问题，目前国内低碳研究多采用多层次分析法、德尔菲法（DelPhi）等主观赋权法，以专家的经验和判断，确定不同指标的重要程度，但主观性和随意性较大。这里采用较为客观的均方差赋权法来确定给指标的权数。

具体的计算过程如下：

第一，求出个指标的平均值：$E(j) = \dfrac{1}{n}\sum_{i=1}^{n} x'_{ij}$

第二，计算出各指标的均方差：$\sigma(j) = \sqrt{\sum_{i=1}^{n}[x'_{ij} - E(j)^2]}$

第三，根据 $\sigma(j)$ 求出各指标权重 W_j：$w_j = \dfrac{\sigma(j)}{\sum_{j=1}^{n}\sigma(j)}$，其中 $\sum_{j=1}^{n} w_j = 1$

根据上述计算过程，求解出各指标的权重（见表 4–11）。

表 4–11　　　　　　　　各指标的权重

A_1	A_2	A_3	B_1	B_2	B_3
0.0313	0.0583	0.1804	0.0867	0.0872	0.114
C_1	C_2	C_3	D_1	D_2	D_3
0.1067	0.0924	0.142	0.0103	0.0454	0.0458

（二）评价结果及对比分析

利用标准化的数据及其权重，通过线性加权求和的方式计算出中部各省的低碳经济发展水平评价值（见图 4–13）：$F_i = \sum_{j=1}^{n} w_j * x'_{ij}$。

第四章　中部地区低碳经济发展水平比较分析

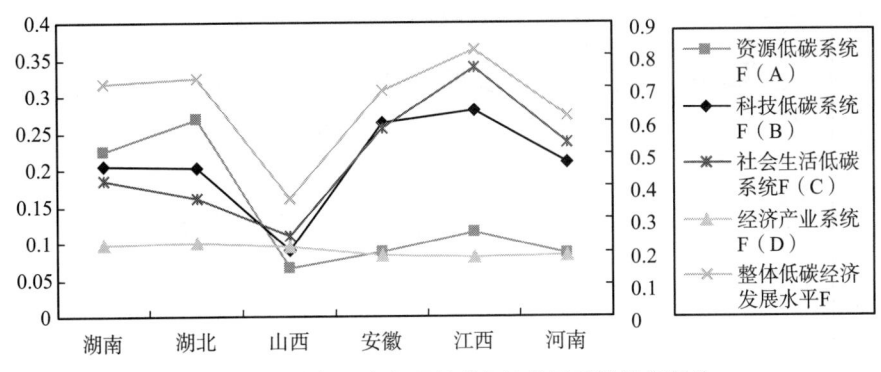

图4-13　中部六省各项低碳经济发展系统指标得分

对低碳发展水平指标体系中的4个准则层指标（资源低碳指标、科技低碳指标、社会生活低碳指标、经济产业指标与整体低碳发展水平）进行相关性分析，得到表4-12的计算结果。

表4-12　　　　　低碳经济发展水平各准则层指标相关系数

	F	F（A）	F（B）	F（C）	F（D）
F	1	0.491	0.904	0.719	-0.304
F（A）	0.491	1	0.102	-0.242	0.669
F（B）	0.904	0.102	1	0.896	-0.657
F（C）	0.719	-0.242	0.896	1	-0.851
F（D）	-0.304	0.669	-0.657	-0.851	1

资源低碳系统指标F（A）与低碳发展水平总指标F具有一定的正相关性（见图4-14），两者的相关系数为0.491。这说明城市建成区绿化覆盖率、人均绿地面积、非化石能源在能源消费中所占比重这3项指标所代表的资源低碳因素对低碳发展水平有一定的影响，提高城市建成区绿化覆盖率、人均绿地面积以及优化能源消费结构是提高低碳经济发展水平的有效途径。但其相关性并不是很明显，其原因在于，低碳经济的综合发展水平是由多个系统、多个因素所共同影响决定的，相较于资源低碳系统，受人为因素所影响较大的科技低碳系统、社会生活低碳系统，对其影响作用更大。

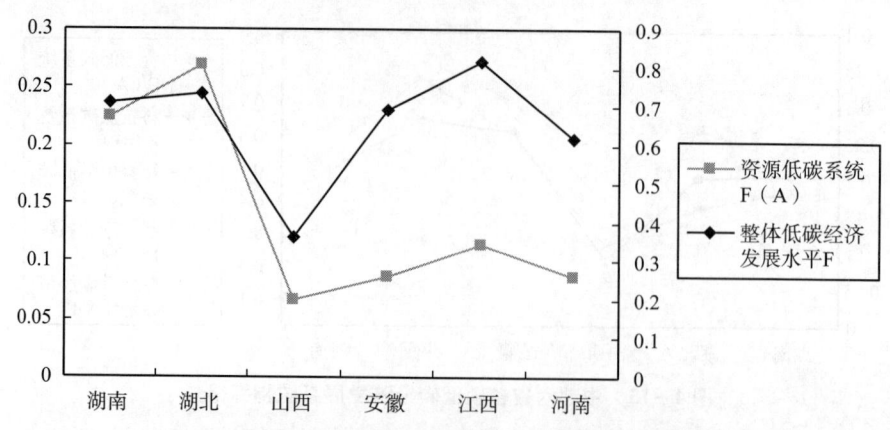

图 4-14 中部六省低碳经济发展水平指标 F 与资源低碳发展指标 F（A）曲线

科技低碳系统指标 F（B）和低碳经济发展水平总指标 F 之间存在很强的正相关关系（见图 4-15），其相关系数为 0.904。这一现象反映了低碳科技的发展对于低碳经济的建设具有决定性的影响作用。单位 GDP 能耗、碳生产力都是重要的低碳发展水平指标，其发展水平直接体现了区域低碳经济的发展状况。未来的低碳发展在很大程度上都依赖于利用高新科技、改变发展模式、实现能源的高效利用、提高碳生产力、降低单位 GDP 能耗、增加单位碳排放提供的就业岗位数。

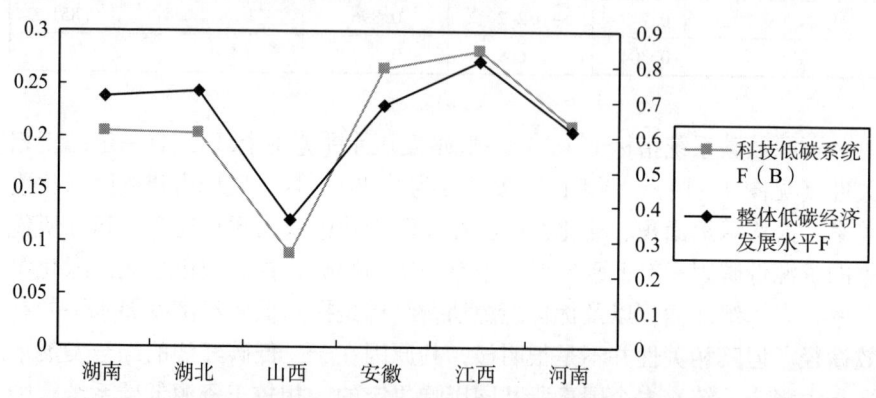

图 4-15 中部六省低碳经济发展水平指标 F 与科技低碳发展指标 F（B）曲线

社会生活低碳系统指标 F（C）和低碳发展水平总指标 F 之间存在较强的正相关关系（见图 4-16），其相关系数为 0.719。具体表现为社会生活低碳发展水平较高的地区,其低碳经济发展水平也较高。随着未来社会经济的发展需要,碳排放总量、交通以及建筑碳排放仍将有继续增加的趋势。减少人均碳排放和民用车总数,降低城市单位建筑面积能耗,有效地遏制这3方面的不利影响,将明显地提高社会生活低碳系统得分,提升区域低碳经济发展水平。

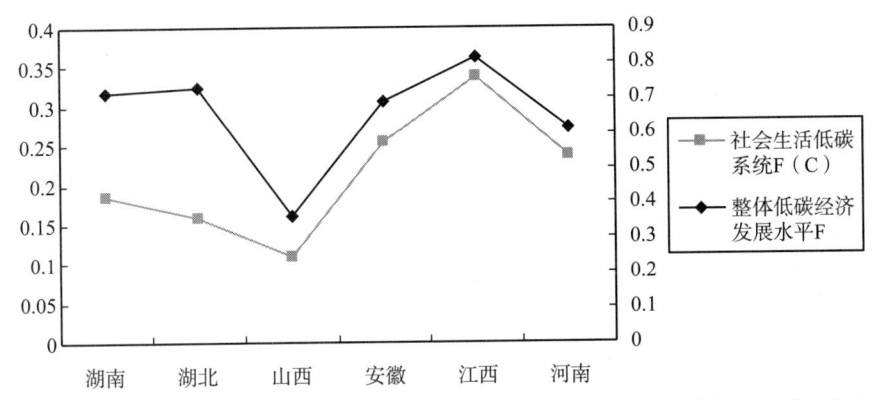

图4-16 中部六省低碳经济发展水平指标F与社会生活低碳发展指标F(C)曲线

经济产业系统指标F(D)和低碳发展水平总指标F之间存在一定的负相关关系(见图4-17),其相关系数为-0.304。目前我国中部六省的经济模式还普遍处于粗放式、高能耗的阶段,为追求地方经济的利益而产生了大量的碳排放。其中典型的例子就是山西省,山西省的经济系统评分0.096,在中部六省中排名靠前,然而为实现其经济发展的需要,以及落后的产业技术导致其消耗了大量能源,产生了巨大的碳排放,因此在综合低碳经济发展水平排名中反而垫底。通过对低碳发展水平指标F与资源低碳发展指标F(D)的比对分析,可以得出,片面地追究经济产业的高速发展,并不能提升区域的低碳经济发展水平,经济的发展要与资源、社会、科技的发展相协调,改变经济增长模式,以实现集约化、绿色可持续的发展。

从总体上看,中部六省中的低碳经济发展水平排名(见表4-13)依次是:江西(0.815507)、湖北(0.730945)、湖南(0.711465)、安徽(0.689188)、河南(0.608157)、山西(0.361284)。江西省在科技低碳系统和社会生活低碳系统得分方面领先于各省,并且在各项指标中并没有明显的短板,从而总排名第1;山西省除经济产业低碳发展指标列第3外,其余诸项都为倒数第1,故而其排名靠后。

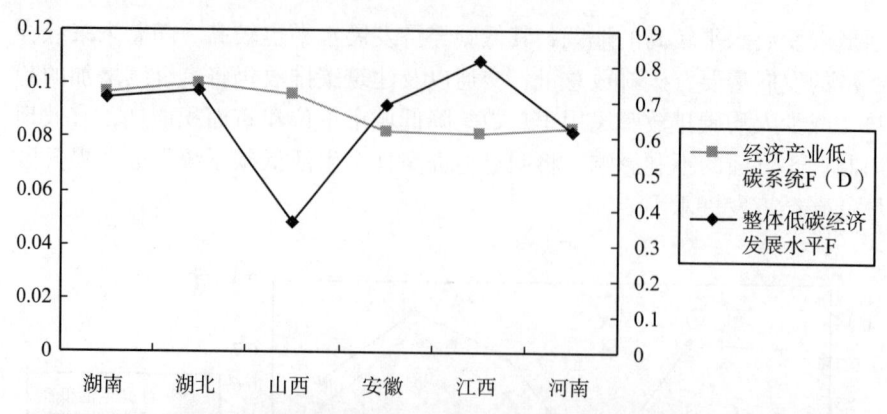

图 4-17 中部六省低碳经济发展水平指标 F 与资源低碳发展指标 F（D）曲线

表 4-13　　　　　　中部六省低碳经济发展水平及排序

	F（A）	排名	F（B）	排名	F（C）	排名	F（D）	排名	F	排名
湖南	0.224	2	0.205	4	0.185	4	0.097	2	0.711	3
湖北	0.268	1	0.202	5	0.16	5	0.100	1	0.731	2
山西	0.066	6	0.089	6	0.11	6	0.096	3	0.361	6
安徽	0.087	4	0.264	2	0.255	2	0.082	5	0.689	4
江西	0.115	3	0.281	1	0.338	1	0.082	6	0.816	1
河南	0.079	5	0.209	3	0.236	3	0.084	4	0.608	5

综上所述，江西省属于低碳等级；湖北、湖南两省属于中低碳等级；安徽省属于中碳等级；河南省属于中高碳等级；山西省属于高碳等级（见图 4-18）。

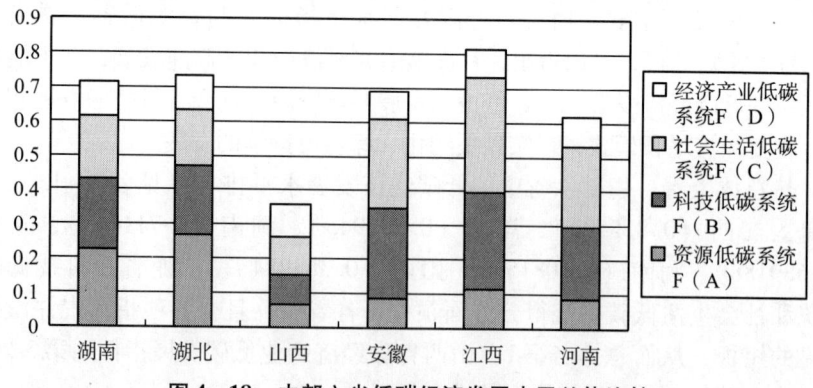

图 4-18 中部六省低碳经济发展水平总体比较

(三) 准则层指标得分比较分析

1. 资源低碳系统得分 F（A）

湖北处于领先地位，其原因在于湖北优越的自然环境，充沛的水资源使其具备优良的能源消费结构，其所处的地理位置和气候环境也有利于当地的绿色资源发展。其他省份中，湖南无论地理位置还是气候环境都类似于湖北，水力资源上虽略逊于湖北，但仍较其他省份优越太多，所以排名第二。江西的碳汇水平与湖南、湖北基本持平，然而其受制于能源结构上的短板，故而排第三。安徽、河南、山西都是煤炭能源输出省，能源结构水平较为低下，且资源破坏严重，因此排名分列四、五、六位。

2. 科技低碳系统得分 F（B）

六省排名依次为江西、安徽、河南、湖南、湖北、山西。江西、安徽两省表现突出，碳生产力和单位 GDP 能耗水平在六省中排名靠前。而山西省受制于其落后的产业工艺技术，明显存在能源消耗过多、生产力低下的问题。

3. 社会生活低碳系统得分 F（C）

排名依次为江西、安徽、河南、湖南、湖北、山西。江西生产总值较低，耗能相对较少，人均碳排放也较低，因而得分高；安徽由于经济较江西发达，从而民用汽车较多，所以得分略小于江西；河南的民用车拥有量几乎为其他任一省的两倍，产生巨大的尾气排放，导致其排名第三；湖南、湖北发展状况雷同，由于相对发达的工业和社会经济，使两省在人均碳排放量和建筑以及交通方面的得分落后；山西省的产业能耗高、效益低、污染大，所以在人均碳排放量和建筑能耗方面的得分垫底。

4. 经济产业系统得分 F（D）

排名依次为湖北、湖南、山西、河南、安徽、江西。该项排名反映了六省在人均 GDP、城镇居民可支配收入、第三产业比重方面的发展状况。湖北、湖南两省在中部六省中经济社会发展水平较高，所以排名分列第一和第二；山西由于是能源大省，能源使用成本相对较低，其经济发展得到了很好的保障，故而排名第三；河南、安徽、江西综合经济产业发展水平相近，处于中部六省的下游，导致三省在这方面的得分较低。

(四) 各省低碳经济发展水平结构分析

考虑评价指标所占权重，综合起来，若资源、科技、社会生活、经济产业4大低碳系统均衡发展的话，在综合低碳经济发展水平得分中所占的比重应分别为27%、29%、34%、10%。

湖南省低碳经济发展水平得分0.711465，四项准则层指标得分分别为：资源低碳指标得分F（A）= 0.22394，科技低碳指标得分F（B）= 0.205071，社会生活低碳指标得分F（C）= 0.185394，经济产业指标得分F（B）= 0.09696，各项指标所占比重见图4-19。

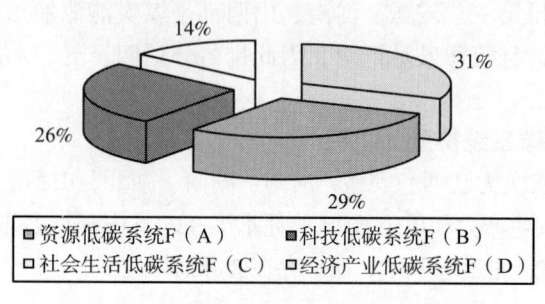

图4-19 湖南省低碳经济发展水平总体结构

湖北省的地理位置、自然禀赋、发展水平与湖南省接近，其低碳经济发展得分亦与之类似。湖北省低碳经济发展水平得分为0.730945，四项准则层系统指标得分分别为：资源低碳发展指标得分F（A）= 0.268435，科技低碳指标得分F（B）= 0.20246，社会生活低碳指标得分F（C）= 0.159775，经济产业指标得分F（D）= 0.100275，所占比重分别为36%、28%、22%、14%（见图4-20）。

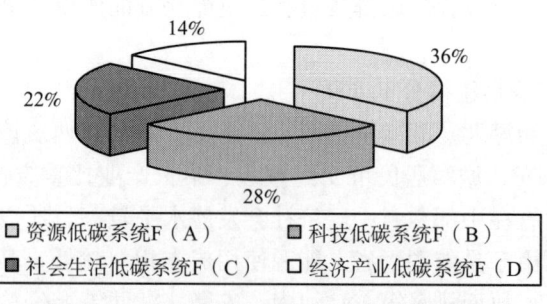

图4-20 湖北省低碳经济发展水平总体结构

湖南、湖北两省资源低碳和经济产业两个系统发展较好，科技低碳系统发展适中，社会生活低碳系统则是短板所在。因此，两省应加大社会生活低碳建设的投入，重视对交通、建筑等领域的能耗和碳排放的控制，倡导人民开展低碳生活。

山西省低碳经济发展水平得分为 0.361284，四项准则层指标得分分别为：社会生活发展低碳指标得分 F（C）= 0.109524，经济产业发展指标得分 F（D）= 0.096322，科技低碳指标得分 F（D）= 0.08334，资源低碳发展指标得分 F（A）= 0.066015。各项指标所占比重见图 4-21。总体来看，山西低碳建设任重道远，需要优化能源消费结构，提高地区碳汇水平，推广节能减排技术，改变经济发展模式，倡导积极健康的生活习惯。

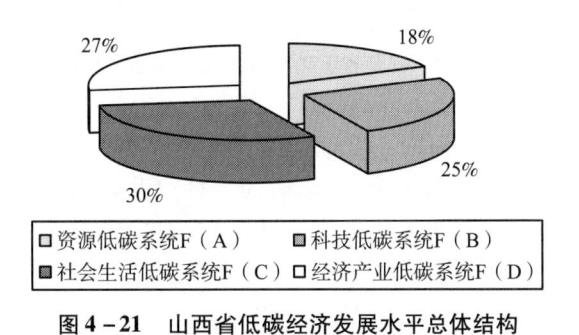

图 4-21　山西省低碳经济发展水平总体结构

河南省低碳经济发展水平得分为 0.608157，四项准则层指标得分分别为：社会生活发展低碳指标得分 F（C）= 0.235874、科技低碳发展指标得分 F（B）= 0.209416、资源发展低碳指标得分 F（A）= 0.079147、经济产业发展指标得分 F（D）= 0.08372。各项指标所占比重见图 4-22。

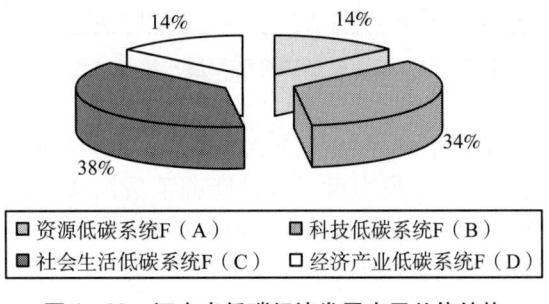

图 4-22　河南省低碳经济发展水平总体结构

安徽省低碳经济发展水平得分为 0.689188，四项准则层指标得分分别为：科技低碳发展指标得分 F（B）=0.264426，社会生活发展低碳指标得分 F（C）=0.255483，经济产业发展指标得分 F（D）=0.081639，资源低碳发展指标得分 F（A）=0.08696。各项指标所占比重见图 4-23。

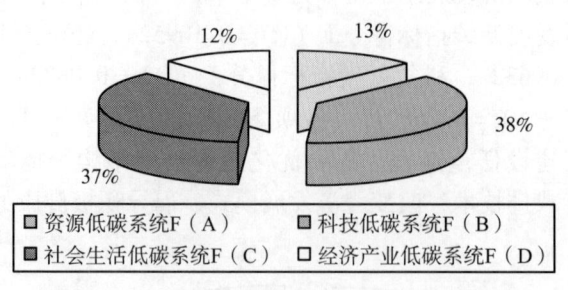

图 4-23　安徽省低碳经济发展水平总体结构

江西省低碳结构与河南、安徽大致类似，低碳经济发展水平得分为 0.815507。四项准则层指标得分分别为：社会生活发展低碳指标得分 F（C）=0.33826，科技低碳发展指标得分 F（B）=0.28106，资源低碳发展指标得分 F（A）=0.114548，经济产业发展指标得分 F（D）=0.081639。各项指标所占比重见图 4-24。

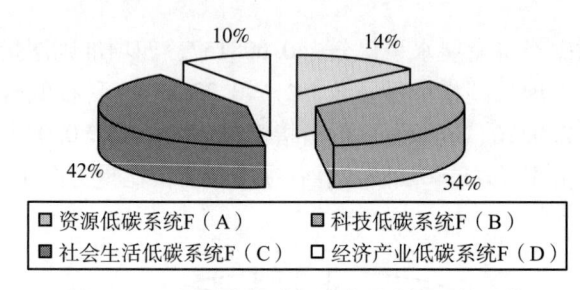

图 4-24　江西省低碳经济发展水平总体结构

河南、安徽、江西低碳系统得分结构类似，资源低碳建设相对滞后。三省应加大对新能源的开发力度，改进能源消费结构，加大环境保护力度，重视低碳科技、低碳社会的建设。山西省因资源禀赋、地理位置、气候条件等方面的原因，能源消费结构较差，碳汇水平偏低，低碳发展任务艰巨。

与国内外发达地区相比较，中部地区低碳经济发展水平明显滞后，主要低碳发展指标大都低于东部沿海地区（见表 4-14）。

表 4-14　　　　我国部分地区低碳经济发展指标标准化值

	人均 GDP	城镇居民人均消费	人均能源消费量	人均碳排放	万元 GDP 碳排放	人均可再生能源发电量
湖南	-0.56	-0.288	-0.732	-0.74	-0.483	-0.012
湖北	-0.406	-0.459	-0.491	-0.541	-0.387	2.068
山西	-0.373	-0.704	1.315	2.593	2.867	-0.713
安徽	-0.759	-0.442	-1.178	-0.64	-0.117	-0.761
江西	-0.742	-0.737	-1.281	-0.948	-0.58	-0.335
河南	-0.426	-0.693	-0.674	-0.287	-0.098	-0.521
北京	2.358	2.091	0.651	-0.269	-1.06	-0.817
上海	3.06	3.163	1.943	0.61	-0.868	-0.764
江苏	0.886	0.454	0.007	-0.106	-0.714	-0.517
浙江	1.049	1.615	0.049	-0.106	-0.772	0.133
广东	0.749	1.75	-0.329	-0.604	-0.965	0.172
福建	0.264	0.645	-0.46	-0.532	-0.772	0.625

究其原因，东部沿海地带经过产业转型与结构调整，第二产业得到普遍提升，第三产业得到长足发展。广东、浙江等地，低碳科技得到推广运用，核电发展较好，石油、煤炭等化石能源在能源结构中所占比例有下降的趋势。中部六省受制于原有产业的刚性需求，化石能源消费量大，加之低碳科技开发滞后，低碳转型面临着较大难度。

五、中部六省低碳经济发展的政策建议

根据中部地区发展实际，各省低碳经济发展可考虑采取如下对策。

（一）江西省

以南昌市成为全国第一个发展低碳经济试点的省会城市为契机，加快推进南昌低碳经济建设进程；积极争取国家支持，率先在鄱阳湖生态经济区内开展绿色 GDP 核算、生态补偿、排污费改环境税、碳汇交易等改革试点，推进生态文明区域经济体系试点；以培育战略性新兴产业为重点，加快构建现代产业体系；积极运用现代科技改造农业、现代手段装备农

业、现代经营形式发展农业，全面提高农业综合生产能力、抗风险能力和市场竞争能力；优先发展生产性服务业，拓展提升生活性服务业，推进服务业规模化、品牌化、网络化经营；大力发展现代物流、金融保险、商务会展、工程设计、文化创意、信息咨询、法律和科技服务等生产性服务业；支持新余、鹰潭等一批省级循环经济试点城市建设。

（二）湖北省

大力推进以"改革先行、创新密集、两型社会集中展示、同城化发展引领"为特色的武汉城市圈"两型社会"建设，推进重点示范区建设，全面提升自主创新能力，注重在低碳社会等领域建设，倡导积极健康的低碳生活理念；结合湖北省情，加大淘汰电力、钢铁、建材、铁合金、电解铝、平板玻璃、造纸等行业的落后产能，重点落实小造纸、小水泥、小煤矿、小炼焦等专项治理工作，从源头上控制能源消耗和环境污染；以东湖、襄樊两个国家级高新区为主要载体，围绕电子信息、生物医药、新能源、新材料、节能环保等重点和优势领域，加快实施一批高新技术产业化重大项目；结合湖北省水域优势，积极发展核电，合理开发水力发电，大力开发风力发电，加快发展太阳能产业；把推动服务业发展作为产业结构优化升级的战略重点，加快发展现代服务业，改造提升传统服务业；依据湖北的区位优势，发展以高产优质水稻、名优特淡水产品等为主的农业生产与农产品加工业。

（三）湖南省

加快建设一批循环利用模式的产业园区和再制造产业基地；推进耒阳、资兴、冷水江等资源型城市经济转型；加快建成15个具有特色的循环经济工业园区，6个至10个循环经济农业示范区；加快株洲低碳交通模范试点城市建设；培育壮大战略性新兴产业，重点发展先进装备制造、新材料、文化创意、生物、新能源、信息、节能环保7大领域；以生物技术、信息技术为手段，实现农业产业链和工业产业链的对接，重点支持优势农产品产业开发，实现资源优势向产业优势、传统农业向现代农业的转变，着力打造湖南现代农业产业体系；优化拓展现代服务业，不断开拓新领域，发展新业态，培育新热点，推进规模化、品牌化、网络化经营，推动形成功能增强、结构优化、特色突出、优势互补的服务业发展新格局。

（四）安徽省

加快推进以"合芜蚌"自主创新综合试验区为重点的国家技术创新工程试点省建设；构建现代产业体系，培育壮大战略性新兴产业，增强工业综合竞争力，实施战略性新兴产业"千百十工程"，促进电子信息、节能环保、新能源、生物医药、高端装备制造、新材料、新能源汽车、公共安全产业快速发展；大力培育创新型企业，实施技术创新"十区提升、百企示范、千企培育"行动计划；抓好海螺、马钢、铜陵有色、淮南矿业、淮北矿业等一批骨干企业的循环经济建设；积极促进服务业发展，协调好发展服务业与工业化、城镇化发展的关系，加大投资力度、拓宽发展领域、扩大开放区域，构建功能完备、服务高效、供给良好的现代服务业体系，提高服务业比重和水平；提高农业综合生产能力，推进农业产业化生产和经营，建立新型农业社会化服务体系。

（五）河南省

抓紧节能工程、水资源综合利用工程、工业固体废物资源化利用工程、农业废弃物综合利用工程、清洁生产工程、能源结构优化工程、再生资源回收利用工程以及循环经济技术支撑工程等8大循环经济示范工程的建设；建议将郑州、焦作、安阳、平顶山、洛阳、三门峡、鹤壁、新乡和周口等9个地市作为河南省循环经济试点工作的重点区域；推进新型工业化，发展壮大汽车产业、电子信息产业、装备制造业、食品工业、轻工产业、建材工业等6大高成长性产业；改造提升化工产业、有色工业、钢铁工业、纺织工业等传统优势产业；深入推进农业结构调整，大力发展现代畜牧业，加快发展特色高效农业，积极发展绿色农业和生物农业，建立以工促农的新格局；加快发展现代物流业、旅游业、金融业、房地产业等服务业，提高服务业增加值在生产总值中的比重和服务业从业人员在全社会从业人员中的比重。

（六）山西省

推进山西省国家资源型经济转型综合配套改革试验区的建设，加快资源型经济转型；统筹布局一批资源型经济转型试点市、县，因地制宜探索转型发展的路子，力争率先在关键领域和重点环节上实现突破；继续实施和完善煤炭工业可持续发展试点政策；完善采矿权市场和资源有偿使用机制，推进其他矿产资源补偿费制度改革，建立与资源利用水平和生态环境治理挂钩的动态补偿机制；加快对太原、长治、晋城、运城四市的国家级循环经济标准化试点城市建设；培育壮大新兴产业，立足山西省产业特色与优势，积极发展新能源、节能环保、生物、新一代信息技术等战略性新兴产业，重点推进太钢集团吕梁钢铁基地、太原不锈钢深加工园区建设，组建煤机装备成套制造联合体，全力打造太原经济开发区能源装备基地、重型装备制造国家示范基地；加大税收、金融和土地使用对服务业的支持，引导服务业向规模化、专业化、现代化方向转型，以建设中西部现代物流中心和生产性服务业大省为目标，重点推进现代物流业发展，规划建设一批大型物流园区。

参考文献

[1] Treffer. Exploring the Possibilities for Setting Up Sustainable Energy Systems for the Long Term: Two Visions for the Dutch Energy System in 2050 [J]. Energy Policy, 2005 (33).

[2] Johnston D, Lowe R Bell. An Exploration of the Technical Feasibility of Achieving CO_2 Emission Reductions in Excess of 60%, Within the UK Housing Stock by the Year 2050 [J]. Energy Policy, 2005 (33).

[3] Gross R, Foxon T. Policy support for innovation to secure improvements in resource efficiency [J]. International Journal of Environmental Technology and Management, 2003 (2).

[4] Fischer. Environmental and technology policies for climate mitigation [J]. Journal of Environmental Economics and Management, 2008 (2).

[5] Adbeen Mustafa Omer. Focus on low carbon technologies: The positive solution [J]. Renewable and Sustainable Energy Reviews, 2008 (12).

[6] Cheng F Lee, Sue J Lin, Charles Lewis. Yih F. Chang. Effects of carbon taxes on different industries by fuzzy goal programming: A case study of the petrochemical-related industries, Taiwan [J]. Energy Policy, 2007 (35).

[7] MustafaH. Babiker. Climate change policy, market structure and carbon leakage [M]. International Economics, 2005.

[8] A. S. Dagoumas, T. S. Barker. Pathways to a low-carbon economy for the UK with the macro-econometric E3MG model [J]. Energy Policy, 2010 (38).

[9] 付加锋，庄贵阳，高庆先. 低碳经济的概念辨识及评价指标体系构建 [J]. 中国人口资源与环境，2010, 20 (8).

[10] 陆小成. 区域低碳创新系统综合评价实证研究——以中部六省为例 [J]. 科

学学预科与新技术管理，2011（7）.

[11] 李晓燕，邓玲. 城市低碳经济综合评价探索——直辖市为例［J］. 现代经济探讨，2010（2）.

[12] 赵先超. 城市低碳发展与提升对策研究——基于长沙市的实证分析［D］. 湖南师范大学，2011.

[13] 刘新宇. 京沪穗低碳经济发展比较研究［J］. 中国人口资源与环境，2010，20（3）.

[14] 郭红卫. 基于模糊综合算法的低碳经济发展水平评价［J］. 当代经济管理，2010（3）.

[15] 余丽生，冯建，虞斌. 浙江省低碳经济发展综合评价研究［J］. 统计研究，2011（10）.

[16] 黄敏，廖为明，王立国，邓荣根. 基于 KAYA 公式的低碳经济模型构建与运用——以江西省为例［J］. 生态经济，2010（12）.

[17] 付允，刘怡君，王云林. 低碳城市的评价方法与支撑体系研究［J］. 中国人口资源与环境，2010，20（8）.

[18] 吴彼爱，高建华. 中部六省低碳发展水平测度及发展潜力分析［J］. 长江流域资源与环境，2010，19（2）.

[19] 万宇艳，苏瑜. 基于 MFA 分析下的低碳经济发展战略［J］. 中国能源，2009（6）.

[20] 张萍等. 长株潭城市群蓝皮书［A］. 社会科学文献出版社，2011.

第五章

中部地区低碳经济发展潜力比较分析

一、国内外低碳经济发展潜力研究进展

(一) 国外低碳经济发展潜力研究进展

目前,国外学者对低碳经济发展潜力,特别是温室气体减排潜力作了大量的分析预测。联合国政府间气候变化专门委员会(IPCC)于2007年发布《气候变化综合报告》[①],报告指出未来几十年全球温室气体的减排潜力巨大,当二氧化碳减排的成本低于100美元/吨CO_2时,到2030年全球温室气体减排潜力约为158~310亿吨/年。报告还预测了不同部门的减排潜力(见表5-1),其中建筑行业减排潜力最大,工业、能源工业和农业部门也有较大的减排潜力。

表5-1　　　　2030年全球温室气体经济减排潜力

分类	总量	能源供应	交通	建筑	工业	农业	林业	废弃物处理
低限值	158	24	16	53	25	23	13	4
高限值	310	47	25	67	55	64	42	10

注:每吨小于100美元。
资料来源:IPCC "气候变化综合报告2007"。

英国经济学家尼古拉斯·斯特恩(Nicholas Stern)受政府委托发表了

---

① http://www.ipcc.ch/Publications-and-data/publications-climate-change-2007-the-ar4-sysnthesis-report_chinese.htm, 2008, 2009-08-23.

著名的斯特恩报告（Stern N，2006）[1]。该报告以气候科学为基础，采用经济学成本效益分析的框架，指出如果要温室气体排放稳定到500～550ppm当量，到2050年前每年的成本大概占GDP的1%，这个成本很高，但是可以控制。相反，如果不立即采取行动，气候变化带来的损失相当于全球GDP的5%。斯特恩根据现有证据推算出应该把减排目标设定为将温室气体含量稳定在450～550ppm二氧化碳当量的范围以内才是环境和经济效益最优的目标，低碳能源产品的市场价值可能会达到每年5000亿美元。

麦肯锡公司①采取全球平均温度升高2℃为临界值，建立了温室气体减排成本曲线，并提供了全球各地区和各行业减少温室气体排放的潜力图（见图5-1）。报告提出减排的机会集中在提高能效、低碳能源供给、陆地碳能（林业和农业）和改变消费者行为4大范畴，其中前3个范畴属于

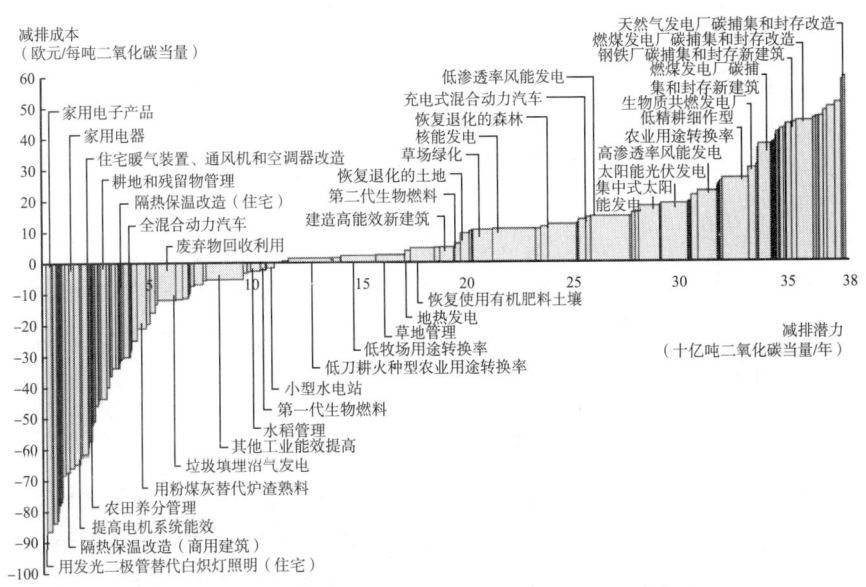

图5-1 全球各地区和各行业减少温室气体排放的潜力

注：本曲线给出的是成本低于每吨二氧化碳当量60欧元的所有技术温室气体减排措施的量大潜力估计值（如果每种措施都被积极实施的话）。它并不是对不同的减排措施和技术将发挥何种作用的一种预测。

资料来源：全球温室气体减排成本曲线2.0版。

---

① 麦肯锡公司于1926年创建，现在已经成为全球最著名的管理咨询公司，在全球44个国家和地区开设了84家分公司或办事处。麦肯锡目前拥有9000多名咨询人员，分别来自78个国家，均具有世界著名学府的高等学位。

技术性范畴,在"一切如常"的情景下,到2030年,这3个范畴的减排机会加起来可达到每年380亿吨二氧化碳当量的总减排量。按照经济部门划分,能源供给和土地利用相关部门集中了近50%的减排潜力;而按地区划分,减排机会的70%位于发展中国家,因为发展中地区经济结构中存在较大比例的林业和农业。报告明确指出,不同地区减排潜力相对份额的大小并不意味着应该由谁来为减排买单。另外,减排政策开始的时间、减排措施的资本密度、关键领域的监管政策都对减排潜力的发挥有着至关重要的影响。

欧洲气象基金会(ECF)编制了欧盟低碳路线图①,提出2050年温室气体排放量较1990年降低75%~80%,在增加工业部门化学分解生成的二氧化碳、扣除森林碳汇固碳(3亿吨)、计入农业部门的排放后,预计2050年欧盟的温室气体排放量为12亿吨二氧化碳当量。欧盟减排的着力点是发电行业,通过该行业的低碳化可以降低95%以上碳排放。

有学者采用包含GDP、能源消耗、二氧化碳排放量、劳动力和固定资本总额等变量的VAR模型研究了美国能源消耗、GDP与碳排放量之间的因果关系(Ugur Soytas et al., 2007)[2]。研究发现碳排放量的格兰杰成因不是GDP增长,而是能源消耗;提出碳减排政策的制定应该从降低能源强度角度考虑,还应该增加如风能、太阳能等清洁能源的使用,提高可再生能源的利用率。

也有学者分析了美国交通运输部门温室气体减排的潜力,预计2050年温室气体排放量将比1990年低50%~80%,且认为交通部门的需求管理战略对深度削减碳排放量至关重要(David Mc Collum & Christopher Yang, 2009)[3]。

(二) 国内低碳经济发展潜力研究进展

国内学者在吸收国际低碳经济前沿研究的基础上,结合本国的实际发展情况,对国内的低碳经济发展潜力进行了广泛探讨。研究内容可分为对国家低碳经济发展潜力的研究、对地区低碳经济发展潜力的研究以及分部门、产业低碳经济发展潜力的研究。

1. 国家宏观层面的低碳经济发展潜力研究

能源研究所"中国可持续发展能源暨碳排放分析"课题组(2003)

---

① European Commission. Roadmap 2050, a practical guide to a prosperous low carbon Europe. Technical Analysis [EB/OL]. www.roadmap2050.eu.

采用了情景分析的方法,探索了中国实现社会经济可持续发展的可能性和途径,对产业部门、建筑物、交通运输部门提高能源效率的潜力、节能技术的选择、政策执行力度等问题进行了研究和分析,得出了在三种不同情景下,2020年,中国能源需求总量将达23亿~31亿吨标准煤。预测情景1、情景2和情景3在2020年的碳排放量分别为19亿吨、16.6亿吨和12.6亿吨[①]。

姜克隽等(2009)[4]利用IPAT模型对我国未来中、长期的能源与温室气体排放情景进行分析,并设计了基准情景、低碳情景、强化低碳情景3种排放情景,指出在基准情景和低碳情景下,2040年,二氧化碳排放量达到峰值,而在强化低碳情景下二氧化碳在2030年之后开始有明显下降,到2050年相比下降48%。2050年,基准情景二氧化碳排放量最高会达到34.6亿吨碳,而低碳情景则有可能将二氧化碳排放量降低31%[②]。

2. 中观层面的地区低碳经济发展潜力研究

曹斌、林剑艺等(2010)[5]用LEAP模型对厦门市进行节能减排政策情景分析,定量分析评价了城市节能减排潜力,并详细分析了各种控制情景和各部门的节能减排贡献率。研究结果显示:在综合控制情景下,厦门能源消费总量年均增长率、万元地区生产总值能耗和温室气体排放总量年均增长率都有所下降;清洁能源替代措施节能减排效果最好,工业部门节能减排潜力最大;优化能源使用结构蕴藏巨大减排潜力。

吴彼爱、高建华(2010)[6]在对中部六省低碳发展水平测度的基础上,采用产业能源关联模型和能源碳排放关联模型分析中部地区的低碳发展潜力,认为中部地区产业结构多元化水平和能源结构多元化水平低,且演化速率极其缓慢,致使碳排放增长速率无法减缓;中部地区虽然碳减排难度大,但减排潜力也大。

王群伟等(2011)[7]在全要素生产框架下,利用环境生产技术和有向距离函数,构造了只要求降低二氧化碳排放的单一绩效指标和同时要求二氧化碳减少与经济产出扩张的综合绩效指标,并以我国主要工业省区为例,分析其二氧化碳排放绩效和减排潜力。研究表明:样本期间总体绩效

---

① 能源研究所"中国可持续发展能源暨碳排放分析"课题组. 中国可持续发展能源暨碳排放情景研究[J]. 中国能源, 2003, 25 (6): 4-10.
② 国家发展和改革委员会能源研究所. 中国2050年低碳发展之路:能源需求暨碳排放情景分析[J]. 经济研究参考, 2010 (26): 1-22.

偏低且有退化趋势，年均减少二氧化碳且增加经济产出的潜力在30%左右；潜在碳强度明显小于初始碳强度，且部分工业省区的排序在两种碳强度状态下将发生较大变动。此外，技术进步推动了生产前沿的向外移动。

许广月、宋德勇（2010）[8]预计2027年我国人均碳排放量处于拐点处。通过调整产业结构、能源消费结构和出口贸易结构，高效率使用清洁技术，不断降低我国的碳强度，提高碳生产率水平，我国及其东部和中部地区人均碳排放拐点可以提前到来。且运用情景分析法，分别考虑碳强度降低3%、5%和10%的情形下，我国碳排放拐点时间将分别提前至2023年、2021年、2017年。西部地区虽然并不存在人均碳排放的CKC曲线，但是仍然可以通过降低碳强度，实现经济增长和碳排放的相对脱钩发展。

3. 微观层面的部门或行业低碳经济发展潜力研究

国涓等（2011）[9]将每个部门的实际碳排放强度变化与参考碳排放强度变化的比值定义为排放潜力指数，以此来量化各个部门的减排潜力。为了深层次地挖掘具体部门的减排潜力，将整个工业分成9大部门进行分部门分析。分析认为石油、电力部门的减排效率一直没有达到工业的平均水平，煤炭、冶金、化学工业等重化工业排放强度较高，因此深度挖掘石油、电力工业、煤炭工业及冶金工业部门的减排潜力将是工业部门减排的关键。

张颖等（2007）[10]利用LEAP模型构造33种不同政策情景下中国电力行业2000~2030年的二氧化碳排放情况，认为中国电力行业减排潜力能否实现取决于技术进步、投资和措施执行力度。

蔡闻佳等（2007）[11]为了评估中国公路交通业的二氧化碳减排潜力，模拟了中国公路交通业的二氧化碳排放量及相应的减排潜力，根据减排成本评估其可行性并识别了重点减排技术。三个不同情景的模拟结果表明，2000~2020年新政策情景相对当前政策情景和基准情景的平均二氧化碳减排量分别为6500万吨/年和8200万吨/年，平均减排成本为负值，以2020年为例，新政策情景的平均减排成本分别为-88.5元/吨。因此，公路交通业具有一定的减排潜力，实现减排主要通过车辆、道路以及燃料等方面的技术进步与替代，其中车辆技术改进为近期的重点减排技术，在公路交通业减排兼具显著的环境、经济和社会效益。

黄莹等（2011）[12]设计了基准情景、政策情景和强化政策情景三个不同的发展情景，将交通行业节能减排影响因素分解为交通工具单耗下降、运输方式改变以及新能源汽车的使用三个方面，分别统计上述三方面引起的广东省交通行业能耗及二氧化碳排放量的变化。根据不同措施对交通部门节能减排的贡献可知未来广东省交通部门的节能减排潜力主要在技术进步引起的交通工具能耗下降方面，占节能减排的50%以上；其次是运输结构的改变，其节能减排贡献约占总量的30%；此外，新能源汽车的使用也会实现一定程度的节能减排，但是在2020年的发展情景下，其节能减排潜力还无法真正显现。根据情景分析的结果，通过政策的保障和措施的实施，中长期内广东省交通运输部门约有12%~20%的减排空间。

石培华、吴普（2011）[13]采用"自下而上"法，从到达目的地游客的数据分析入手，向上逐级统计能耗与排放量，通过文献研究与数理统计方法，首次系统地估算了中国旅游业能源消耗和二氧化碳排放量。结果表明2008年中国旅游业消耗能源占中国能源总消耗量的0.51%，排放二氧化碳占全国二氧化碳总排放量的0.86%。

（三）国内外低碳经济发展潜力研究总结

目前，国内外对低碳经济发展潜力的研究一般采用情景分析法。情景分析法是模拟分析未来碳排放最常用的工具。这是由于低碳经济的发展具有较大的偶然性，情景分析有助于使假设条件变得明确清晰，进而能够充分反映科技进步对未来低碳经济发展的作用，能够更加客观和深入地分析能源需求与能效水平，也能更好地分析不同的发展道路以及需要采取的政策措施，对政策制定者而言操作性更强。此外，还有部分学者利用环境学习曲线、产业能源关联模型等方法，在分析低碳经济发展潜力方面进行了探索。

上述研究成果表明，国内学者多侧重对国家、对区域以及对具体产业或部门的低碳经济发展潜力进行分析，但缺乏对界于国家与区域之间的宏、中观区域进行分析的研究成果。本章节即以此为切入点，对中部六省低碳经济发展潜力进行科学测算，在理论上弥补现有研究成果的不足，在实践上以期指导中部地区低碳经济的科学发展。

二、研究方法

国内外学者对低碳经济发展潜力进行分析时，一般采用时间序列分析方法（Weigend Andreas S，1996）[14]、环境库兹涅茨曲线预测法（林伯强、蒋竺均，2009)[15]、（付加锋等，2008)[16]、多目标线性规划方法（赵媛等，2001)[17]、神经网络模型法（宁云才，2003)[18]、产业—能源—碳排放关联模型（吴彼爱、高建华，2010)[6]等。但是，这些传统的研究方法很难对能源—经济—环境之间的发展趋势做出准确的预测，基本上没有考虑到人在未来发展中的能动性，不能客观地反映出经济低碳发展的脉络。基于以上缺陷，这里采用现在国际上通用的情景分析法对中部地区的低碳经济发展潜力进行比较分析。情景分析法广泛用于能源需求及碳排放预测等领域，它能摆脱传统方法的束缚，通过对未来详细的、严密的推理和描述来构想未来各种可能的方案，准确反映未来经济发展、能源消费及碳排放的发展趋势，从而为地区低碳经济发展提供指导。

(一) 情景分析法概述

情景（Scenario）一词最早出现于赫尔曼·卡恩（Herman Kahn）和维纳（Wiener）1967年合著的一书中。他们认为：未来是多样的，几种潜在的结果都有可能在未来实现；通向这种或那种未来结果的途径也不是唯一的，对可能出现的未来以及实现这种未来的途径的描述构成一个情景。"情景"就是对事物所有可能的未来发展态势以及能使事态由初始状态向未来状态发展的一系列现象的描述。它对各种态势的基本特征进行定性描述和定量描述，并对各种态势发生的可能性进行描述。

情景分析法（Scenario Analysis）也称前景描述法、情景描述法等，它通过假设、预测、模拟等手段生成未来各种情景，并分析其对目标产生的影响。基于情景的"情景分析法"是在对经济、产业或技术的重大演变提出各种关键假设的基础上，通过详细地、严密地对未来进行推理和描述来构想未来各种可能的政策（刘小敏，2011)[19]。在情景设定之前，人们需要通过对历史进行梳理分析，对未来的发展趋势进行合理而大胆的假定或树立未来希望达到的目标；通过对未来发展前景或蓝图的构想与勾绘来分析确定达到目标的各种可行性和所需采取的措施。情景分析法能使管理者发现未来变化的某些趋势及路径，避免对未来变化及影响的过高或过低估计，从而更好地把握研究对象的发展方向。

国际上广泛应用情景分析法来研究低碳经济，其中尤以日本相对深入。日本通过采用倒逼机制法得出到2050年实现比1990年二氧化碳排放减少70%的途径。其他国家也通过情景分析法明确提出了二氧化碳减排的目标，如英国在其发布的政府白皮书《我们能源的未来：创建低碳经济》中提出，计划到2050年将英国二氧化碳的排放量削减为2003年的60%，澳大利亚也明确提出2050年气体排放减少为2000年的40%。中部地区起步较晚、基础设施相对滞后，发展与资源、环境之间的矛盾与问题尤为突出，应用情景分析方法来研究未来中部地区的发展趋势意义重大。

（二）情景分析法步骤

国际上关于情景分析的操作步骤有不同的看法，如吉尔伯特（Gilbert）情景分析十步法，斯坦福研究院情景分析六步法、中国能源研究所朱跃中研究员提出的六步法等。本章在总结各方面资料的基础上，结合中部地区的实际情况，将情景分析研究（见图5-2）的步骤简化为以下几步：

第一步，广泛收集影响低碳经济发展的因子，如政策、技术、经济发展趋势等，总结中部地区过去几年的碳减排情况，分析人口、资源、环境与发展（PRED）之间的相关性，构建低碳经济发展因子的框架。

第二步，进行低碳经济发展潜力的情景设定。通过定性与定量分析相结合的方式，对影响低碳经济的宏观政治、社会和经济因素及未来可能出现的发展趋势进行定性分析，并对其进行量化。定性分析充分考虑未来二十年可能出现的节能减排政策、技术等不确定因素可能对低碳经济产生的影响。定量分析是通过对搜集的资料和数据进行分析，参考中部地区及国家发展规划纲要和相关专家的观点等，多角度、全方位地进行考虑和权衡，对影响低碳经济发展潜力的参数进行设置。

第三步，根据中部地区低碳经济发展的实际情况，设定基准情景、节能情景及低碳情景三种模式。分别设定三种情景下的低碳经济发展要求，探讨中部各省分别在三种模式下2015年、2020年和2030年的低碳经济发展潜力。通过对比不同情景下模拟所得结果进行定量分析，从同一时间不同情景下各省的低碳经济发展潜力及不同时间同一情景下各省的低碳经济发展潜力两方面对中部各省的低碳经济发展前景进行对比研究，分析各省低碳经济发展潜力的差距。

第四步，根据中部地区低碳经济发展潜力评价分析结果，结合实现这些目标的情景假定条件，总结出提升中部地区低碳经济发展潜力的战略举措，从而为有关部门提供决策参考。

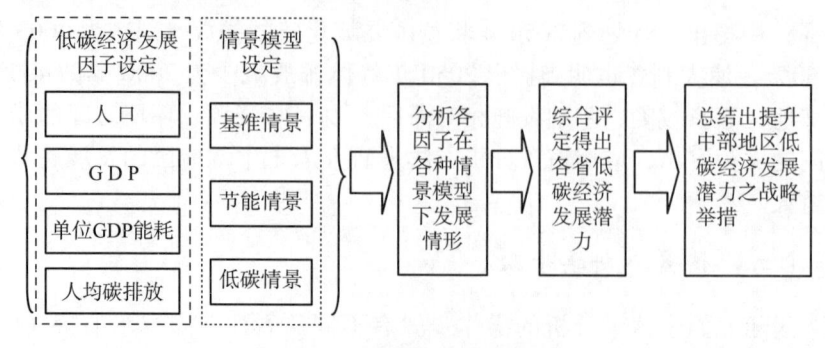

图 5-2 情景分析技术流程

三、基于情景分析法的中部地区低碳经济发展潜力评价与比较

(一) 情景设定

中部六省正处于快速的工业化进程中,很难明确各自减排的目标与任务,因此,国外所流行的明确提出一个减排目标的做法不适合中部各省。中部六省低碳经济发展潜力的情景设计,一方面要从科学发展观出发,走可持续发展路线,统筹人与自然的和谐发展,关注政府节能减排政策、规划、战略部署等,结合能源安全、碳减排技术创新、经济发展竞争力的提高等实际情况;另一方面,要考虑由于各省之间的地域差异、社会—经济—环境差异等所造成的社会经济发展水平上的总体约束,根据各省各自发展状况及趋势,协调低碳经济发展潜力的驱动因子来反映中部六省未来低碳经济的实现途径。

为了能比较全面地反映中部六省未来低碳经济发展的潜力,本书利用环境负荷 I = PAT 模型并结合"脱钩"原理,设计了未来中部六省发展的基准、节能和低碳 3 个情景,以求能为经济的可持续发展与能源的合理利用提供有益的建议。情景分析的基准年为 2010 年,终极目标分析年为 2030 年。

1. 基准情景

基准情景 (Business As Usual Scenario, BAU),即中部各省保持现有发展状况、不积极采取任何应对全球变暖等气候变化的政策措施和碳减排对策的情景。在基准情景下,单纯的经济增长指标始终作为发展的主要驱动因素、能源技术进步、消费结构、经济发展趋势、人口增长、产业发展等按照以往的发展趋势演进，由于受工业化进程所影响，能源与碳排放与日俱增。

2. 节能情景

节能情景（Energy Saving Scenario，ES），即在着重考虑中部六省能源需求矛盾、政策导向、能源发展结构、环境保护以及低碳经济发展要求的前提下，通过国家政策所能够实现的碳减排情景。在节能情景下，单纯的经济增长不再是发展的核心目标，低碳经济的发展综合考虑各省及国内外社会、经济、环境、能源等各方面的发展要求，中部六省依靠强化技术进步、调整产业结构、改变经济发展方式、改善能源结构等措施，在自身的努力下所实现的碳减排目标。根据全面建设小康社会的目标，各省生产总值到2020年比2000年均翻了两番以上，而按2020年的减排目标，能源效率进一步提高，单位GDP能耗量大幅降低，2020年碳排放强度较之于2005年降低40%~45%。

3. 低碳情景

低碳情景（Low Carbon Scenario，LC），即中部地区为应对气候变化，参与全球共同努力减缓气候变化的低碳经济发展情景。在低碳情景下，面对全球变暖的挑战，各国积极努力做出自己的贡献，中部各省也参与其中。在全球应对气候变化达成一致的前提下，技术进步得到进一步的强化，重大技术成本急剧下降，发达国家的低碳经济发展政策及先进技术将逐步扩散到发展中国家。清华大学国情研究中心撰写的《2030中国：迈向共同富裕》一文中指出，到2030年中国将超过美国成为全球最大的经济体，在低碳情景下，中部各省有能力进一步加大对低碳经济的投入，降低单位GDP能耗，更好地利用低碳经济提供的机会促进经济发展。另外，我国一部分低碳经济技术开发已居于世界领先地位，如二氧化碳捕获与封存技术（CCS）、清洁煤技术等，在低碳情景下这些技术将得到广泛应用。

脱 钩 理 论

"脱钩"（Decoupling）一词起源于物理领域，是指将两个或多个物理量的作用关系分开。1966年卡特（Carter. A. P）将"脱钩"的概念开

> 始引入社会经济领域，提出经济发展与环境污染存在脱钩问题。脱钩理论主要揭示的是两个变量的即期变动趋势，指的是在工业发展过程中，物质消耗总量在工业化之初随经济总量的增长而一同增长，但是会在以后某个特定的阶段出现反向变化，从而在实现经济增长的同时实现物质消耗下降。国际上通常采用"脱钩"指标来反映经济增长与物质消耗不同步变化的实质，因而脱钩关系旨在反映经济增长与物质消耗以及生态环境保护之间的不确定关系，表征两者之间的压力关系。

（二）参数设定

IPAT 模型综合反映了低碳经济目标下能源、经济、环境等多系统的发展，是一个被广泛认可的人口、经济、能源与环境关系的模型。借鉴聂锐等人的研究成果，在 IPAT 模型的基础上结合指数分解法，第 t 期的碳排放量可以表述为（聂锐等，2010）[20]：

$$C_t = P_t * A_t * D_t * \sum_{j=1}^{4} \alpha^j * ef^j = C_0 * [(1+n)*(1+g)*(1-i)*(1-v)]^t$$

(5-1)

该模型中，n 表示人口增长率，g 表示人均 GDP 的年增长率，i 表示能源技术进步率，$\sum_{j=1}^{4} \alpha^j * ef^j$ 表示能源结构优化系数，代表能源结构调整所致的碳排放系数，设其变动比率为 v。

> ### I = PAT 模型
>
> 美国斯坦福大学著名人口学家埃利希（Ehrlich）在研究人口增长对环境的冲击中，于 1971 年提出人口增长对环境的冲击不仅与人口总量有关，而且与社会的富裕度以及社会生产活动的技术水平有关，并在此基础上提出了 I = PAT 模型。I = PAT 模型用于定量分析人口（P）、经济（A）、技术（T）对能源消耗的影响，并且能够对未来人口、经济等发展情况进行模拟分析，其优点是可直接应用、方法较简便，在环境污染和气候变化等研究领域中已经得到广泛应用。

第五章 中部地区低碳经济发展潜力比较分析

本章构建各种情景的目的在于模拟分析不同情景下未来低碳经济的发展潜力，所以应强调同能源消耗相关的参数的准确设定。在对参数进行设定的过程中，本章节利用环境负荷 IPAT 模型并结合"脱钩"原理，着重考虑对能源消耗有着重要影响的人口、地区生产总值（GDP）、单位 GDP 能耗、碳排放系数的因子。按照基准情景、节能情景、低碳情景的不同设置要求，结合各省份的实际情况，各个省份不同情景相关参数的设定结果如表 5-2、表 5-3、表 5-4、表 5-5、表 5-6、表 5-7 所示。

表 5-2　　　　湖南省低碳经济情景参数设定　　　　单位：%

	年份	人口增长率	人均 GDP 增长率	单位 GDP 能耗降幅	碳排放系数降幅
基期数据	2006~2010	1.04	13.12	4.46	0.90
基准情景（BAU）	2011~2015	1.01	12.86	4.46	0.90
	2016~2020	0.94	10.32	4.46	0.90
	2021~2030	0.82	7.89	4.46	0.90
节能情景（ES）	2011~2015	0.78	11.82	4.89	0.87
	2016~2020	0.62	8.67	5.00	0.68
	2021~2030	0.54	5.35	5.20	0.84
低碳情景（LC）	2011~2015	0.78	10.67	5.00	1.40
	2016~2020	0.58	8.67	5.20	1.50
	2021~2030	0.54	6.68	5.50	1.10

表 5-3　　　　湖北省低碳经济情景参数设定　　　　单位：%

	年份	人口增长率	人均 GDP 增长率	单位 GDP 能耗降幅	碳排放系数降幅
基期数据	2006~2010	0.63	13.82	4.76	0.90
基准情景（BAU）	2011~2015	0.60	12.89	4.76	0.90
	2016~2020	0.53	10.23	4.76	0.90
	2021~2030	0.47	8.13	4.76	0.90
节能情景（ES）	2011~2015	0.59	11.70	4.98	0.87
	2016~2020	0.52	8.74	5.20	0.68
	2021~2030	0.50	5.64	5.37	0.84
低碳情景（LC）	2011~2015	0.59	10.24	5.20	1.40
	2016~2020	0.53	9.24	5.37	1.50
	2021~2030	0.50	7.35	5.53	1.10

表 5-4　　　　　　　　江西省低碳经济情景参数设定　　　　　　　　单位：%

	年份	人口增长率	人均GDP增长率	单位GDP能耗降幅	碳排放系数降幅
基期数据	2006~2010	0.69	12.40	4.38	0.90
基准情景（BAU）	2011~2015	0.65	11.74	4.38	0.90
	2016~2020	0.60	10.01	4.38	0.90
	2021~2030	0.56	8.35	4.38	0.90
节能情景（ES）	2011~2015	0.62	10.43	4.56	0.87
	2016~2020	0.59	8.36	4.87	0.68
	2021~2030	0.52	5.82	5.02	0.84
低碳情景（LC）	2011~2015	0.61	9.87	4.87	1.40
	2016~2020	0.58	8.79	5.02	1.50
	2021~2030	0.53	6.41	5.23	1.10

表 5-5　　　　　　　　安徽省低碳经济情景参数设定　　　　　　　　单位：%

	年份	人口增长率	人均GDP增长率	单位GDP能耗降幅	碳排放系数降幅
基期数据	2006~2010	0.94	14.46	4.45	0.90
基准情景（BAU）	2011~2015	0.93	13.43	4.45	0.90
	2016~2020	0.84	10.45	4.45	0.90
	2021~2030	0.76	8.80	4.45	0.90
节能情景（ES）	2011~2015	0.84	12.45	4.60	0.87
	2016~2020	0.73	9.87	4.85	0.68
	2021~2030	0.67	7.89	5.05	0.84
低碳情景（LC）	2011~2015	0.82	11.47	4.80	1.40
	2016~2020	0.73	9.57	5.21	1.50
	2021~2030	0.60	8.32	5.49	1.10

表 5-6　　　　　　　　河南省低碳经济情景参数设定　　　　　　　　单位：%

	年份	人口增长率	人均GDP增长率	单位GDP能耗降幅	碳排放系数降幅
基期数据	2006~2010	0.50	12.62	4.40	0.90
基准情景（BAU）	2011~2015	0.49	9.94	4.40	0.90
	2016~2020	0.49	8.93	4.40	0.90
	2021~2030	0.45	6.52	4.40	0.90

续表

	年份	人口增长率	人均GDP增长率	单位GDP能耗降幅	碳排放系数降幅
节能情景（ES）	2011~2015	0.49	8.67	4.63	0.87
	2016~2020	0.48	7.94	4.87	0.68
	2021~2030	0.45	5.32	5.20	0.84
低碳情景（LC）	2011~2015	0.48	7.94	4.87	1.40
	2016~2020	0.47	6.87	5.20	1.50
	2021~2030	0.45	6.06	5.45	1.10

表5-7　　　　　　　　山西省低碳经济情景参数设定　　　　　　　　单位：%

	年份	人口增长率	人均GDP增长率	单位GDP能耗降幅	碳排放系数降幅
基期数据	2006~2010	1.27	11.60	5.01	0.90
基准情景（BAU）	2011~2015	1.14	9.62	5.01	0.90
	2016~2020	1.02	8.33	5.01	0.90
	2021~2030	0.98	6.87	5.01	0.90
节能情景（ES）	2011~2015	0.98	8.97	5.62	0.87
	2016~2020	0.78	7.75	6.26	0.68
	2021~2030	0.74	5.34	6.58	0.84
低碳情景（LC）	2011~2015	0.99	8.18	5.90	1.40
	2016~2020	0.89	7.24	6.34	1.50
	2021~2030	0.73	5.50	6.46	1.10

模型中的参数设定是进行情景分析的关键，合理、科学、有效的参数设计将使各情景更具真实性。上述各表所设定的参数值是在综合现有的国内外研究的基础上，根据各省统计年鉴总结出各省低碳经济发展趋势，结合各省"十二五"发展规划纲要、全面建设小康社会要求、哥本哈根国际气候会议温室气体减排目标等相关政策、规划、战略部署等，并按各省具体的实际情况而设定的，具有一定的可操作性与可实现性。

(三) 评价与比较

不同情景下的低碳经济发展趋势不同，通过对未来中部六省低碳经济不同情景下的发展潜力进行分析，能为中部地区低碳经济发展政策、规划的制定提供一定的参考。本章将从人口、经济、能耗、碳排放等几个方面出发，探讨各省在基准情景、节能情景及低碳情景三种模式下的评价结果。

1. 基准情景下中部地区低碳经济发展潜力的比较

（1）人口增长。未来20年中部六省人口总量呈上升趋势（见图5-3），2030年的人口数量是2010年的1.15倍；但增长幅度有所减缓，相比2010年的36663.56万人，预计2015年人口将增加3.88%、2020年人口将增加7.62%、2030年人口将增加14.77%。未来3个时间段里，人口平均增长率从0.76%下降到0.74%再降到0.69%。

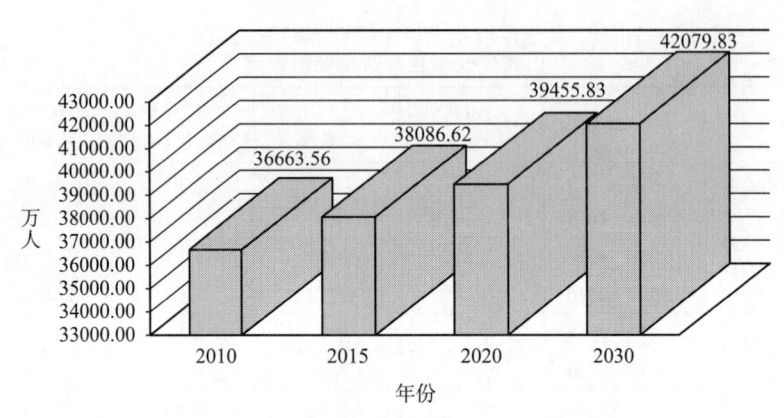

图5-3 基准情景下中部六省人口总量分析

具体说来，中部各省人口总量变化显著（见图5-4）。由于基数较大，到2030年河南省人口高达10329.68万人，是山西省4387.06万人的2.34倍，是江西省5021.87万人的2.06倍。结合各省统计年鉴中的历年人口数据，在保持现有发展状况的前提下，利用趋势外推法可推算出，中部各省未来20年的人口年均增长率最高的是湖南省，增长率为0.9%，较2010年增加1387.09万人；其次是安徽省，人口年均增长率为0.82%，较2010年人口数增加1060.32万人；再次是江西省，人口增长率为0.59%，较2010年人口数增加559.62万人。

（2）经济总量。对中部六省经济总量做了二项式的趋势分析，基准情景下中部各省经济总量一直保持持续上升（见图5-5），2015年中部各省经济总和为175014.47亿元，是2010年86109.38亿元的2.03倍；到2020年各省经济总和为301481.33亿元，是2010年的3.5倍；到2030年各省经济总和为686153.01亿元，是2010年的7.97倍，增加600043.63亿元。

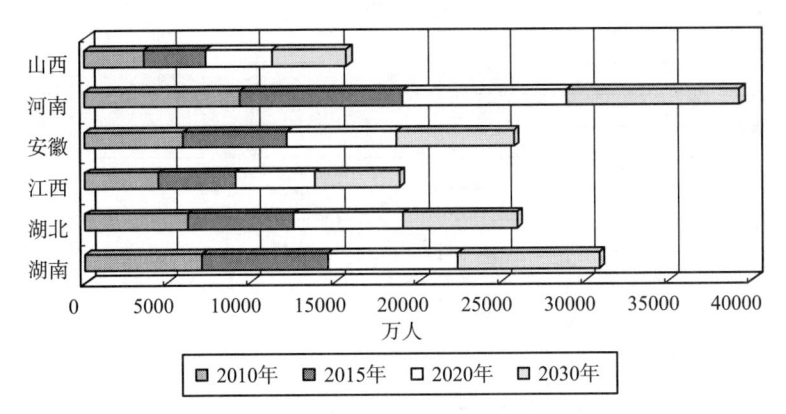

图 5-4 基准情景下中部各省人口比较分析

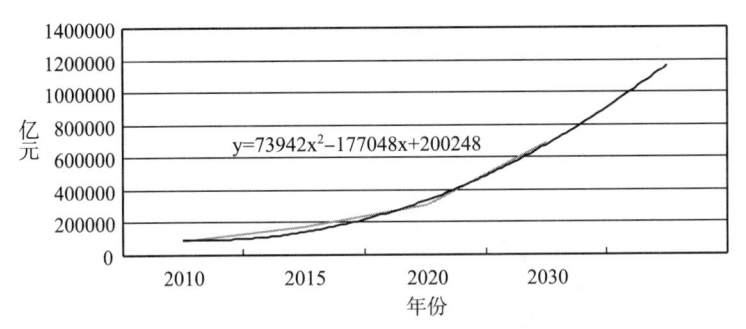

图 5-5 基准情景下中部六省经济总量比较分析

$$y=73942x^2-177048x+200248$$

根据各省历年统计年鉴的数据进行统计和趋势外推，可得出各个省份具体的经济总量变化趋势（见图5-6），在保持现有发展状态下，未来20年，安徽、湖北、湖南三省GDP变化趋势明显，其经济总量将大幅增加；而河南、山西、江西三省GDP的增幅要相应平缓些，经济总量增加较慢。到2030年，安徽经济总量为157604.32亿元，湖北经济总量为155502.01亿元，湖南经济总量为149595.01亿元，江西经济总量为75138.73亿元，山西经济总量为57931.25亿元，河南经济总量为90381.69亿元。随着时间的推移，中部各省经济总量的两极分化将越来越明显。

（3）人均GDP。人均GDP与经济总量的增长情况相类似，表现出随时间的推移而不断增加的趋势（见图5-7）。中部2010年人均GDP为23486元，到2015年为45952元，到2020年为76410元，到2030年则增长至163060元。

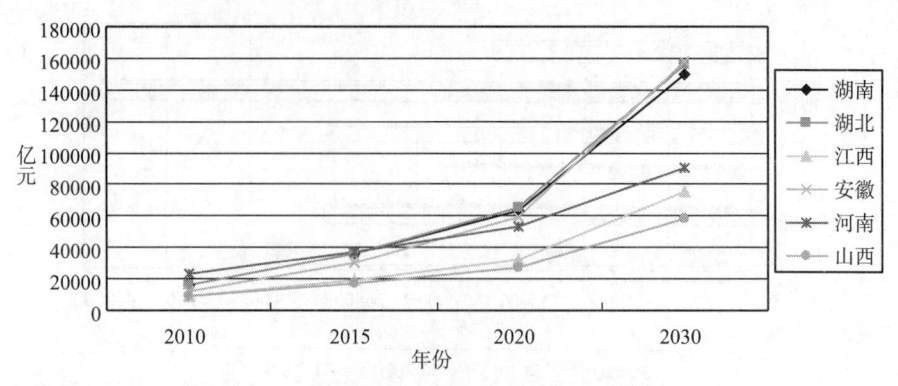

图 5-6　基准情景下中部各省经济总量比较分析

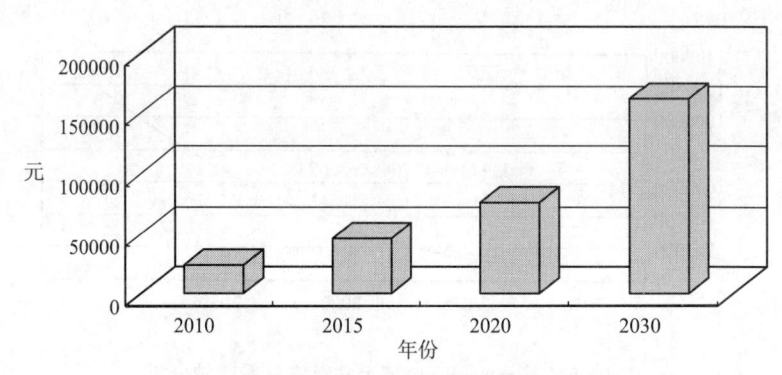

图 5-7　基准情景下中部人均 GDP 变化趋势

由于人均 GDP 除了受经济总量的影响外，还受人口总量变化的影响，所以综合各省实际情况，中部各省人均 GDP 变化趋势（见图 5-8）与经济总量的变化趋势也略有所不同。中部六省中，在 2010 年、2015 年、2020 年、2030 年 4 个不同时间段内，湖北省人均 GDP 一直居于第一位，而河南除了 2010 年之外，其他 3 个时间段人均 GDP 都处于较低水平，2010 年湖北人均 GDP 比安徽高出 7018 元，是安徽的 1.34 倍；2015 年湖北人均 GDP 比河南高出 18841.1 元，是河南的 1.49 倍；2020 年湖北人均 GDP 比河南高出 46634.73 元，是河南的 1.86 倍；2030 年湖北人均 GDP 比河南高出 139593.1 元，是河南的 2.6 倍。

（4）能源利用效率。未来 20 年内，单位 GDP 能耗（见图 5-9）降幅最大的是山西省，其次是湖北省，再次是江西省，降幅最低的是安徽省。山西是能源大省，能源结构多元化程度较低，所以单位 GDP 能耗下

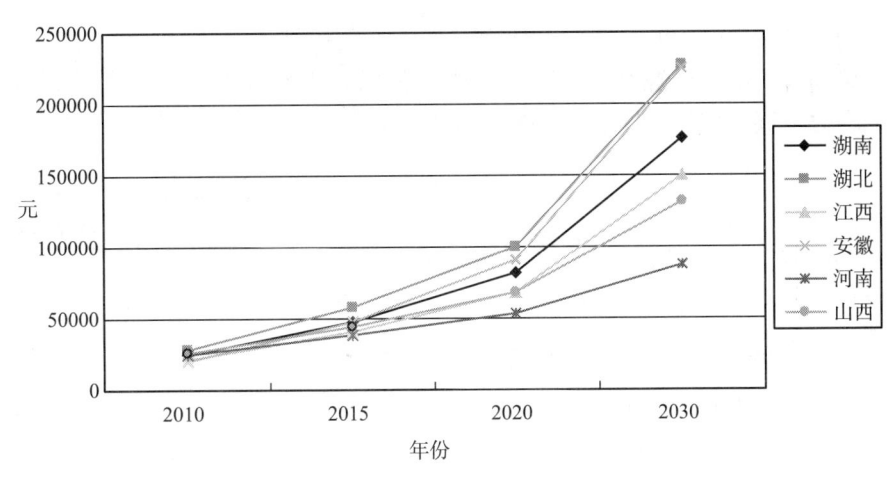

图 5-8 基准情景下中部各省人均 GDP 分析

降空间较大；湖北、江西、河南 3 省按照目前的发展趋势，未来 20 年能源利用效率的前景可观，单位 GDP 能耗分别下降 0.48 吨标准煤/万元、0.28 吨标准煤/万元和 0.3 吨标准煤/万元。整体上来说，中部各省能源利用效率不高，由于经济结构粗放、城市化水平较低等原因，经济增长对能源的依赖性较大，所以对发展低碳经济而言，提高能源利用效率迫在眉睫。

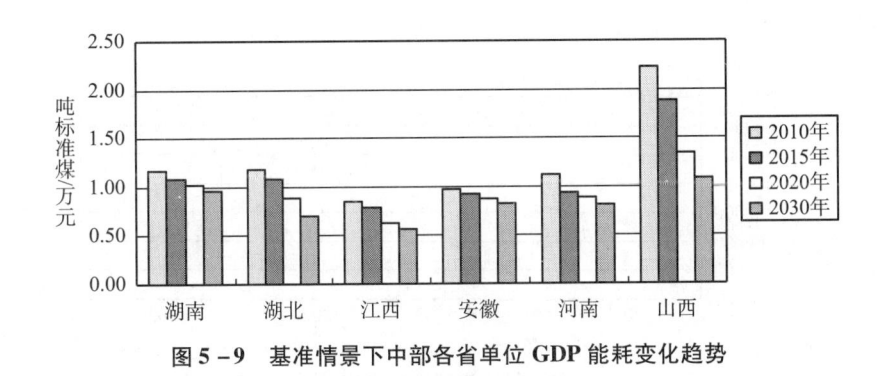

图 5-9 基准情景下中部各省单位 GDP 能耗变化趋势

（5）人均碳排放。在基准情景下，单纯的经济增长指标始终作为发展的主要驱动因素，影响人均碳排放的人口增长、经济发展趋势、能源技术进步等按照以往的发展趋势演进，以致各省人均碳排放都成加速上升趋势（见图 5-10）。中部六省中，湖北省人均碳排放量增长最为明显，增幅最大的是安徽省,山西、江西、河南三省人均碳排放量上升趋势相对缓和。总体而言,由于能源结构多元化水平较低以致中部各省呈现高碳排放格局,要发展低碳经济,就必须推进产业结构调整。

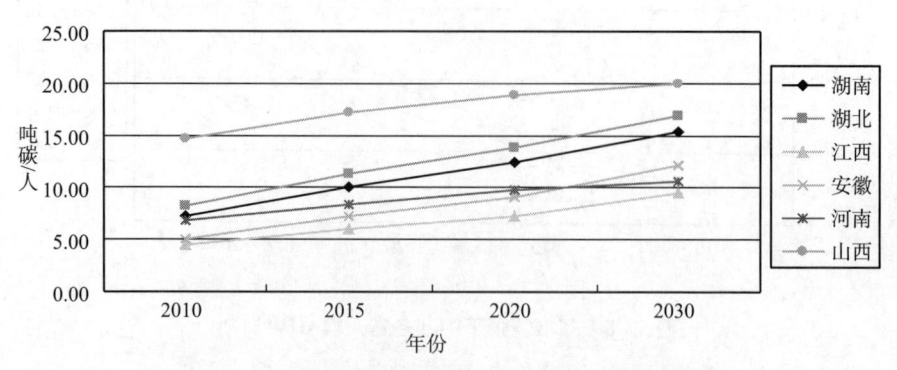

图 5-10　基准情景下中部各省人均碳排放趋势分析

(6)碳排放总量。基准情景下,碳排放受经济的发展、工业化进程等多种因素的影响。随着时间的推移,中部地区碳排放总量持续增加(见图 5-11),碳排放总量增速到 2015 年达到最高峰。中部地区碳排放总量 2015 年为 363926.96 万吨,2020 年为 452073.61 万吨,2030 年为 577515.77 万吨。2015 年以后,中部各省碳排放总量年平均增长率逐渐降低。

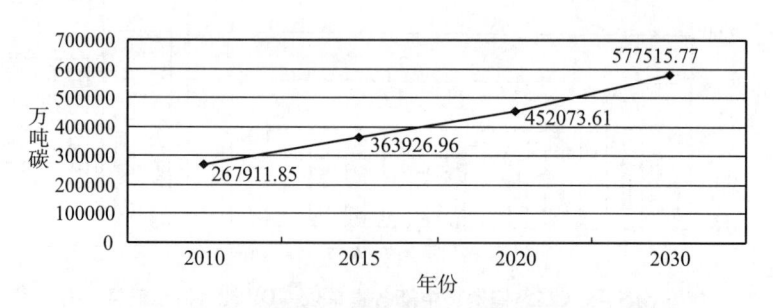

图 5-11　基准情景下中部各省碳排放总量趋势分析

未来 20 年里,河南、山西两省碳排放平均增长速率最低,分别为 2.77% 和 2.63%;湖北、江西两省碳排放平均增长速率次之,分别为 4.19% 和 4.48%;安徽、湖南两省碳排放平均增长速率最高,分别为

5.35%和4.82%。由于能源结构、人口增长、经济发展水平、工业化进程等碳排放影响因素之间的差异,加之各省碳排放总量在基数上存在很大的差距,因此到2030年各省碳排放总量上的差异进一步拉大,碳排放总量的比较中(见图5-12),增长幅度最大的是湖南省,其次是湖北省,再次是安徽省。河南、山西、江西三省增长幅度相对较小。

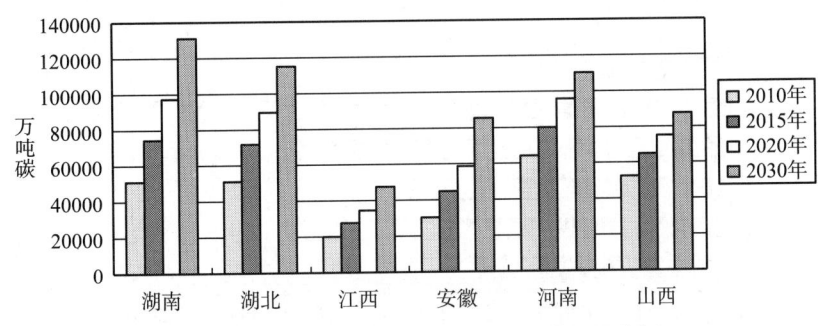

图5-12 基准情景下中部各省碳排放总量分析

2. 节能情景下中部地区低碳经济发展潜力的比较

(1)人口增长。节能情景下,由于对于人口增长有一定的政策约束,人口增长的幅度没有基准情景明显。虽然未来20年中部六省人口总量呈上升趋势(见图5-13),2015年的人口数量是2010年的1.03倍,2020年的人口数量是2010年的1.07倍,2030年的人口数量是2010年的1.13倍;但是增长幅度有所减缓。

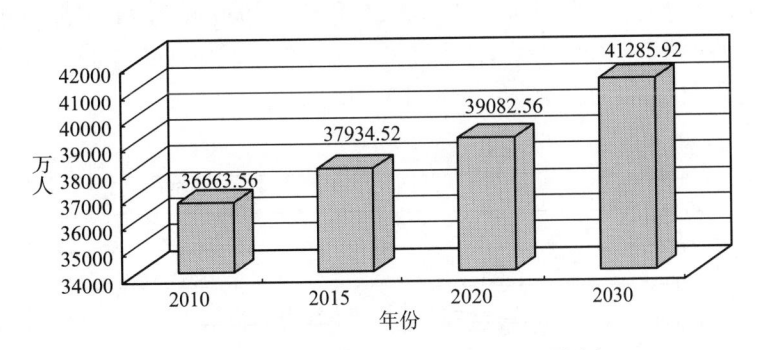

图5-13 节能情景下中部六省人口总量分析

就中部各省人口总量的具体变化(见图5-14)而言,虽然各省人口数量相比基准情景都有下降,但中部六省未来20年人口总量两极差距将有所扩大。由于基数和人口增长率过大,在人口总量的变化上,人口大省河南比其他省份都要明显,到2030年河南省人口为10324.54万人,是山西省的2.46倍,是江西省的2.07倍。到2030年,人口增长增幅最大的是山西,其次是安徽,湖南、江西、湖北3省增幅较缓,增长幅度最小的为河南。

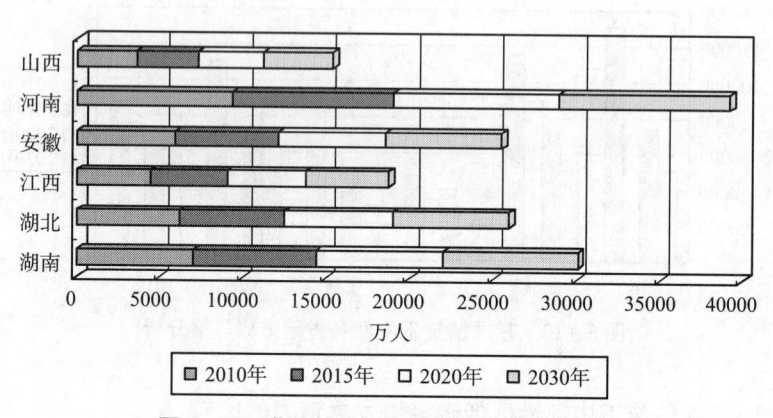

图5-14 节能情景下中部各省人口总量分析

(2) 经济总量。节能情景下,由于单纯的经济增长不再是发展的核心目标,低碳经济的发展要综合考虑各省及国内外社会、经济、环境、能源等各方面的发展要求,中部各省经济增长将受到一定限制,其经济增速相对基准情景有所缓和。以2010年为基期年,2015年中部六省经济总量为152964.32亿元,2020年为237852.35亿元,2030年为445965.27亿元。随着经济的不断发展,中部各省经济总量年均增长率逐年降低,实现由发展中省份向发达省份的蜕变(见图5-15)。

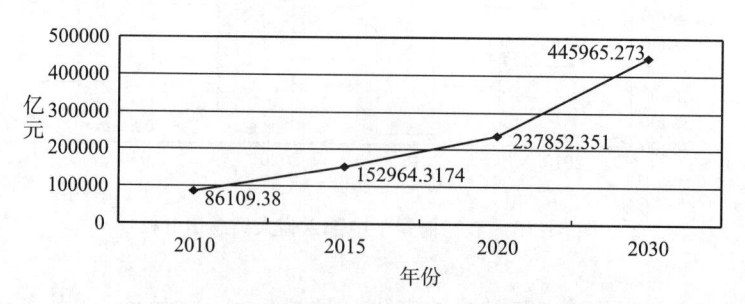

图5-15 节能情景下中部地区经济总量趋势分析

在经济总量不断增加的总趋势下,各省具体情况有所不同(见图5-16)。未来20年中部六省中,安徽省经济总量增幅最大,其次是湖南、湖北两省,河南省经济总量增幅相对而言较落后。安徽省虽然基期经济总量没有河南等省大,但是其经济增长方式、能源结构较为合理,增长潜力巨大。湖南省经济增长也具有类似的特征。

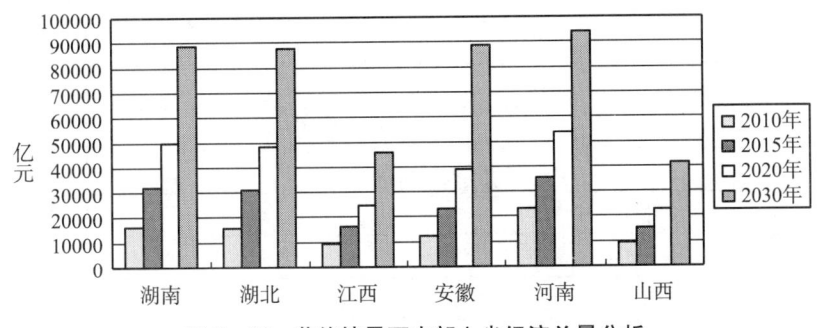

图5-16 节能情景下中部六省经济总量分析

(3)人均GDP。节能情景下中部六省人均GDP增速与经济总量的增速类似,受能源需求矛盾、政策导向、能源发展结构、环境保护以及低碳经济发展等因素的限制,增速明显减缓。2010年中部六省人均GDP为23487元,到2015年为40323元,到2020年为60859元,到2030年为108019元(见图5-17),增幅与经济总量成线性相关。

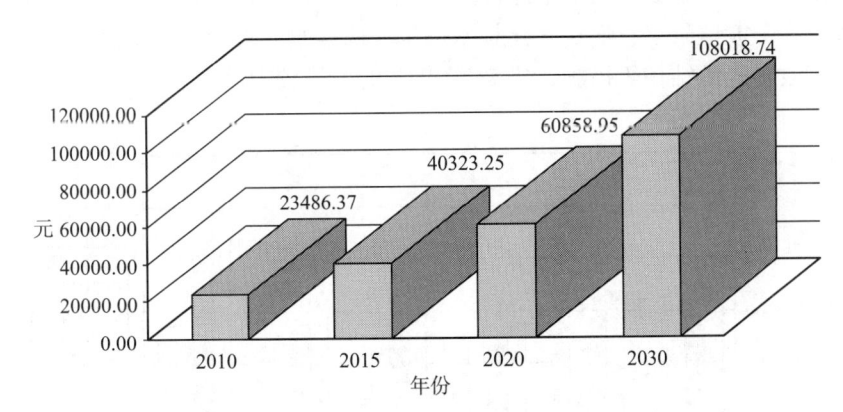

图5-17 节能情景下中部六省人均GDP增长趋势

人均GDP除受经济总量的影响外,还受人口总量变化的影响,所以各省具体的人均GDP增长情况（见图5-18）在增幅上有所不同。未来20年中部六省中，安徽省人均GDP增幅最大，其次是湖北、湖南、江西3省，山西、河南2省人均GDP增幅相对而言较落后。安徽省虽然基期人均GDP没有湖北等省多，但是其增长空间巨大。

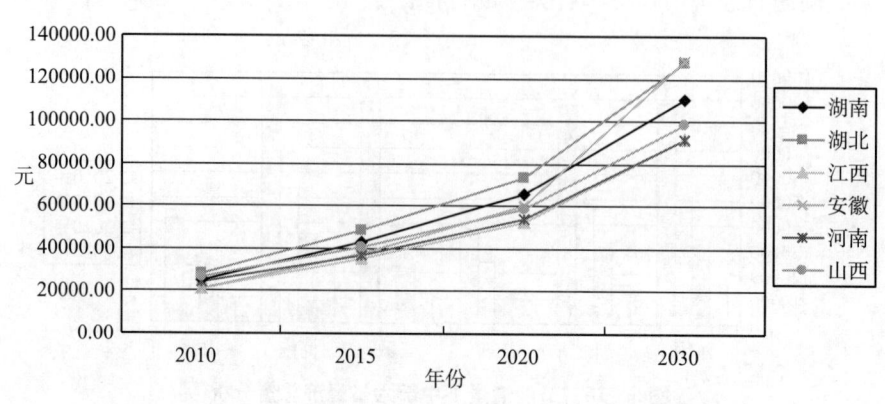

图5-18 节能情景下中部各省人均GDP增长趋势分析

（4）能源利用效率。与基准情景相比，中部各省节能情景下的能源利用效率有大幅提升，而且各省的单位GDP降幅也有不同的变化。未来20年内单位GDP能耗（见图5-19）降幅最大的是湖南省，其次是山西省，再次是湖北省，接着是河南省、安徽省和江西省。中部各省目前经济的增长主要依赖于资源和能源的消耗，大都处于高碳排放格局，经济结构粗放，在节能情景下，通过强化技术进步、调整产业结构、改变经济发展方式、改善能源结构等措施，未来20年节能前景较为可观。

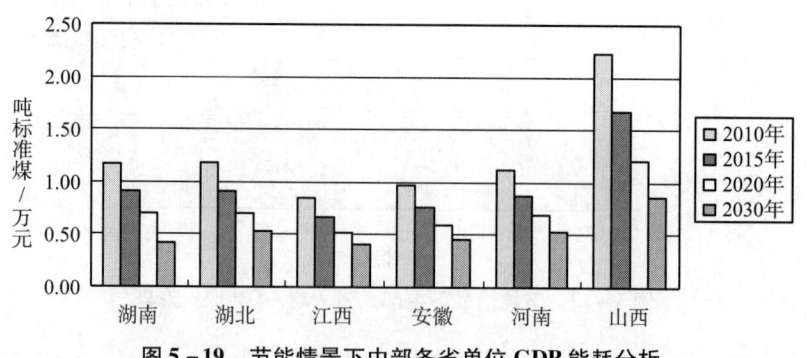

图5-19 节能情景下中部各省单位GDP能耗分析

(5) 人均碳排放。在节能情景下，综合考虑中部六省能源需求矛盾、政策导向、能源发展结构、环境保护以及低碳经济发展要求等因素的影响，各省人均碳排放（见图5-20）增速有所缓和，到2020年，湖南、湖北、河南、山西分别进入人均碳排放"拐点"，江西、安徽2省在2030年前后进入人均碳排放"拐点"。在中部六省中，山西省人均碳排放总量在2030年比2010年要降低12.39%，率先实现负增长；未来20年增幅最大的是安徽省，江西、湖南、湖北三省次之。

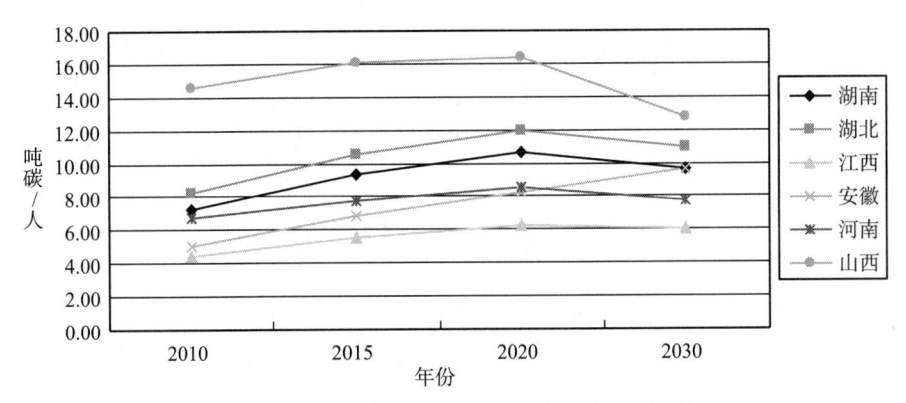

图5-20 节能情景下中部各省人均碳排放分析

(6) 碳排放总量。中部地区经济正进入快速发展阶段，规模扩大迅速，能源消耗大，在节能情景下，虽然单位GDP能耗有所降低，但是碳排放总量仍有较大的增长（见图5-21）。2015年碳排放总量为340064.12万吨，到2020年"拐点"时为390062.04万吨，2030年为383070.89万吨，相比2010年年均增长率为1.8%。

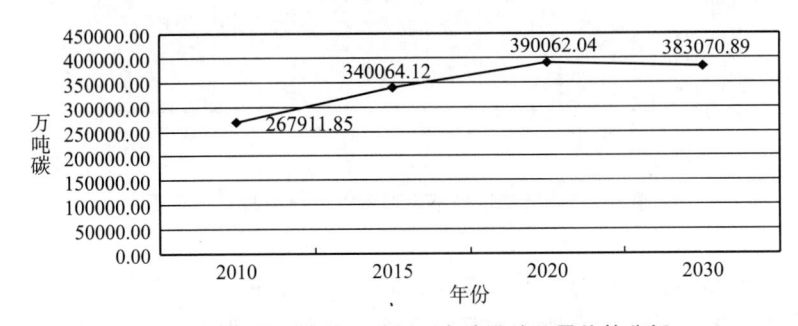

图5-21 节能情景下中部六省碳排放总量趋势分析

未来20年里,山西省碳排放平均增长速率最低,仅为0.15%;其次是河南省;湖南、江西、湖北三省碳排放平均增长率几乎持平;碳排放平均增长率最高的是安徽省(见图5-22)。

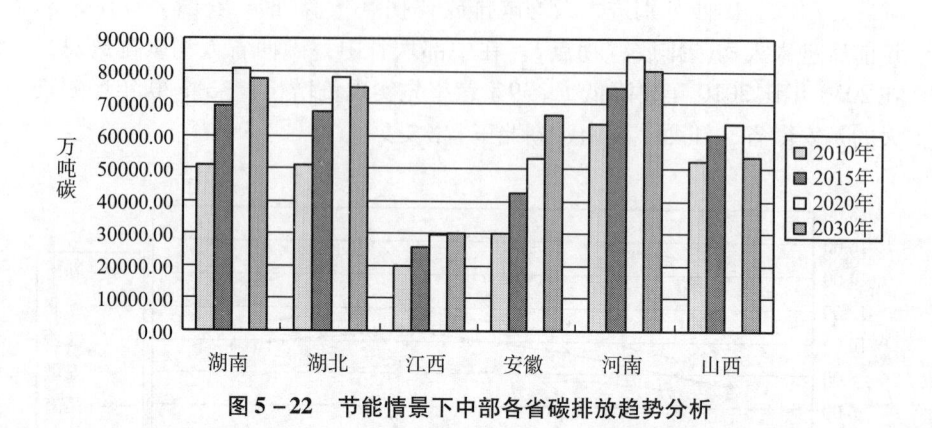

图5-22 节能情景下中部各省碳排放趋势分析

3. 低碳情景下中部地区低碳经济发展潜力的比较

(1)人口增长。低碳情景下,中部地区人口增长的幅度比基准情景和节能情景都要小。未来20年,中部六省人口总量上升趋势比较平缓(见图5-23),2015年人口数量为37919.98万人,2020年为39069.83万人,2030年为41226.08万人。低碳情景下人口年平均增长率逐渐降低。

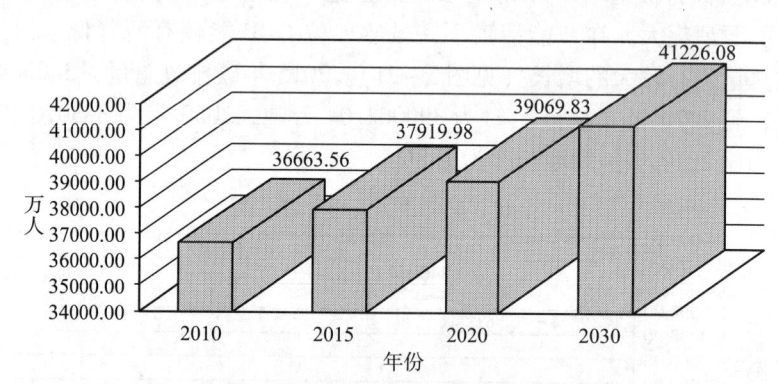

图5-23 低碳情景下中部各省人口总量趋势分析

就中部各省人口总量的具体变化而言,在总量不断增加的趋势下,各省份人口增长的幅度有所差异(见图5-24)。到2030年,人口最多的省份为河南省；人口增幅最大的是山西，其次是安徽；湖南、江西、湖北三省增幅较缓。

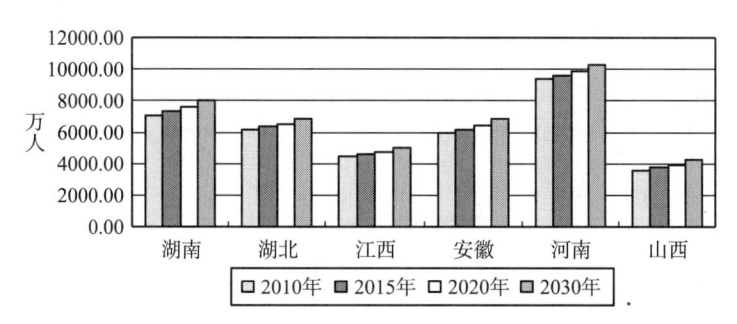

图 5-24 低碳情景下中部六省人口总量分析

（2）经济总量。低碳情景下，由于更加注重节能减排、环境保护等因素，中部各省经济总量的增长受到了更进一步的限制，其经济增速相对基准情景和节能情景都有所缓和。以 2010 年为参考，2015 年中部六省经济总量为 138623.62 亿元，2020 年为 205726.24 亿元，2030 年为 403924.96 亿元（见图 5-25）。随着中部地区经济的不断发展，各省经济总量年均增长率逐年降低，经济发展速度进入稳定发展状态。

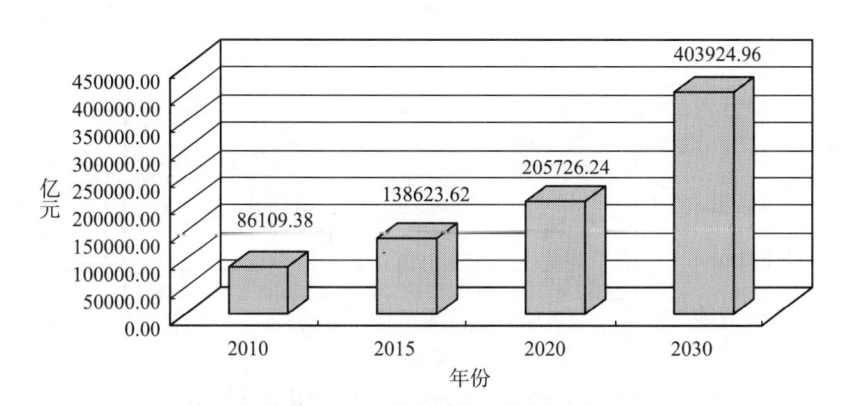

图 5-25 低碳情景下中部各省经济总量趋势分析

在经济总量不断增加的总趋势下，中部地区各个省份的具体情况有所不同（见图 5-26）。低碳情景下各省经济增长趋势与其在节能情景下相类似。未来 20 年，中部六省中安徽省经济总量增幅最大，其次是湖北、湖南2省。安徽省经济增长方式、能源结构较为合理，增长潜力显著。

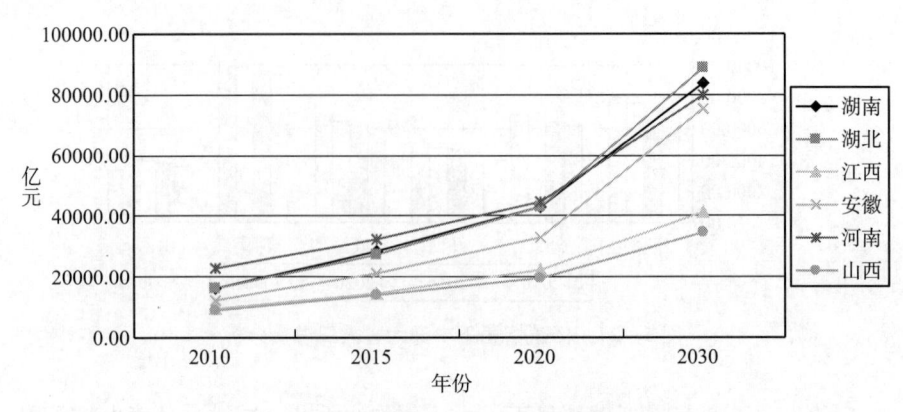

图5-26 低碳情景下中部六省经济总量分析

（3）人均GDP。低碳情景下，中部地区人均GDP增速进一步减缓（见图5-27），2010年中部各省人均GDP为23486元，到2015年为36557元，到2020年为52656元，到2030年为97978元。

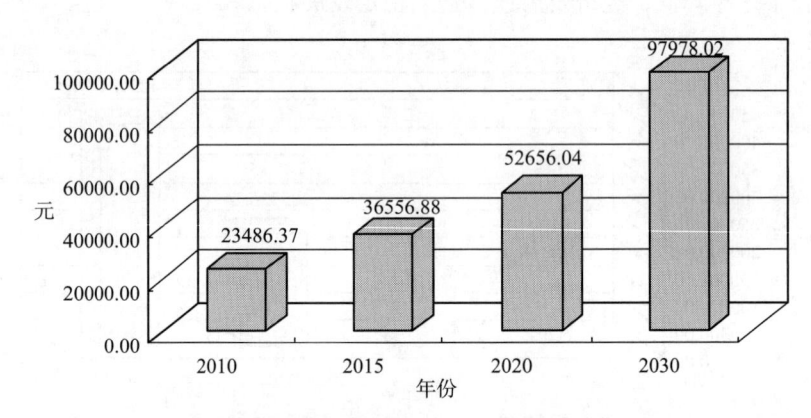

图5-27 低碳情景下中部各省人均GDP增长趋势分析

未来20年，中部六省中湖北省人均GDP一直领先，人均GDP增幅最大的是安徽省，其次是湖北、湖南、江西三省，河南、山西两省增幅相对较小（见图5-28）。

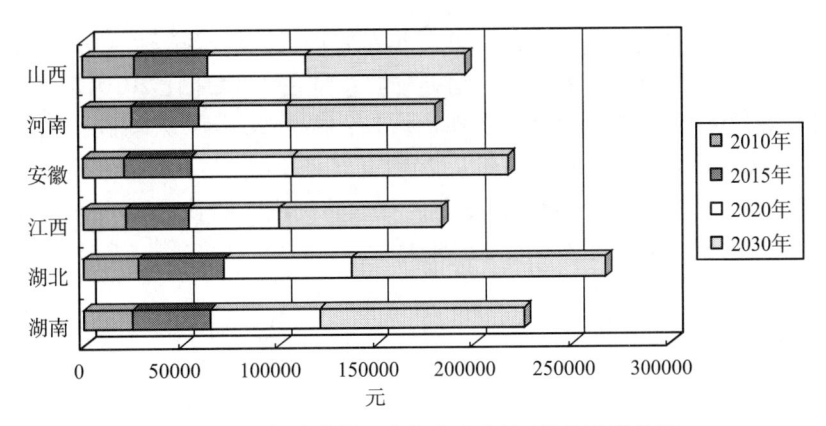

图 5-28 低碳情景下中部六省人均 GDP 增长分析

（4）能源利用效率。与基准情景相比，中部各省在低碳情景下的能源利用效率有更大的提升；与节能情景相比，中部各省在低碳情景下能源利用效率的趋势相近，但能源利用效率更高。未来 20 年内，单位 GDP 能耗降幅最大的是湖南省，其次是山西省，再次是湖北省，河南省第四，安徽省第五（见图 5-29）。江西省由于能源利用效率一直比较高，所以单位 GDP 能耗降幅不高。中部各省目前经济的增长主要依赖于资源和能源的消耗，经济结构粗放。在低碳情景下，积极应对气候变化的挑战，加大对低碳经济的技术及资金投入，提高低碳经济管理水平，未来 20 年能源利用效率提升前景甚好。

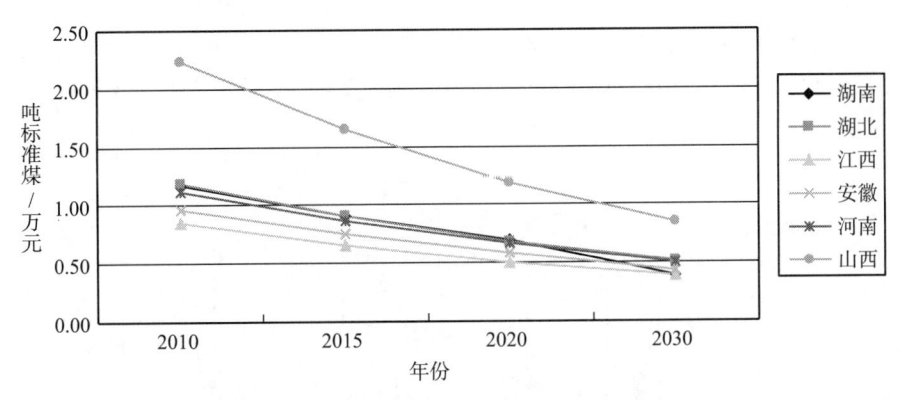

图 5-29 低碳情景下中部六省单位 GDP 能耗分析

（5）人均碳排放。与基准情景和节能情景相比，中部各省低碳情景下人均碳排放有了更进一步的控制（见图 5-30）。河南、山西 2 省在 2015 年左右进入人均碳排放"拐点"，湖南、湖北、江西 3 省在 2020 年左右进入人均碳排放"拐点",安徽在2030年左右进入人均碳排放"拐点"。在中部六省中,山西、河南2省人均碳排放总量在2030年比2010年分别要降低24.27%和3.07%,率先实现负增长;未来20年,人均碳排放增幅最大的是安徽省,人均碳排放量从2010年的5.04吨/人增加到2030年的8.02吨/人,增加了59.09%;湖北、江西、湖南3省次之,人均碳排放量分别增加20.97%、23.64%和25.04%。

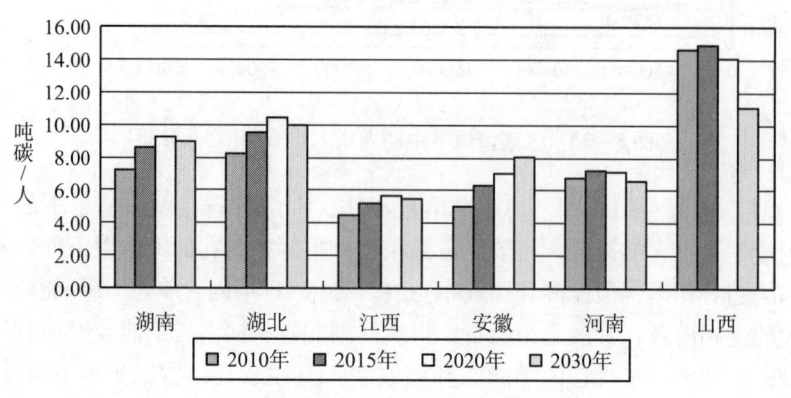

图5-30 低碳情景下中部六省人均碳排放分析

(6)碳排放总量。中部地区经济正在快速发展阶段,规模扩大迅速,低碳情景下,随着低碳经济管理水平的不断提高、节能减排技术的不断进步,碳排放总量有较大的控制(见图5-31)。2015年碳排放总量为312891.39万吨,2020年为336968.32万吨,2030年为337312.03万吨。

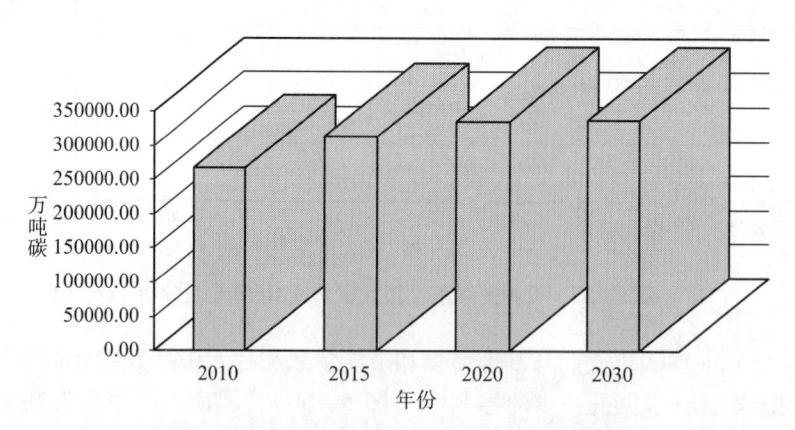

图5-31 低碳情景下中部各省碳排放总量分析

第五章 中部地区低碳经济发展潜力比较分析 ·181·

碳排放总量的发展趋势在各个省份的具体情况各不相同（见图5-32）。未来20年，中部六省中山西率先实现碳排放总量负增长，河南省的碳排放增幅最少，湖北、江西、湖南3省碳排放增幅相互持平，安徽省增幅相对较大。

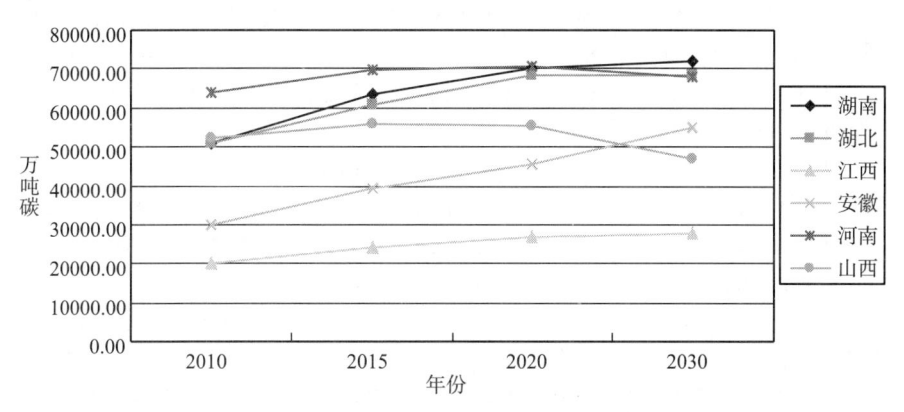

图5-32 低碳情景下中部各省碳排放总量分析

参考文献

[1] Stern N. The Economics of Climate Change. The Stern Review [M]. Cambridge, UK：Cambridge University Press，2006.

[2] Ugur Soytas, Ramazan Sari, Bradley T. Ewing. Energy consumption, income, and carbon emissions in the United States [J]. Ecological Economics，2007（62）.

[3] David Mc Collum, Christopher Yang. Achieving deep reductions in US transport green house gas emissions：Scenario analysis and policy implications. Energy Policy. 37 (2009).

[4] 姜克隽，胡秀莲，庄幸，刘强. 中国2050年低碳情景和低碳发展之路 [J]. 中外能源，2009，14（6）.

[5] 曹斌，林剑艺等. 基于LEAP的厦门市节能与温室气体减排潜力情景分析 [J]. 生态学报，2010，30（12）.

[6] 吴彼爱，高建华. 中部六省低碳发展水平测度及发展潜力分析 [J]. 长江流域资源与环境，2010（19）.

[7] 王群伟，周德群，周鹏. 区域二氧化碳排放绩效及减排潜力研究——以我国主要工业省区为例 [J]. 科学学研究，2011，29（6）.

[8] 许广月，宋德勇. 中国碳排放环境库兹涅茨曲线的实证研究——基于省域面板数据 [J]. 中国工业经济，2010（5）.

[9] 国涓，刘长信，孙平. 中国工业部门的碳排放：影响因素及减排潜力 [J].

资源科学，2011，33（9）.

［10］张颖，王灿，王克，陈吉宁. 基于 LEAP 的中国电力行业二氧化碳排放情景分析［J］. 清华大学学报. 2007，47（3）.

［11］蔡闻佳，王灿，陈吉宁. 中国公路交通业二氧化碳排放情景与减排潜力［J］. 清华大学学报. 2007，47（12）.

［12］黄莹，廖翠萍，赵黛青. 基于情景分析法的广东交通运输节能减排潜力研究［J］. 开放导报，2011（4）.

［13］石培华，吴普. 中国旅游业能源消耗与二氧化碳排放量的初步估算［J］. 地理学报，2011，66（2）.

［14］Weigend Andreas S. Time series analysis and prediction using gated experts with application to energy dem and forecasts［J］. Applied Artificial Intelligence，1996（11/12）.

［15］林伯强，蒋竺均. 中国二氧化碳的环境库兹涅茨曲线预测及影响因素分析［J］. 管理世界，2009（4）.

［16］付加锋，高庆先，师华定. 基于生产与消费视角的二氧化碳环境库兹涅茨曲线的实证研究［J］. 气候变化研究进展，2008，4（6）.

［17］赵媛，梁中，袁林旺等. 能源与社会经济环境协调发展的多目标决策［J］. 地理科学，2001，21（2）.

［18］宁云才. 煤炭需求预测的复合小波神经网络模型［J］. 煤炭学报，2003，28（1）.

［19］刘小敏. 中国 2020 年碳排放强度目标的情景分析——基于重点部门的研究［D］. 中国社会科学院研究生院，2011.

［20］聂锐，张涛，王迪. 基于 IPAT 模型的江苏省能源消费与碳排放情景研究［J］. 自然资源学报，2010（9）.

第六章

中部地区低碳经济发展的
制度与政策建设

一、国内外低碳经济发展的制度与政策建设经验

(一) 国外低碳经济发展制度与政策建设经验

1. 低碳经济制度建设经验

"低碳经济"最早出现在政府文件中是在2003年的英国能源白皮书《我们能源的未来：创建低碳经济》。

"气候变化法案"是世界上第一部关于温室气体减排的法律。英国也因为"气候变化法案"成为世界上首个将节能减排目标上升到立法高度的国家。2009年4月，英国成为世界上第一个颁布关于"碳预算"的国家。目前，英国已建立了能源与气候变化部，初步形成了以政府为主导、市场为基础，社会各要素共同参与的互动体系。

美国政府于2005年通过《能源政策法》，意图通过立法来鼓励使用可再生能源，确保国家能源安全，提高能源利用率，鼓励研发和使用替代能源和核能。《能源政策法》主要内容包括：对消费税进行优惠，提高家庭能源利用率；制定新的能效标准，运用税收调节作用，废除不利于低碳基础设施投资的法规，对国家电网等基础设施进行升级；财政扶持可再生能源的开发，减免绿色产业税收。

挪威长期致力于二氧化碳减排工作，政府一直积极努力推进挪威成为一个低温室气体排放国。2007年6月，挪威环境部发布了2006~2007年环境白皮书，提出挪威应制定世界上最具雄心的气候政策和目标：(1) 2008~

2012年，挪威减少温室气体排放超过在《京都议定书》中承诺量的10%。（2）到2020年，在全球范围内减少温室气体排放量相当于挪威1990年排放量的30%。（3）到2050年，在全球范围内减少温室气体排放量相当于挪威产生的排放量，即成为"碳中性国家"。上述政策和目标已于2007年6月提交国会审议。挪威政府于2005年3月就成立了"低排放委员会"，并于2006年10月发布了研究报告，提出一套"整体解决方案"，计划针对6种排放源提出13种减排措施。

2007年，日本颁布《21世纪环境立国战略》，并提出"低碳社会行动计划"，计划在2012年日本国内家电太阳能利用率大幅提高，利用太阳能发电的费用成本降低50%。2008年，日本内阁制定"福田蓝图"计划，标志着日本正式形成低碳经济发展战略，并确定"领跑者制度"，即同行业内将能耗最低的产品作为行业领跑者，将此产品树立为行业规范和减排参考标准。

作为发展中国家的巴西，通过电力基金支持，在节能方面取得了瞩目成效，同时还产生了显著的环境效益和多方面的资源节约效果。作为世界重要乙醇燃料生产国，通过与美国进行合作，巴西将在今后30年内利用美国的资金支持，和本国成熟的乙醇生产技术、经验生产乙醇替代燃料，向拉美地区其他国家推广乙醇和其他生物燃料，将通过乙醇替代能源的生产出口，推动其低碳能源的经济增长。

根据世界资源协会的统计，尽管目前印度的温室气体排放水平只占世界的5%，但是到2025年，伴随经济和污染的快速增长，将导致温室气体排放水平增长70%。面对形势的压力，印度曾在2004~2005年期间，重点推广可再生能源项目，建立了10万个生物制沼气发电厂，安装了1.6万个太阳能照明系统。印度提出了其产业能源发展目标，要求到2030年可再生能源占能源需求的20%。这既是印度新能源和可再生能源生产安全目标的重要组成部分，也是印度管理和减缓其温室气体排放并推进经济持续增长和发展的重要措施。

2. 低碳经济政策设计经验

美国政府先后通过《低碳经济法案》、《美国清洁能源安全法案》，引入"控制总量与排放交易"，意图通过在限定总量、限定交易的基础上减少温室气体排放，同时提供数百万就业机会保障美国就业、刺激经济增长。美国把低碳经济发展作为兼顾经济发展和环境保护的重要战略部署。

气候变化协议是英国政府为促进能源密集型企业减排，而与企业签订的自愿减排协定。主要内容是确定每个企业 2000~2010 年的减排目标和排放上限，以 2 年为一个阶段考核期（陈亚雯，2010）[1]。完成协议规定的减排任务，企业可只需缴纳原有气候变化税的 20%。2001 年 4 月 1 日，英国政府颁布气候变化税。此次的征税目的是用经济手段引导、鼓励能源得到高效利用，促进新型再生能源得到进一步推广。征收对象被定义为商业、公共部门和非民用工业的能源供给商。政府通过减免税、保险税将气候变化税返还给企业，余下部分将补贴到企业节能投资或拨给碳基金。

3. 淘汰落后产能，引导产业低碳化发展的经验

2006 年，美国实行《气候变化项目战略计划》（简称 CCTP）。计划提出一系列节能减排、鼓励清洁能源技术应用的措施，提出了减少基础设施碳排放、发展碳捕捉与存埋技术、建立检测温室气体排放体系。奥巴马政府制定"绿色复兴计划"，在六大基础设施项目投资 1000 亿美元实施绿色新政，包括：风力发电、太阳能发电、节能建筑、智能电网、生物燃料和公共交通运输系统等（瞿国华，2010）[2]。"绿色复兴计划"提出，到 2012 年，美国可替代能源产量翻一番，到 2020 年，在可再生能源领域将投入 1500 亿美元。

2009 年 7 月，英国能源与气候变化部公布了能源与气候变化白皮书《英国低碳转换计划》，该计划标志着低碳经济转型在英国正式启动，这是全球应对气候变化最为系统全面的政府白皮书。计划指出政府机构必须建立自己的碳预算，按预算严格控制自己的碳排量，到 2020 年，英国碳排量将在 1990 年的基础上减少 34%。此外，英国公布了 3 项配套计划，分别是《英国低碳工业战略》、《可再生能源战略》、《低碳交通计划》，扶持关键企业应对气候变化、提高可再生能源在能源消耗总量中的比例、降低英国交通碳排量等。

2007 年底，欧盟能源技术战略计划正式通过，旨在推动包括风能、生物能、太阳能等"低碳能源"技术的推广，促进欧盟可持续能源的利用机制的建立和健全，并提出在 2013 年前，将投资 1050 亿欧元用于支持低碳环保项目和扩大就业。2008 年 12 月，欧盟委员会就一揽子能源计划正式达成一致，承诺 2020 年欧盟国家温室气体排放总量较 1990 减少 20%，可再生能源在全国能源中的使用比例提高 20%，生物能源在交通能源中的消耗比例提高 10%，将降低 20% 的传统能源消耗量。

2009年，德国政府环境部出台《新思维，新能源——2020年能源政策路线图》。主要内容有：通过降低一次能源消耗量，到2020年，电力部门能源消费总量下降10%；鼓励可再生能源的使用，预计到2020年，可再生能源占德国电力能源消费总量的比例将提高20%；大幅度改善电网，提高研发清洁能源的技术水平和资金投入。

4. 金融体制改革经验

2001年，英国设立碳基金，旨在为促进和帮助社会各部门节能减排，发展环保经济。碳基金主要用于：（1）开展节能减排见效明显的活动。通过实地考察、专家咨询等帮助社会各部门在现有资金和技术的基础上采取有效措施达到节能减排的目的。（2）加大对高新科技的投入，提高能源利用率。鼓励通过贷款、赠款、补贴等方式促进节能技术研发，扶持低碳技术投入市场，促进低碳节能经济长期发展。（3）提供信息资讯平台。通过社会、政府、企业、大众的共同参与，增强社会低碳节能意识，提高各公共部门和企业对气候变化的应变和处理能力。

5. 低碳经济发展市场机制建设经验

英国将利用市场作用作为推动社会节能减排的重要手段之一，气体排放贸易被称为是《京都协定书》所引入三个灵活机制之一（曾珠、周一，2010）[3]。英国是全球最早启动排放贸易机制的国家，该机制的基本原理是通过核算确定一个群体单位时间范围内温室气体的排放总量，再确定该群体内每个个体单位时间范围内所被允许的排放总量，并允许个体间对碳排放量进行交易，从而来控制该群体的总体排放量。气体排放贸易机制的参与方式包括四种形式。第一是主动参与。参与者主动自愿承诺气体排放上限，并承诺一定期限内完成减排目标。第二是协定参与，由政府和社会团体协会主导，与企业签订减排协议，制定排放上限和减排目标，可与其他群体的气体排放配额进行交易。第三是项目参与，作为以上两种企业减排方式的补充。未参与减排的企业可依据自己的实际情况投资参与某个节能减排项目并实现自身企业减排目标。此外，通过管理机构调查核实，可给予此类企业减排信用，企业可将信用投入市场销售。第四，未参与承诺减排的群体，可以通过创建节能减排账户的形式参与节能减排配额市场交易。依据气体排放贸易机制规定，社会群体减排目标的设定必须经过拥有执业资格的第三方独立认证机构的认可。

意大利在20世纪90年代为扶持可再生能源行业发展，制定了CIP6机制，开始对使用可再生能源电厂进行报价收购和财政补贴，并在1999年制定"绿色证书"制度（任力，2009）[4]。"绿色证书"制度是指通过利用可再生新型能源为国家提供电力保障，且必须在通过国家电网相关管理部门认可后，颁发此证书。"绿色证书"可进行交易，企业和社会部门可以通过市场交易"绿色证书"的方式来完成企业可再生能源占总能耗比例。意大利利用"绿色证书"的目的是限制使用高碳能源，鼓励低碳能源发展。2005年，意大利政府开始实行"白色证书"制度来对能耗效率进行管理。政府在核定节能减排目标下限后，依据企业节能减排任务完成情况，允许企业申请"白色证书"认证。"白色证书"可作为商品依据市场规律进行交易，政府通过运用经济奖励和处罚的手段来确保"白色证书"制度在企业的顺利实施。

西方发达国家在低碳经济方面采取的政策措施，主要包括以下方面：

从制度建设上看，建立完善的促进低碳经济发展的法律体系为低碳经济发展提供法律依据。英国、美国、德国制定了例如《气候变化法案》、《低碳经济法案》、《能源政策法》、《再生能源法》等有关生态保护和气候保护的法律，完善各项法律的配套法规，例如《英国低碳工业战略》、《可再生能源战略》、《低碳交通计划》、《美国清洁能源安全法案》，修改了涉及能源使用、环境保护、资源开发法案中不符合低碳经济发展要求的条例。

从政策设计上看，通过经济政策、财政政策为低碳经济发展提供政策支撑。各国政府制定战略计划，利用财政和税收的宏观调控作用，对发展可再生能源的企业给予资金支持和税收减免。例如，英国征收"气候变化税"、"气候变化协议"、"碳基金"，日本征收"环境税"，德国政府制定"绿色证书"、"白色证书"认证机制。

政府部门设立专门可再生能源或者环境保护部门为低碳经济发展提供组织保障。国外发达国家多专门建立低碳经济发展主管部门，协调、组织新能源开发，制定、出台相关政策，做到职能明确。例如：美国建立了国家可再生能源机构、英国成立了能源与气候变化部。

制定有关能源行业标准、环境保护标准为企业节能减排提供考核标准。例如日本的"领跑者制度"、美国新能源行业标准等。政府制定鼓励企业达标的政策，树立行业榜样并给予资金奖励和技术支持。

制定有利于国际和地区合作与交流的政策为国家和地区在低碳发展道

路上提供合作平台。例如，欧盟能源计划、非洲—欧盟可再生能源合作计划，日本制定加强与国际能源机构、清洁能源开发和气候的亚太合作组织合作计划，欧盟与美国协议"跨大西洋气候与技术合作"等。

（二）国内低碳经济发展制度与政策建设经验

从低碳经济的发展历程来看，我国低碳经济的发展稍晚于西方发达国家。2006年底，科技部、中国气象局、国家发改委、国家环保总局等六部委联合发布了我国第一部《气候变化国家评估报告》。2007年6月，中国正式发布了《中国应对气候变化国家方案》。2007年7月，温家宝总理在两天时间里先后主持召开国家应对气候变化及节能减排工作领导小组第一次会议和国务院会议，研究部署应对气候变化工作，组织落实节能减排工作。2007年9月8日，中国国家主席胡锦涛在亚太经合组织（APEC）第15次领导人会议上，本着对人类、对未来的高度负责态度，对事关中国人民、亚太地区人民乃至全世界人民福祉的大事，郑重提出了四项建议，明确主张"发展低碳经济"，令世人瞩目。他在这次重要讲话中，一共说了4回"碳"："发展低碳经济"、研发和推广"低碳能源技术"、"增加碳汇"、"促进碳吸收技术发展"。他还提出："开展全民气候变化宣传教育，提高公众节能减排意识，让每个公民自觉为减缓和适应气候变化做出努力。"这也是对全国人民发出的号召，提出的新要求和期待。胡锦涛主席建议建立"亚太森林恢复与可持续管理网络"，共同促进亚太地区森林恢复和增长，减缓气候变化。同月，国家科学技术部部长万钢在2007中国科协年会上呼吁大力发展低碳经济。2007年12月26日，国务院新闻办发表《中国的能源状况与政策》白皮书，着重提出能源多元化发展，并将可再生能源发展正式列为国家能源发展战略的重要组成部分。2008年6月27日，胡锦涛总书记在中央政治局集体学习上强调，必须以对中华民族和全人类长远发展高度负责的精神，充分认识应对气候变化的重要性和紧迫性，坚定不移地走可持续发展道路，采取更加有力的政策措施，全面加强应对气候变化能力建设，为我国和全球可持续发展事业进行不懈努力。2008年"两会"，全国政协委员吴晓青明确将"低碳经济"提到议题上来。他认为，中国能否在未来几十年里走到世界发展的前列，很大程度上取决于中国应对低碳经济发展调整的能力，中国必须尽快采取行动积极应对这种严峻的挑战。他建议应尽快发展低碳经济，并着手开展技术攻关和试点研究。2009年1月，清华大学在国内率先正式成立低碳经济研究院，重点围绕低碳经济、政策及战略开展系统和深入的研究，为中国及全球经济和社会可持续发展出谋划策。中国社会科学院6月在北京发布的《城市蓝皮书：中国城市发展报告（NO.2）》中指出，在全球气候变化的大背景下，发展低碳经济正在成为各级部门决策者的共识。节能减排，促进低碳经济发展，既是救治全球气候变暖的关键性方案，也是践行科学发展观的重要手段。

近年来，我国先后出台多项法律法规，为国内低碳经济发展提供了制度和政策保障（徐瑞娥，2009）[5]。2006年，我国颁布实施《可再生能源法》。《可再生能源法》建立了5个重要制度：分类电价机制、总量目标机制、专项资金机制、强制上网机制和费用分摊机制。《可再生能源法》的出台标志着我国发展可再生能源的基本政策框架已经形成。2007年，中国首部关于气候变化的政策文件《中国应对气候变化国家方案》和《节能减排综合性工作方案》出台，明确提出将气候问题作为经济和能源政策的中心问题。2008年，我国出台《应对气候变化的政策与行动》白皮书。

低碳经济是我国经济发展的核心战略。为促进低碳经济的健康发展，中国政府出台了一系列相关的法律法规及相关的配套政策。这些法律法规及相关配套政策对我国低碳经济的发展、节能减排目标的实现起到很重要的作用，然而仍有不足之处：

（1）政策和制度建设仍不完善。一是税收政策仍不完善。要使温室气体排放得到有效控制，进一步促进低碳经济的发展，税收作为一种重要的财政手段其作用不容小觑。目前看来，我国仍然没有环境税。在低碳经济发达的国家征收环境税包括对水污染、固体废弃物污染、噪声污染等多种生态污染征收。而中国仍然停留在收费制度，距离出台完善的环境税还有一定距离。我国对有关的碳税的研究已取得一定成果，但目前有关税收对节能减排的约束力不强，对于高排量机动车税收过轻，在促进房产建筑节能方面的强制税收也尚未出台。二是对低碳税收的政策优惠不足。对低碳节能建筑和节能环保服务征税的优惠不足。对经营太阳能、风能、生物质能等可再生能源的激励政策不足。对节能环保产品的生产商的碳税减免不足。三是对低碳经济研发创新的财政支持力度不强。相比较之下，欧美等发达国家在节能减排等高新技术的创新研发方面的资金、智力投入远远高于中国。

（2）缺乏综合性、系统性较强的低碳产业政策。目前，中国的低碳产业政策处于分散、不系统、不连贯的状态（曾凡银，2010）[6]。早前，国务院出台的《关于加快培育发展战略性新兴产业决定》中提出，战略性新兴产业包括：新能源、新材料、节能环保、生物医药、信息网络和高端制造产业。决定明确提出发展低碳经济就必须要大力发展太阳能、生物能、地热能相关产业，防治环境污染、改善生态环境、保护自然资源相关的产业和节能高效的技术、设备和产品以及节能服务业。但目前，这些在低碳经济背景下发展的重点战略性新兴产业的发展政策仍然不完备。对于这些产业的专项财政扶持、规范金融市场和产业发展目标的政策内容不具体甚至某些政策尚缺失。

（3）支撑低碳经济发展的市场机制仍不成熟。我国已建立的4家温室气体排放交易所都是在一线大城市：北京、上海、天津和深圳（王晓冬，2009）[7]，但有关碳交易政策规则尚未出台。现有的4家碳交易市场所承担的主要作用是在个别一线城市为转让节能环保技术、排污权的交易提供信息、操作平台。国内真正意义上的碳排放权交易市场还没有形成，对企业碳排放总量的控制、排放权的分配都有所缺失。

二、中部地区低碳经济发展的制度建设

第一，开展中部地区低碳经济法规制度建设。中部地区要实现低碳经济的健康发展，法律法规层面的制度建设是基础保障。当前，国家已经将绿色发展纳入国民经济和社会发展规划纲要中来，国内部分省、市也已经将低碳经济纳入国民经济发展战略。在这种背景下，中部地区应当参考借鉴国内外低碳经济发展的成功经验，依托和整合现有政策体系和法律法规，将发展低碳经济逐步纳入到中部各省"十二五"国民经济和社会发展规划纲要中来。中部地区应当尽快制定区域性的低碳经济法律法规，对低碳经济理念、发展目标、发展重点、发展领域、奖惩措施等低碳经济行为进行全方位规范。中部地区应当尽快制定符合中部实际的、专项性的低碳经济法律法规，如可再生能源法等。

第二，开展中部地区低碳经济激励制度建设。当前，中部地区经济发展水平基本处于东部和西部地区之间。中部地区发展低碳经济面临着降低经济发展速度的潜在危险，中部地区政府管理者、企业管理者以及广大市民对低碳经济尚存在认识上的误区，在这种背景下，必须建立健全中部地区低碳经济发展激励制度。一方面，应当建立优先发展低碳产业的机制，辅以传统产业振兴计划、低碳产业扶持计划等，通过实施积极的财税政

策、融资优惠、设立低碳基金等措施,加大对低碳经济的激励力度;另一方面,应当建立高碳产业强制退出机制,结合对部分高碳企业征收碳税以及逐步提高准入门槛等措施,严格高碳产业环境评测前置审批,从源头上控制新增能耗和新增碳排放。

第三,开展中部地区低碳经济宣传制度建设。对于中部地区来说,发展低碳经济并不仅仅取决于低碳技术的开发和应用,人们的消费观念、生活方式、价值取向以及对于低碳经济的认知、参与程度同样可以对低碳经济的发展产生重大影响,其中低碳经济的宣传教育具有至关重要的作用。开展中部地区低碳经济宣传制度建设的重点在于:(1)建立低碳经济定期宣传制度,中部地区广大省、市、县确定固定日期举办低碳经济相关的知识讲座、科普教育等。(2)开展低碳经济示范单位创建活动,制定评比标准,在中部地区广泛开展低碳经济示范社区、低碳经济示范企业等示范单位的创建活动。(3)借鉴其他地区发展经验,大力推行"碳标签"制度(即每一种商品在生产或消费过程中产生的碳排放标准化的过程),将商品产销用等过程中造成的碳排放情况置于公众的视线之下,培养消费者的监督意识和消费习惯。

第四,开展中部地区政府绿色采购制度建设。政府采购是一个不容忽视的消费环节。同时,当前政府实行绿色采购能够引领全社会广泛开展低碳消费。然而,政府采购又往往是一个争议颇多的焦点问题。要实质性地发挥政府绿色采购对低碳产品市场的扶持作用,必须加快开展中部地区政府绿色采购的制度建设。一是完善政府绿色采购的立法及实施机制,以法律形式明确政府绿色采购的范围、程序等;二是建立政府绿色采购引导制度,积极鼓励政府在同等条件下优先采购节能环保等低碳产品(高飞、刘亚丛,2011)[8]。

第五,开展中部地区绿色绩效考核制度建设。较长一段时期内,国内多数地区对地方政府领导的考核标准就是搞"一刀切",比拼GDP,而忽视了对经济发展的环境成本、社会成本的考量。如何将绿色GDP真正纳入中部地区地方政府领导考核指标中,对于中部地区低碳经济发展具有重要作用。中部地区开展绿色GDP绩效考核制度建设的主要思路是:一是建立涵盖绿色GDP等低碳经济指标在内的中部六省统一的地方政府领导绩效考核标准,以有利于同级城市的可比较性;二是建立中部六省统一的地方政府领导绩效考核不达标的奖惩制度(主要指低碳经济相关考核指标)。

三、中部地区低碳经济发展的政策设计

以低能耗、低污染为基础的低碳经济已成为中部地区经济发展的重要战略。为了抢占新一轮的经济优势，中部地区应积极出台新的低碳政策、完善现有政策，推动并保障低碳经济的发展。

（一）财税政策

随着全球环境污染的不断加重，发展低碳经济已成为了各国解决环境问题的根本途径。为了保障低碳经济的良好持续发展，各国低碳经济的政策正朝着多样化、综合化的方向演变，但财税政策仍是其中比较重要的手段之一。目前，我国中部地区已经制定了许多财税政策来发展低碳经济，但是仍存在着激励不足、惩治无效等诸多问题，必须从预算政策、支出政策以及税收政策三方面入手，进一步优化中部地区财税政策。

1. 预算政策

加大中部地区低碳领域的财政预算投入，整合管理现有专项资金；加强"碳预算"的国际理论与实践研究，探索建立中部地区碳预算体系。

2. 支出政策

新增低碳技术和设备的专项资金，加大财政补贴力度；丰富财政补贴类型，设立节能减排、可再生能源开发、污染治理、生态环境建设等具体相关项目；根据发展低碳经济的客观要求，合理确定补贴范围，规范补贴资金监管；建立面向低碳企业的贷款、担保等支撑政策，促进低碳企业的发展。

3. 税收政策

扩大鼓励性税收政策的覆盖范围和优惠力度，将低碳税收贯穿于生产、消费的所有环节；以资源税为核心，从税率、征收范围等方面入手，优化现有约束性税收政策；推动现有税制体系改革，调整地方税收政策。

（二）产业政策

低碳产业政策是政府为了实现低碳经济建设而对产业的形成和发展进

行干预的各种政策的总和。虽然企业才是经济发展的关键主体，但是任何企业发展都会受到政府产业政策的制约和规范。通过一系列低碳产业政策的制定，政府能够弥补市场缺陷，有效配置资源，规范和引导企业的行为。

1. 构建低碳产业政策体系

（1）市场培育政策。培育低碳技术、碳排放交易权等市场，引导低碳产业发展；充分发挥市场机制的竞争作用，提高企业的生产和运行效率，实现经济内涵发展转变。

（2）克服市场失灵的产业政策。主要指以市场培育为基础，针对不完全竞争、信息不对称等市场失灵，发挥政府克服市场失灵的作用。

（3）新型产业政策。主要指大力开展产业创新能力建设，重点制定以市场竞争力和国际竞争力为重点的创新支持型产业政策。

2. 产业政策要点

促进政策结构重点的转移，由产业结构政策转变为产业组织和新型产业政策；在实施政策倾斜的同时，推行普遍性减税，实现产业的均衡、自主发展；重点实施产业组织政策，促进低碳市场构建、中介机构参与以及竞争机制的加强，促进资源生产效率提高；大力实施新型产业政策，培育和提升企业自主创新能力；配套实施综合性产业结构政策，推进新型产业发展（高煜、曹大勇，2011）[9]。

3. 相关产业政策

其他相关产业政策包括：理顺行政管理体制；建立减排指标交易制度；用市场机制实现减排目标；大幅提高碳排放费用，加大奖惩力度；加大碳排放监测技术的投入力度；改革统计指标体系；加强宏观调控，从源头上实现碳减排；加快产业结构调整，压缩高排放产业。

（三）土地政策

土地政策是处理土地开发、利用、管理进程中各种矛盾的重要手段。为了实现中部地区低碳经济的迅速发展，土地利用必须顺应低碳发展的要求，兼顾低碳和效益。因此，中部地区必须在土地资源开发、利用、管理等方面制定一系列行之有效的低碳土地政策，保障低碳经济的稳定发展。

当前，中部地区土地低碳政策优化要点主要包括：（1）编制出台中部地区、各省、市、县低碳土地利用规划，并做到与土地利用总体规划、城市总体规划等相关规划的衔接。（2）通过"区别对待、有保有压"的土地供应政策，有效引导投资方向，减少土地利用碳排放。（3）以土地供应政策为门槛，提高产业用地准入标准。（4）优化调整国土资源结构，提高资源利用效率。（5）加强国土资源政策与产业、财税、金融等政策的配合，通过调控土地供应的总量、布局和结构，促进经济发展的低碳化转型。（6）以产业引入和项目开展为重点，进一步完善土地集约利用指标体系。（7）实行土地用途管制制度，严格控制用地总量、建设和转型，规范土地市场。

（四）金融政策

低碳金融政策既是推动低碳经济建设的重要举措，也是低碳金融发展的重要支撑。从一定程度上说，无论是金融业务的拓宽还是节能减排项目的开展，均离不开政府提供的有效保障和支撑政策（郭福春、潘锡泉，2012）[10]。然而，我国中部地区现有低碳金融政策，无论是在深度、广度，还是规模上，都与中部地区较大的碳市场潜力不相符，亟待进一步的完善和优化。

当前，中部地区低碳金融政策优化要点主要包括：（1）降低金融机构对低碳领域的贷款门槛，对"能效贷款"不计规模。（2）降低商业银行办理碳金融相关业务的税率，提升商业银行积极性。（3）制定一系列绿色信贷鼓励政策，引导商业银行增加低碳的借贷投放。（4）提升金融业的低碳服务功能，为中部地区低碳经济建设提供更多、更优质的金融服务。（5）继续推进政策性金融机构的改革，支撑低碳经济发展。（6）加强低碳金融的资本市场和保险市场建设，推动低碳金融市场协调发展。（7）加强低碳金融的基础部门建设，改善低碳金融环境。

（五）环境政策

环境问题是中部地区低碳经济发展所面临的重大挑战之一。在中部地区低碳发展的战略指引下，中部地区环境问题是必须处理的首要问题。中部地区环境政策的优化必须从区域特点出发，构建政府主导、市场推动、公众参与的三大环境政策体系。

1. 建立健全政府主导型的中部环境政策体系

加快环境保护法律制度建设。制定中部地区环境资源法，完善以环境保护管理为重点的环境与资源保护法律体系；加强特定事项的单项立法，突破行政区划的界限，如《洞庭湖流域保护法》、《黄河中段流域保护法》等；根据中部地区自然条件差异，有针对性地开展生态环境立法工作，增强地方立法的可操作性。保障环境政策法律的有效实施。提高执法队伍的业务素质；理顺执法部门的权限，减少行政执法障碍；完善环境保护责任制，建立领导干部环保实绩考核制度。

2. 构建市场推动型的中部环境政策体系

在生态环境政策中引入市场机制，充分发挥市场的基础作用，实现生态环境的根本改善；积极运用征税、信贷、补贴等经济手段，采取包括收费或征税、信贷、提供补贴等方式，减少过多的行政干预，实现企业的经济效益和社会效益的统一；加快中部地区市场体系、投入机制等方面的完善，建立由市场推动的环境政策体系。

3. 完善公众参与型的中部环境政策体系

从多方面对公众进行环保宣传教育，提高中部地区公众的环境参与意识。完善现行政策法规中有关公众参与的规定，进一步明确公众的各项环境权益，解决公众参与环境保护的途径、形式和程序等问题。制定公众参与政策和方法，鼓励社会团体和群众积极参与环境保护和低碳经济建设（魏文轩，2011）[11]。

四、中部地区低碳经济建设的准入门槛

当前，重工业在中部地区产业结构中所占比例仍然过大。特别是随着东部沿海发达地区产业向中、西部转移趋势的加强，某些环境污染严重、碳排放过多的化工、建材等产业将转移至中部区域，这给中部地区产业结构优化升级、发展低碳经济带来了种种困难。在这种背景下，中部地区应在低碳经济建设进程中严格控制行业的准入门槛①。从总体上讲，中部地区要结合国家相关要求从环保、能耗和技术三个层面入手科学设定低碳经

---

① 市场准入门槛是国家依据国情，通过法律法规、产业政策、各类行业标准和行业准入条件设立的规范行业发展的限值标准。相关的法律法规包括环境保护法、建设项目环境保护管理条例、建设项目竣工环境保护验收管理办法等。相关的产业政策包括水泥工业产业发展政策、钢铁工业产业发展政策、铝工业产业发展政策、汽车产业发展政策，等等。相关的标准方包括大气污染物综合排放标准、污水综合排放标准、工业企业设计卫生标准等。

济建设的准入门槛。

（1）环保层面。要求所有的建设项目在建设之前要进行环保评价，生产中产生污染物的项目在建设期必须按照国家"三同时"的规定，即环境保护设施与主体工程同时设计、同时施工、同时投产使用；对已有的生产企业，严格控制企业生产排放的污染物和废弃物不能超过国家规定的环保标准。

（2）能耗层面。要求企业建设和运营都必须符合国家规定的能源消耗标准。

（3）技术层面。严格控制新建企业的生产规模，严格要求生产工艺和技术水平必须符合国家的标准，逐步淘汰落后产能和污染严重的工艺。

由于当前中部地区已经成为国内吸收外资比较集中的区域之一，这要求中部地区在低碳经济发展进程中要妥善处理好经济发展（特别是引入外资）和低碳环保的关系。适当调整外资企业市场准入的产业政策，但必须划定"红线"，以严格限制或禁止外资企业进入高能耗、高污染、高排放的高碳产业。加强外资企业投资项目的审核管理，严格执行国家的产业政策，杜绝以"低门槛"、"土政策"等违规方式吸引外资的做法，尽可能减少来自发达国家或国内发达地区高碳产业的排放转移。强化安全、环保、能耗、质量等指标的约束作用，严禁向国家产业政策所禁止的建设项目供应土地。

五、低碳经济发展与承接产业转移

部分产业由发达国家向发展中国家转移以及在本国内由发达地区向不发达地区转移，是一个正常的历史进程（羊绍武、黄金辉，2010）[12]。在这个历史进程中，中部地区需要转变发展观念，做到区域低碳经济发展与承接产业转移的有机结合与协同推进。当前，中部地区拥有安徽皖江城市带承接产业转移示范区、湖南湘南承接产业转移示范区、荆州承接产业转移示范区、晋陕豫黄河金三角承接产业转移示范区①等四个国家级承接产业转移示范区。中部地区应积极发挥承接产业转移示范区的优势，促进区域低碳经济发展与承接产业转移的有机结合。

---

① 此示范区包括中部地区山西省的运城市、临汾市、河南省三门峡市以及河南省东大门渭南市。

中部地区承接产业转移示范区的战略定位

安徽皖江城市带承接产业转移示范区　努力建设成为合作发展的先行区、科学发展的试验区、中部地区崛起的重要增长极、全国重要的先进制造业和服务业基地。

湖南湘南承接产业转移示范区　努力建设成中部地区承接产业转移的新平台、跨区域合作的引领区、加工贸易的集聚区和转型发展的试验区。

荆州承接产业转移示范区　努力建设成为中部地区承接产业转移的优秀示范区、人水和谐可持续发展的先行区、跨区域合作与产业转型发展的综合实验区和湖北经济发展的重要增长极。

晋陕豫黄河金三角承接产业转移示范区　努力建成中西部地区重要的能源原材料与装备制造基地、区域性物流中心、区域合作发展先行区和新的经济增长点。

中部地区在低碳经济发展进程中积极承接发达国家以及我国东部沿海发达地区产业转移的主要思路是：以四大产业转移示范区为重点，充分发挥中部地区自身区位、资源和劳动力等优势，着力改善投资环境，提升配套服务水平；从各地实际情况出发，立足比较优势，合理确定产业承接发展重点，避免产业雷同和低水平重复建设；加强规划统筹，促进承接产业集中布局，引导转移产业向园区集中，促进产业园区规范化、集约化、特色化发展；着力完善基础设施保障，加强公共服务平台建设。

六、低碳经济发展与落后产能退出

低碳经济普遍具有低能耗、低污染、低排放特征。而落后产能往往具有高能耗、高污染、高排放的特征。因此，低碳经济的健康发展就要求落后产能及时退出市场。然而，包括中部地区在内的国内多数地区由于地方经济利益的驱使，落后产能退出并非易事。为此，中部地区应加大淘汰落后生产能力执法监管力度，同时建立合理的淘汰落后生产能力补偿机制，以有效解决落后产能退出问题[①]。

---

① 这里主要讨论的是单纯依靠市场机制作用无法淘汰的某些落后产出。

加强行政机关淘汰落后产能的制度建设。加大行政机关行政管理问责制度，细化行政处罚程序、处罚范围幅度。当行政机关不能有效遏制污染时，应依法撤免相关负责人。对积极落实淘汰落后生产能力的行为进行激励，对落实淘汰落后生产能力缓慢的行为进行鞭策，对在期限内拒不落实淘汰落后生产能力的行为进行惩处（操小娟、李和中，2011）[13]。

建立合理的淘汰落后生产能力善后补偿机制。落后生产能力对当地就业、税收以及社会经济发展具有一定影响。随着经济的发展，落后生产能力退出市场是历史的必然，但其责任并不能简单地全部由企业自身承担，应通过建立合理机制将各方利益进行平衡。主要包括：在等量替换产能中建立属于中部地区的淘汰落后生产能力基金，对依法建设生产的淘汰企业的经济损失进行必要的补偿，从而使企业获得应有的信赖保护；取消落后生产能力企业转产其他行业的享受土地、税收等的优惠权；政府建立必要的财政扶持、职工培训再就业、最低生活保障制度等。

建立强有力的淘汰落后生产能力执法监管制度。淘汰落后产能工作之所以难度大、进展缓慢，重要的原因之一是企业的税收与当地基层政府利益息息相关（谷立霞等，2011）[14]。因此，必须强化地方政府的执法监管力度。一要严格执法，依法淘汰不符合产业政策的落后产能。二要科学运用税收和价格杠杆进行调控。

七、低碳经济发展与扩大劳动就业

从一定程度上讲，发展低碳经济将致使部分劳动力丧失就业机会。然而，从长远来讲，发展低碳经济与扩大劳动就业相辅相成（黄荔梅，2011）[15]。中部地区在发展低碳经济进程中，要注重与扩大劳动就业相结合。

（一）总体布局层面，要注重低碳发展与就业双赢

在低碳经济项目建设、低碳产业扶持等涉及低碳经济发展的总体布局时，要注重低碳经济发展与扩大就业双赢。

注重对劳动力密集型等低碳经济项目的建设。由于劳动力素质的提高并非一朝一夕之事，为扩大就业人群，中部地区应适当注重对某些劳动力密集型低碳经济项目的建设，如交通基础设施项目、生活性服务业项目等建设。

完善促进中部地区人才就业政策体系。中部地区要制定和实施有利于就业的财政税收政策、金融货币政策、产业投资政策，并加强就业政策与教育培训政策、社会保障及其他社会政策的有机结合，使各种政策措施综合协调、组合配套，逐步形成并完善以就业为导向的综合政策体系。

（二）产业升级层面，要注重循序渐进，多渠道创造就业岗位

结构调整是解决就业问题的重要途径，特别是第三产业能够吸纳更多的就业岗位。在产业升级层面，中部地区要注重循序渐进，多渠道创造就业岗位。

中部地区具有丰富的劳动力资源，其劳动力成本低也是吸收产业转移的优势之一。为此，在产业结构调整中，要循序渐进，加快实施有利于发挥劳动力比较优势的技术进步和产业升级技术战略，鼓励劳动密集与先进技术、资金、管理的有机结合，大力发展劳动密集型产业以及高新技术产业中的劳动密集型生产环节。

第三产业既是产业结构调整的重点方向，也是吸纳劳动力较多的产业部门之一。为此，中部地区要积极发展第三产业，尤其要大力发展金融、现代物流、研究与开发、电子商务、法律、咨询、会计等生产性服务业和医疗卫生、社区服务、文化休闲等消费性服务业，扩大企业、公共事业机构和政府的服务外包业务，努力提高服务业社会化和市场化水平。

发展现代农业不仅仅是用机器替代手工，更是将整个农业生产链进行深度分工，并创造大量的农业生产性服务部门，提供大量的就业岗位。

（三）要素投入层面，要注重提高劳动力素质

目前中部地区的就业现状是：一方面，人口众多，就业压力很大；另一方面，高技能、高素质人才又供不应求，一些新兴行业所需人才极度缺乏。从中部地区的情况来看，劳动力素质在很大程度上制约了就业机会的获得。因此，扩大中部地区劳动力就业的关键在于提高劳动力素质。

加强劳动力的教育与培训工作。中部地区要充分利用现有的职业培养学校、企业培训中心做好对劳动力的教育与培训，使其掌握一技之长。

提高就业培训效益。要以市场手段提高就业培训效益，坚持"政府主导、社会参与、市场调节"的模式，充分整合劳动、教育、社会、企业等各方面的教育培训资源，围绕产业、项目、市场、待业者的需求来开展培训，尝试进行订单培训、定向培训、汇总培训和委托培训，努力提高培训

的针对性、有效性和实用性。

八、低碳经济发展与新型工业化推进

国外经济发展实践表明，传统的工业化模式是不可持续的。而新型工业化是对传统工业化模式的彻底摒弃，与低碳经济发展具有广泛的一致性。当前，中部各省均在新型工业化进程中做出了一定的探索与实践，并取得了一定成绩。下一步，中部地区要实现低碳经济发展与新型工业化的协同推进，工作重点包括：

（一）培育壮大战略性新兴产业

充分发挥中部地区人口密集、地理便利、人才和资源等优势，以重大技术突破和重大发展需求为基础，把战略性新兴产业培育发展成为中部地区先导性、支柱性产业，形成全国战略性新兴产业发展高地，抢占未来区域竞争的制高点。具体来讲，中部地区要大力发展节能环保、新一代信息技术、生物、高端装备制造、新能源、新材料、新能源汽车等战略性新兴产业，重点支持新型显示、信息家电、新一代消费电子等产业发展，建设武汉、合肥等一批在国内有影响的电子信息产业基地；加快发展生物医药、生物育种、超硬材料、高强轻型合金，建设一批生物产业基地和新材料产业基地；以掌握产业核心关键技术、加速产业规模化发展为目标，组织实施若干重大产业创新发展工程，培育一批战略性新兴产业骨干企业和示范基地。

（二）重视低碳技术研发

中部地区要充分利用区域科教、文化、人力资源，提高自主创新能力，加大对新能源和可再生能源开发利用的扶持力度，重视低碳技术的研发与推广应用。

提高中部地区自主创新能力。充分利用和整合现有科教资源，大力推动产学研结合，促进科教优势向产业优势转变，提高产业自主创新能力，加快构建区域自主创新体系，促进工业化与信息化深度融合，走创新驱动发展道路；发挥企业创新主体作用，优化企业组织结构，培养创新型企业家队伍；鼓励国家级科研院所、高校及中央企业在中部地区设立分支机构或建立成果转移中心，建设一批国家级企业技术中心、工程研究中心、工程技术研究中心、重点实验室、工程实验室等研发平台；完善以专业孵化器和公共专业技术服务平台为核心的创新创业服务体系与支撑体系，支持创新型企业加快发展。

加大对新能源和可再生能源开发利用的扶持力度。中部地区应结合实际，在提高传统化石能源利用效率的同时，开发利用太阳能、风能、地热能、生物质能等新能源和可再生能源；加快研发先进技术和设备，推进第四代核能技术研发和产业化。

重视低碳技术的研究开发和技术储备引进。中部地区应按照技术可行、经济合理的原则，研究并尽早提出适合中部地区低碳经济发展的技术路线图；促进高能效、低碳排放的技术研发和推广应用；逐步建立节能和高能效、洁净煤和清洁能源、新能源和可再生能源以及自然碳汇等多元化的低碳技术体系。

参考文献

[1] 陈亚雯. 西方国家低碳经济政策与实践创新对中国的启示 [J]. 经济问题探索, 2010.

[2] 瞿国华. 发达国家新能源政策的调整及其启示 [J]. 中外能源, 2010 (1).

[3] 曾珠, 周一. 主要发达国家发展低碳经济的经验 [J]. 商业研究, 2010 (12).

[4] 任力. 国外发展低碳经济的政策及启示 [J]. 发展研究, 2009 (2).

[5] 徐瑞娥. 当前我国发展低碳经济政策的研究综述 [J]. 经济研究参考, 2009 (6).

[6] 曾凡银. 中国节能减排政策：理论框架与实践分析 [J]. 财贸经济, 2010 (7).

[7] 王晓冬. 排污权交易制度的国际比较与借鉴 [J]. 经济与税务, 2009 (2).

[8] 高飞, 刘亚丛. 论我国低碳经济制度体系的构建. [J] 生产力研究, 2011 (3).

[9] 高煜, 曹大勇. 我国产业政策的低碳化转型 [J]. 生态经济, 2011 (4).

[10] 郭福春, 潘锡泉. 碳金融支撑低碳经济发展的研究进展探讨——兼论"三位一体"碳金融支撑体系的构建 [J]. 现代财经, 2012 (2).

[11] 魏文轩. 河南省发展低碳经济的政策支持体系创新 [J]. 商业经济评论, 2011 (8).

[12] 羊绍武, 黄金辉. 低碳经济约束下中国承接国际产业转移的现实路径 [J]. 西南民族大学学报, 2010 (7).

[13] 操小娟, 李和中. "两型社会"视域下低碳经济发展激励政策模型分析——

以武汉城市圈为例 [J]. 中国软科学, 2011 (7).

[14] 谷立霞, 王宝红, 王俊玲. 低碳经济范式下落后产能退出机制研究 [J]. 经济理论问题, 2011 (9).

[15] 黄荔梅. 低坚持在转变经济发展方式中扩大就业 [J]. 福建论坛·人文社会科学版, 2011 (9).

第七章

中部地区低碳经济发展模式

一、低碳经济建设框架体系

当前,正值我国中部地区低碳经济建设的起步阶段。根据中部地区的发展实际,结合低碳经济建设的具体要求,在此提出由低碳产业体系、低碳人居环境体系、低碳消费体系以及低碳管理体系等四大体系所构成的低碳经济建设框架体系,以有效提升中部地区的产业、人居、消费和管理内涵,谋求中部地区低碳经济的良好、稳定、可持续发展。

(一) 构建低碳产业体系

在全球气候变化的背景下,"低碳产业"这一新兴概念开始被广泛接受,主要指以低能耗、低污染、低排放为特征的产业。低碳产业是推动经济低碳化发展的重要内容。低碳产业的主要核心包括清洁能源、节能减排技术和低碳金融三个部分,并具有能源利用效率的高效化、能源利用结构的清洁化、碳排放的减量化、环境污染的减轻化等典型特征。

低碳产业体系是指以高科技、低能耗、低排放、低污染的低碳产业为主导,以减碳、无碳、去碳三大低碳技术为依托,以制度完善、人才培养、环境保护、设施建设等为支撑的产业体系。低碳产业体系广泛涉及风电、光伏、生物质能、新能源汽车、化工、建材等众多行业,并具有以下几个典型特点:传统产业向低碳化转型、新兴低碳产业快速发展、现代服务业优先发展、低碳技术创新力度不断加强、制度政策不断完善以及经济效益和生态效益并重。

构建低碳产业体系是落实生态文明建设的关键举措,也是推进中部地区低碳经济发展的核心任务。中部地区应当以科学发展观为指导,将资源节约和环境保护相结合，分阶段地实施节能减排、新能源使用、碳捕获技术三大低碳战略，推动传统产业的改造升级，构建以清洁能源和低碳技术为主体的低碳产业体系。

具体来讲，中部地区低碳产业体系的构建思路主要包括：

1. 以节能减排为目标，改造提升传统产业

从整体上来看，中部地区现有产业发展以资源能源型产业为主，冶金、电力、化工、钢铁、装备制造等传统工业所占比重较大。在这种背景下，中部地区构建低碳产业体系的首要目标便是改造提升传统产业，大力推进高能耗、高污染、高排放的传统产业的低碳化转型。其措施主要包括：大力促进集约发展，优化要素配置和空间布局；推动产业向产业链高端发展，抢占竞争高地；淘汰落后产能和落后技术，推动传统产业的升级（包颉、侯建明，2011）[1]。

由于中部各省情况各异，建议中部六省采取不同的传统产业改造模型。其中，山西省以产业循环化为基本途径，以推进整合升级兼并重组为突破口，促进传统产业集聚、多元化发展；河南省以产品结构、工艺技术为突破口，推进传统产业重组整合，培育传统产业发展新优势；湖北省以质量兴省为主要战略，促进信息化与工业化融合，提升传统产业层次和技术水平；湖南省以优势资源集聚与新兴科技融合为突破口，重点建设产业链核心环节、价值链高端环节，做大做强传统优势产业；安徽省以优化结构、提升水平、绿色发展为原则，充分发挥传统产业特色优势，推动纺织服装、冶金、化工等产业改造升级；江西省以大企业、大集团战略为基础，带动传统产业的整体发展，通过高新技术、先进适用技术以及现代管理技术改造提升传统产业。

2. 依托产业园区，着力培育和发展新兴低碳产业

目前，战略性新兴产业已成为我国国民经济的先导产业和支柱产业。因此，在中部地区低碳经济发展进程中，应着力培育和发展具有典型优势的战略性新兴产业。

此外，中部地区拥有多个国家级产业园区、高新技术开发区等优势条件，中部地区在构建低碳产业体系时，应注重其产业发展与低碳经济相结合，将节能环保、新能源、新材料和新能源汽车等低碳产业作为突破口（见表7-1），重点依托各省的高新技术产业园区，充分利用园区、技术

开发区的产业、资源、科技等优势，着力培育和发展新兴低碳产业，努力形成新的产业集群（辛秀、熊晓秩，2011）[2]。

表7-1　　　　　　　　中部地区低碳产业发展重点

发展领域	主要产品
风能	风力发电整机；超大内孔风能轴承、超大型叶片、齿轮箱、变流器及控制系统等关键配套件；全永磁悬浮风力发电机组、离网型风光互补供电系统等
太阳能	环保型高纯硅材料、高转换率太阳能电池、薄膜太阳能、LED外延片及芯片制造、太阳能电池制造装备、大功率光伏逆变器、太阳能LED供电照明系统、太阳能光伏建筑一体化等；太阳能热发电装备、太阳能热水器、太阳能空调器等
核能	核电站2、3级泵及常规岛和BOP循泵、凝泵等配套泵；核泵电机、蒸汽机主轴承、高温高压阀门、主管道、鼓风机、变压器、电缆、中大型桥门起重机等。核电机组相关设备；铀矿采冶、铀纯化等
生物质能	生物质能燃气灶具、生物质能源转换装置、生物质能燃料乙醇和生物柴油等
地热能	空气能热水机组、小型地源热泵等
智能电网	电动车并网储能系统、智能化储能电站装置、大规模电池储能变电站及智能电网配套设备和产品；500千伏及以上超（特）高压新型电力变压器、电抗器、电流及电压互感器、110~500千伏封闭式组合电器、智能型变压器、智能配电系统、智能计量系统、智能用电终端、智能型高低压成套电器装置、地埋式变电站成套设备、高温超导传输电缆、IGBT半导体器件等

3. 大力发展现代服务业

中部地区是我国重要的粮食生产基地和能源原材料基地，大力发展现代服务业，不仅能带动一二产业的发展，优化产业结构，而且有助于通过低消耗、低污染的产业发展途径，扩大中部地区经济总量，实现区域经济的低碳化发展。

中部地区大力发展现代服务业可以采取的具体措施包括：构建完善的生产性服务业体系，重点发展金融、物流、信息、商务等关联性强、拉动作用大的生产性服务业；以改善民生为主要目标，大力发展商贸、旅游、文化、房地产等生活性服务业；以动漫、服务外包、通用航空等产业为核心，拓宽服务领域，培育壮大新兴服务业；促进服务业与其他产业的融合，为产业经济发展提供高效服务；推动现代服务业的集聚发展，提升城市综合功能和竞争力；加强网络化、个性化、虚拟化条件下的技术研发与集成运用，打造数字文化、数字医疗、数字生活。

数字文化

基于版权的数字内容服务技术与平台、文化资源数字化关键技术与应用示范、文化旅游服务平台建设与应用示范、文化演出网络化协同服务与应用示范、文化学术资源交流共享及评价服务技术与应用示范、文化艺术品交易服务平台建设与应用示范。

数字医疗

农村医疗卫生服务平台与应用示范、老年人健康服务平台研发与应用示范、第三方健康检验服务体系研究与应用示范、医疗主动服务模式研究与应用示范。

数字生活

数字生活服务共性技术支撑及聚合平台与应用示范、数字生活信息精准搜索聚合平台与应用示范、移动便民生活服务聚合平台与应用示范、社区生活圈互动服务平台及应用示范、协同式多语言云翻译服务平台与应用、数字化学习资源服务托管平台与应用示范、数字生活创新技术与服务试点城市典型应用与集成示范。

4. 积极发展生态农业

作为我国重要的粮食生产基地，中部地区的农业在经济发展中仍将保持不可撼动的地位。当前，中部地区保持农业优势地位的重要环节是改造提升传统农业，积极发展生态农业（见表7-2），即通过运用现代科学技术和管理手段，紧密结合当地自然资源，构建"猪—沼—菜"、"猪—沼—果"等循环模式，努力打造优质农产品品牌，从而促进传统农业向现代农业、生态农业的转变，最终实现经济、社会、生态三大效益的统一。

表7-2　　　　　　　　中部各省生态农业建设领域

省份	河南省	山西省	湖北省
农产品	粮食、畜牧、花卉、蔬菜、林果和水产等	粮食、家畜、乳品、果品、蔬菜、薯类、油脂、中药材等	水稻、双低油菜、柑橘、棉花、生猪、禽蛋、水产品、茶叶等

续表

省份	安徽省	湖南省	江西省
农产品	粮食、棉花、油料、水果、茶叶、大牲畜、水产等	水稻、棉花、柑橘、油茶、畜禽、茶叶等	水稻、蔬菜、水果、茶叶、畜牧、"四大家鱼"等

（二）优化低碳人居环境体系

人居环境是人们学习、工作、居住、生活、休闲、娱乐和社交的空间场所，是与人类活动密切相关的地表空间，由自然、人类、社会、居住和支撑五大系统构成。从人类聚居形式来看，我们可以将中部地区的人居环境分为农村、乡镇和城市、城市群四大类，三者在人口数量、经济活动和社会文化等方面均存在差异。因此，中部地区需建立并逐步优化以人为本、生态平衡、因地制宜的低碳人居环境体系。

从区域层次来讲，中部地区低碳人居环境体系建设以及优化的具体思路主要包括：

1. 全面推进环境保护和生态建设，构建生态城市群

依托中部地区的地形地貌、自然资源和生态景观，加强各省城市群的生态建设和环境保护，实现中部地区城市群的低碳可持续发展。

低 碳 城 市

低碳城市是指以低碳经济为发展模式及方向、市民以低碳生活为理念和行为特征、政府公务管理层以低碳社会为建设标本和蓝图的城市。把大幅降低能源消耗和二氧化碳排放强度作为经济社会发展的约束性指标，把建设资源节约型、环境友好型社会作为加快转变经济发展方式的重要着力点。低碳城市建设要点包括：开发低碳能源；推行清洁生产；加强循环利用；注重持续发展。实现低碳生产，就必须实行循环经济和清洁生产，推行绿色制造、绿色能源、绿色食品、绿色旅游的产业方式。确定低碳城市发展标准体系，包括低碳生产力、低碳消费、低碳资源和低碳政策四类指标体系。低碳生产力包括单位经济产出的碳排放指标及能耗指标。低碳消费包括人均能源消费和每户能源消费。低碳资源包括

低碳能源所占份额，单位能源生产排放量及森林覆盖率。低碳政策包括低碳经济发展规划，建立碳排放监测、统计和监管机制，公众对低碳经济的认知度，符合建筑物能效标准和非商业性能源的激励措施等。

中部地区构建生态城市群（见表7-3）的主要思路包括：第一，推动黄河、长江中游干支流的水污染防治工程；第二，加强长江流域的天然林资源保护和防护林体系建设；第三，加大对湿地、自然保护区和生态隔离带的保护力度（朱翔，2009）[3]。

表7-3　　　　　　　中部地区城市群生态建设战略

城市群	中原城市群	太原城市群	武汉城市圈
建设战略	以桐柏大别山、伏牛山、太行、平原"四区"，黄河滩区、南水北调中线"两带"为重点，构建区域生态功能格局	以黄土高原水土流失防治区、京津风沙源治理区，以及汾河、海河、沁河、涑水河源区和黄河干流为重点，构建生态安全战略格局	以大别山、幕阜山为屏障，组建两大生态带
城市群	皖江城市带	长株潭城市群	环鄱阳湖城市群
建设战略	以皖南山区、大别山区、长江干流、巢湖为屏障，构建区域生态安全体系	以湘江河谷生态区、城市人文生态区、盆地区域的农业生产和人文生态交错过渡区以及低山丘陵保持与水源涵养林生态区为重点，构建区域生态功能格局	以湖体核心保护区、滨湖控制开发带和高效集约发展区为重点，构建区域生态功能格局

2. 加快低碳设施建设，促进城市人居环境向低碳化转型

城市低碳设施建设包括了交通、给排水、绿地、景观和公共服务等一系列的设施建设，是促进城市人居环境体系低碳化的重要领域之一。

中部地区各城市通过建设低碳型交通体系，合理规划自然、人文景观格局，推广低碳产品在公共设施方面的使用（见表7-4），有助于加快形成文明、健康、和谐的低碳人居环境体系。

表 7-4　　　　　　　　　　城市基础设施低碳转型重点

领域	子领域	转型重点
水系统	水资源循环利用	分质供水、梯级利用
	节水	设施改良、水价调整、教育宣传、加强监管
	非传统水资源利用	开发利用再生水、雨水、中水等非传统水源，优化水资源配置
能源系统	建筑节能	推广节能技术、制定政策法规
	市政节能	升级市政设施、提高设施能效、降低输送能耗、建立自动监管系统
	交通节能	构建绿色交通体系、汽车能源多元化、清洁化
	新能源和可再生能源	加大余热利用、太阳能、风能等能源的开发推广力度
固体废弃物处理系统	减量化	分类收集、净菜进城、绿色消费和绿色包装等
	资源化	建立垃圾资源回收利用和资源化处理系统，加强垃圾分类收集、运输和处理工作
	无害化	推广建设垃圾无害化处理中心

3. 统筹规划乡镇建设，维持乡镇发展的生态平衡

乡镇是城市与农村的过渡，正处于经济快速发展的阶段。统筹规划乡镇建设，推动城乡发展一体化，是十八大提出的完善社会主义市场经济体制和加快转变经济发展方式的五大重点工作之一。

城乡一体化

城乡一体化是以城市为中心、小城镇为纽带、乡村为基础，城乡依托、互利互惠、相互促进、协调发展、共同繁荣的新型城乡关系。城乡一体化发展要求将工业与农业、城市与乡村、城镇居民与农村居民视作一个有机整体，通过统筹规划与综合研究，改变长期形成的城乡二元经济结构，使整个社会全面、协调、可持续发展。

2012 年 11 月，中国共产党第十八次全国代表大会更将城乡发展一体化作为解决"三农"问题的根本途径。报告提出了工业反哺农业、城市支持农村，加大强农富农惠农政策力度，加快发展现代农业，深入推进新农村建设和扶贫开发，坚持和完善农村基本经营制度，构建集约化、专业化、组织化、社会化相结合的新型农业经营体系，改革征地制度，加快完善城乡发展一体化体制机制等一系列的发展思路，力求增强农村发展活力，逐步缩小城乡差距，促进城乡共同繁荣。

对于中部地区来讲，在乡镇建设过程中，必须要树立低碳发展的观念，合理规划空间布局，强化土地利用管制，重视乡镇生态景观的保留与恢复，遏制生态资源和能源的浪费，促使乡镇的社会—经济—自然这一复合系统达到动态平衡的状态，塑造良好的生态人居环境。

4. 构建多种聚居形式并存的农村低碳人居体系

中部地区是我国主要的农耕区，以农田划分为主的村落分布决定了聚居和散居形式的长期共存。对于中部地区广大农村区域来讲，要提倡规划聚居，保留自然聚居，引导自主聚居，有助于资源的节约与配置，以及社会的有效管理（彭伟、李刚，2011）[4]，从而构建既具特色、又协调统一的农村低碳人居环境体系。

成都市蒲江县新农村建设案例

蒲江县地处成都市三圈层，在新农村建设之初，全县70%以上面积是山区丘陵，农民占总人口的85%。蒲江县在农村土地整理过程中，在尊重当地民俗民风的前提下，对新农村聚居点中的房屋进行统一规划，创造性地走出了一条社会主义新农村建设的"蒲江模式"。主要特点如下：一是综合立体规划。将水利、交通、环保、居住等五大工程融为一体，促进土地的综合开发利用，使得农民建房向乡镇、中心村、聚居点等主要区域集中，立体推进农村面貌的改造。二是农民集中居住。以户型自主、风貌统一为原则，采用统筹自建的方式开展房屋建设工作。依托本地树种和特色农作物，统一绿化公共场所和各家小院；根据聚居点规模的大小，配套相应的设施。如村委会、幼儿园、医疗站、文化长廊等。三是长效有机发展。有机结合土地整理与产业培育；加大对外宣传和招商引资力度；统一疏通水道、规划道路交通网络；合理引导村民开办农家乐。

（三）创建低碳消费体系

低碳消费是在全球能源危机不断加剧和环境问题不断恶化的情况下出现的一种新型消费方式，包括生产消费和非生产消费低碳化两部分。低碳消费体系的创建要求人们从人与自然和谐共处的角度出发，限制对物质经济的过度追求，使人们的消费方式由奢侈型消费向低碳型消费转变，减少人类生存对生态环境所造成的沉重负荷，促进经济的低碳化发展。

具体来讲，中部地区低碳消费体系的建设要点主要包括：

1. 培育低碳消费理念

中部地区培育低碳消费理念的思路是以政府为主体，广泛采用电视、广播、报纸、网络等传媒，大力宣传低碳消费的重要性及实现方式，培育市民低碳消费的理念及意识，营造低碳消费的理念氛围；以企业为主体，加强低碳理念与企业生产的融合；以学校为主体，将低碳理念与教育相结合，普及低碳消费知识（郭立珍，2011）[5]。通过多方参与，使中部地区广大市民摒弃享乐主义价值观，树立低碳消费的理念；养成勤俭节约的良好生活习惯，选择公交、自行车和步行等绿色出行方式；自觉购买和使用低污染、低消耗的日常用品和节能家具；减少一次性产品的日常使用，重视物品的循环利用。

2. 企业生产性消费的低碳化

在低碳消费体系的创建进程中，企业层面的生产性消费低碳化具有重要意义，这不仅在于企业是低碳产品的提供者，而且其自身也是低碳消费的实施者。中部地区推进广大企业生产性消费的低碳化可以采取的措施包括：加大低碳技术研发力度，通过技术创新加速企业生产设备和生产工艺的更新，提高企业能源利用效率，降低单位产品生产所需的能耗量；积极研发低碳消费产品，满足人们日益增多的需求，进一步巩固低碳消费模式的物质基础。

3. 优化低碳交通运输体系

在市民学习、工作等日常生活空间行为中，交通出行是必不可少的一环。一直以来，中部地区交通运输体系都存在着设施规模整体偏小、运输方式缺乏合作、运输工具能耗高且污染重等问题，特别是随着居民家庭收入水平的不断提高，私家车的普及率大大提高，更对低碳交通运输体系的构建产生了极多不利影响。

低碳交通运输体系是中部地区经济低碳化发展的必然选择，有助于应对全球气候变化问题和节约能源、降低能耗。构建符合国家应对气候变化要求、以低碳排放为特征的中部地区交通运输体系的要点，是积极加强交通运输的系统效率、替代能源、低碳技术、低碳交通选择以及运输排放管理五大领域的工作。

在这种背景下，中部地区完善低碳交通运输体系必须从以下层面入手：加强交通基础设施网络化建设，优化综合运输网络布局；大力开展轨道、自行车道、步道等城市交通路网的建设，全面增强低碳交通承载力；推进运输信息化、智能化进程，促进运输方式高效化；加快替代能源、节能减排技术的推广应用；加快新能源汽车在公共服务领域的推广，鼓励个人购买新能源汽车，降低车行交通的污染排放；以换乘便捷为核心，优化公交网络，提高公共交通的运行效率（赵敏，2011）[6]；强化运输行业监管力度、规范制度和制度建设。

低碳交通运输

低碳交通运输以提高能源效率、改善用能结构、优化发展方式为核心，具有以下四大特征：低碳化——交通运输发展是力求不断"减碳"的过程；减排化——减少尾气排放是交通运输低碳化的重要途径；体系化——低碳交通运输是一个包括规划、建设、运营、交通工具的生产、使用以及相关制度和技术保障等各个方面的体系化概念。综合性——交通运输的低碳化发展涉及生产和消费双向层面，可通过技术性、结构性、制度性等手段实现减碳。

目前我国城市中主要的低碳交通方式以公交、地铁、轻轨等方式为主，构建城市低碳交通需要依循以下几个重要理念：（1）限制小汽车的不合理使用；（2）大力发展公共交通；（3）打造集约化出行网络；（4）广泛应用智能交通系统；（5）使用新能源。

---

4. 完善低碳消费保障体系

低碳消费体系的形成，离不开相关法律法规的保障。为此，中部地区创建低碳消费体系，还必须以我国《可再生能源法》、《清洁生产促进法》等法律法规为基础，结合中部地区社会经济状况，制定并完善符合中部地区实际的低碳消费政策法规；运用经济杠杆，出台针对企业和消费者的低碳消费激励政策；完善低碳产品认证体系，加强低碳消费市场的检查、监督工作。

(四) 健全低碳管理体系

健全低碳管理体系是加速中部地区低碳经济发展的重要保障。低碳管理体系主要包括低碳市场管理系统、低碳社会管理系统和低碳行政管理系统三个子系统。具体来讲，中部地区低碳管理体系的建设要点主要包括：

1. 强化低碳行政管理能力

主要包括三个方面：（1）强化政府的低碳引导力。开展各级低碳规划的编制工作，从政府本身出发，促进政府在建筑、会议、办公、采购等方面的低碳化转型。（2）提高低碳政策调控能力。构建财税、金融、产业、科技等政策体系，运用政策手段推进低碳经济发展。（3）提高政府低碳保障能力。加大政府低碳科研力度，强化对外交流与合作，保障低碳经济的快速发展（李文钰，2012）[7]。

2. 提高低碳市场调节能力

充分发挥市场机制对低碳经济发展的调控作用，是中部地区低碳经济良好发展的关键之处。为此，要以企业为主体，最大限度地发挥市场调节作用，引导传统产业结构的优化升级与调整；建立以碳税和碳交易为核心的减排市场机制，促使低碳市场的自主发展；将碳交易与清洁能源政策相结合，提高清洁能源开发和利用的积极性。

3. 发挥低碳社会自治能力

除了强化低碳行政管理能力以及提高低碳市场调控能力外，中部地区在健全低碳管理体系时还应发挥低碳社会的自治能力，逐步建立以道德和文化为核心的低碳文化体系。具体来讲：鼓励低碳经济发展中的公众参与，通过社区管理等基层组织形式，加强人们相互监督、相互影响，充分发挥公民自身的主体作用，使低碳经济建设不仅依靠政府和企业，而是成为公众共同关心、共同参与的社会事业。

二、低碳经济建设的时间表和路线图

中部地区低碳经济建设可分为以下几个建设阶段，即 2011~2015 年为起步与准备阶段，2016~2020 年为纵深推进阶段，2021~2030 年为跨越发展阶段，2031~2040 年为远景提升阶段（见表 7-5、图 7-1）。

表 7-5　　　　　　　　　中部地区低碳经济建设时间表

建设内容	2011~2015 年	2016~2020 年	2021~2030 年	2031~2040 年
规划编制与实施	启动中部地区低碳城市总体规划修编；编制产业发展、基础设施、生态建设等专项规划	完成规划编制工作，并付诸实施	抓紧实施并修改完善现有规划	抓紧实施并修改完善现有规划
综合交通建设	加强运输主通道和交通枢纽建设；建设轨道交通和快速公交系统；推进各航空枢纽的重大工程建设	提升国省干线公路技术等级；加强公路养护和管理；开展内河航道专项整治工作；加快城际铁路、大能力运输通道建设	继续推进低碳型交通网络体系建设；重点开展农村公路改造工程，促进城乡交通设施一体化	基本完善中部地区低碳交通网络体系建设
其他基础设施	以产业集聚区和城市新区为重点，推广太阳能应用；大力建设核电工程；实施千亿元电网工程；加大风能、生物质能、地热能等资源的开发力度	推进"三网融合"；继续开展城市低碳服务设施建设；重点推进、重点建设农村水利、电力、沼气等基础设施	基本完成城市群基础设施的低碳化改建；城乡基础设施一体化工程取得显著成效	基本形成完善的中部城市低碳设施体系；力争全面实现城乡基础设施一体化
低碳技术创新发展	加快建设低碳技术研发基地；编制产业技术路线图；加强现有产业的低碳化改造	创造低碳技术创新环境；搭建低碳技术创新平台；建立产学研结合的低碳技术创新体系	提高低碳技术创新能力，支撑低碳经济的良好发展；将中部地区建设成低碳创新型示范区	全面实现低碳技术的产业化发展，一部分低碳技术和产业达到世界领先水平
环境整治与保护	划定长江、黄河流域保护区域；启动两河流域水污染综合治理工程；加强流域生态防护建设；优化城市和农村生态环境	完成两河流域联防联控机制；防护林建设、石漠化治理等工程取得显著成效；基本建成生态环境保护体系	完成两河流域综合治理；生态建设初见成效；基本实现洞庭湖、鄱阳湖等生态经济圈建设的各项目标	中部地区生态系统到良好保护和恢复，生态质量全面提高
低碳经济试点	启动湖北省及江西南昌的低碳建设工程；其他城市优先开展产业园低碳转型工作	完成中部地区主要产业园的低碳转变；基本实现南昌城市经济低碳发展	全面建成武汉省级低碳示范区，中部地区城市群低碳化发展	中部地区全面推广低碳经济
体制机制改革	以行政管理、市场体系、财政体制、土地管理、生态建设等领域为重点，先行开展低碳改革	以节能减排为核心，纵深推进各项体制机制的改革，确保取得显著成效	总结改革经验，形成一系列有利于中部地区低碳经济建设的实践成果，确保低碳体制机制的基本形成	向其他地区推广改革经验和建设成果

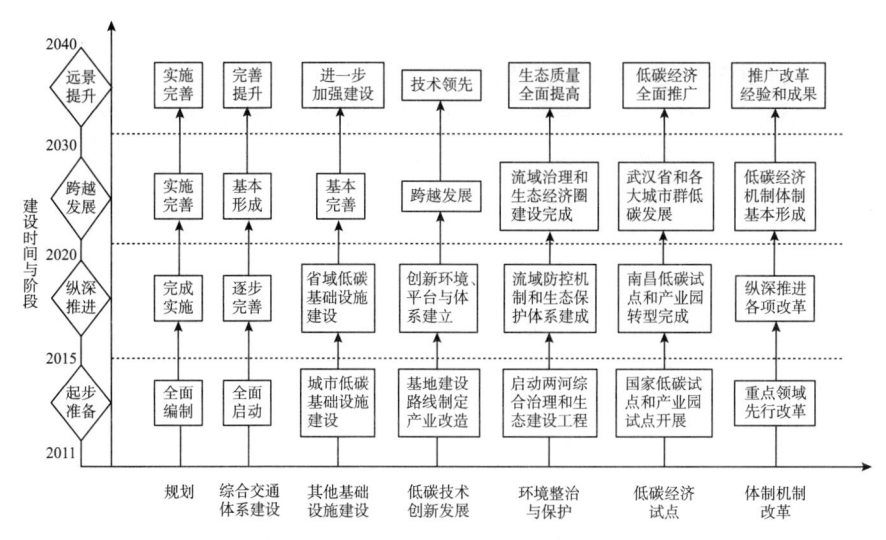

图 7-1 中部地区低碳经济建设路线

（一）起步与准备阶段（2011~2015 年）

全面启动各项领域的低碳改革，完善低碳经济规划体系，初步构建各省低碳基础设施框架，基本健全中部地区低碳服务体系，以长江、黄河为重点的流域综合治理基本建立，以湖北省和江西南昌市为重点的低碳经济发展初见成效，以安徽池州和砀山、江西共青、河南内乡、湖北当阳和钟祥、湖南江永为重点的生态示范区初步建成，初步形成中部地区城市群与周边城市协调发展的经济一体化格局。该阶段主要工作任务包括：

1. 加快低碳规划体系的编制

在各省现有低碳规划的基础上，启动中部地区低碳城市总体规划编制工作，编制好相关低碳交通、低碳基础设施、低碳产业、生态建设等专项规划。

2. 推进城市低碳设施的建设

以太原城市群、皖江城市带、鄱阳湖生态经济区、中原经济区、武汉城市圈、环长株潭城市群等重点区域为核心，优先构建以公路、轨道交通为主的低碳交通体系；建设和完善核电，风能、太阳能等新兴能源的利用、供应系统；新建服务于新能源汽车的公共设施。

3. 促进产业结构的优化升级

组织实施中部地区低碳产业发展方案，推动产业结构的优化升级，选择确定具有竞争优势的低碳产业，打造低碳产业集群，重点发展光伏产业、生物质能、低碳装备制造、新能源汽车、电子信息等低碳产业。

4. 开展长江黄河流域综合治理

加大三峡库区、丹江口库区及上游和淮河、黄河、海河、巢湖等重点流域水污染防治力度；推动湘江流域污染综合整治；加强鄱阳湖、洞庭湖、洪湖、梁子湖、巢湖等重点湖泊和湿地的保护与修复，推进武汉大东湖生态水网构建。

5. 开展低碳经济试点工作

结合湖北省、江西省南昌市的国家低碳省市试点，重点开展低碳经济建设；其余城市以产业园区为核心，推动低碳经济的试点工作，逐步建立低碳产业体系，探索城市低碳化发展道路。

6. 建设国家生态示范区

安徽池州侧重于生态旅游和生态工业的发展；安徽砀山、河南内乡、湖北当阳市、湖南江永侧重于生态农业的发展；江西省共青城侧重于低碳城市化建设；湖北钟祥市侧重于生态环境的恢复和治理。

（二）纵深推进阶段（2016～2020年）

纵深推进低碳改革，完成所有低碳规划的编制工作，大力推广低碳经济发展模式，基本完成中部地区低碳设施和生态环境保护两大体系的构建，继续加大低碳技术研发力度，优化产业结构，初步形成低能耗、低排放、低污染的经济增长方式和社会消费模式。主要工作任务包括：

1. 加强各省低碳基础设施建设

以营业性道路运输、水路运输和内河港口生产为重点领域，构建中部地区低碳综合交通体系；重点建设农村小型水利、沼气和电力等基础设施，教育、医疗等公共服务设施；全面引进垃圾无害化处理系统和污水处理系统。

2. 大力提高低碳技术研发能力

加强中部地区现有产业的低碳化改造；基本建立产学研相结合的自主创新体系；搭建创新平台，重视基础技术和共性技术的共同研发；编制并完善产业技术路线图，统筹产业的技术发展；创建有助于低碳技术研发的环境。

3. 基本建成生态环境保护体系

长江、黄河流域水污染联防联控机制基本完善；水土保持和生态修复工程全面启动；三峡库区及上游、丹江口库区及上游、鄱阳湖和洞庭湖湖区防护林建设工程已具一定规模；石漠化综合治理和崩岗治理试点建设顺利进行；矿山地质环境治理和生态修复工程取得一定成效。

4. 建设好低碳省和低碳城市试点

集中力量建设好湖北省和江西南昌市两大国家低碳经济区试点，逐步扩大中部地区低碳试点范围。

(三) 跨越发展阶段 (2021~2030年)

完成低碳经济建设改革的主要任务，达到中部地区的单位生产能耗和污染排放均低于全国平均水平的总体目标，形成有利于资源节约和环境保护的体制机制，初步建立具有区域特色的低碳经济模式，实现经济发展方式的低碳化转变和人与自然的和谐发展。该阶段的主要工作任务包括：

1. 基本完成城市群设施低碳化建设

至2030年，中部地区城市群的交通、能源、通讯、社会服务等综合基础设施基本完成低碳化改造，城乡基础设施一体化工程取得显著进展，对低碳经济的发展起到强有力的支撑作用。

2. 初步实现城市群的低碳化发展

至2030年，中部地区城市群单位GDP能耗、二氧化碳排放量、二氧化硫的排放量以及氮氧化物排放量等指标均达到发达国家水平，基本建成太原、皖江、鄱阳湖、中原、武汉、长株潭6大城市群，为全国低碳经济发展发挥典范作用。

3. 生态环境建设初见成效

长江、黄河中下游流域生态环境得到全面治理，重点生态功能区的保护和管理取得明显进展，城市和农村环境极大改善，生物多样性得到良好保护，基本实现中部地区生态经济圈建设的各项目标。

4. 基本形成低碳经济机制体制

深入推进社会、经济和生态领域的全面改革，取得大量有助于中部地区低碳经济建设的实践经验，低碳经济建设的体制机制基本形成。

（四）远景提升阶段（2031~2040年）

中部地区基本完成低碳经济建设任务，经济发展节能、无污、高效化，社会文明节俭、宽容、丰富化，生态环境最优化，全面建成社会、经济、环境和谐统一的"低碳社会"。

三、低碳经济建设的着力点

参考国内外低碳经济发展实践，结合中部地区实际情况，我们认为中部地区低碳经济建设的着力点应该从优化能源消费结构、优化产业结构等层面入手，具体包括：

（一）着力优化能源消费结构

能源消费结构主要指各类能源消费量在能源总消费量中的比例，直接影响到区域经济发展方式。能源利用及消费结构调整是我国能源发展所面临的重要任务之一，也是中部地区低碳经济建设的重要组成部分。具体来讲，中部地区优化能源消费结构的主要思路包括：

1. 改善化石能源结构，控制煤炭消费的过快增长

目前，我国中部地区的能源结构仍以原煤为主。而且，"富煤、缺油、少气"的能源贮藏决定了中部地区以煤为主的能源结构仍将保持很长一段时间。现阶段，中部地区应在不影响经济快速发展的前提下，优先改善地区化石能源结构，稳步控制煤炭消费的过快增长。可采取的主要措施有：（1）加大中部地区石油储备基地建设，保证石油资源供应的稳定增长。

（2）加强中部地区天然气勘探开发力度，促进中部地区天然气工业的持续发展。（3）重点建设大型炼化基地，提升油品质量。（4）加强"西气东输"、"北油南运"等能源管网建设，优化国内能源配置（刘立涛、沈镭，2011）[8]。

2. 开展核电设施建设，提高核电比重

核电不仅只需少量的核燃料，而且具有干净、无污染、几乎零排放的优势，是极为重要的一种洁净能源。发展核电已成为了世界能源发展的重要部分，也必将对我国中部地区能源结构的优化起着越来越重要的作用。积极开展核电设施建设，提高核电在能源结构中的比重，有助于中部地区低碳经济的发展。重点开展湖南桃花江、安徽芜湖、湖北咸宁、河南南阳的核电站建设工程。加强核电技术研发，实现核电设计和设备制造自主化。抓紧培养核电人才，保证核电站安全稳定地运行（徐东等，2011）[9]。鉴于国家决定在2015年以前重点建设沿海地区的核电工程，内地核电工程则安排在2015年以后，因而，目前中西部地区的核电项目建设主要是做好准备工作。

3. 提高能源利用效率，推进节能降耗

短期内，中部地区以煤为主的能源结构无法改变。这种现状迫切要求中部地区提高能源利用效率，同时这对于促进中部地区低碳经济建设有着至关重要的作用。可采取的主要对策有：（1）依据中部各省节能减排潜力，将国家节能减排目标合理分解至各个省份。（2）严格监管低效企业，提升企业整体质量。（3）加快引进高效节能设备，积极研发节能技术。（4）推广优质能源服务，提高能源利用效率。

4. 大力开发新能源，促使能源结构多元化

积极发展风能、太阳能、生物质能等新能源，坚定推进能源多元化进程，有力地推进中部地区的低碳经济建设。一是促进中部地区太阳能产品的全面推广，充分利用太阳能。二是依托长江、黄河流域丰富的水资源，合理开发水电。三是立足于中部地区丰富的生物质能源资源，积极开发生物质能。四是充分发掘山西省风能资源，鼓励风电产业的发展。

5. 全面促进资源节约，推动资源利用方式根本转变

节约资源既是保护生态环境的根本之策，也是推动低碳经济建设的重

要途径。可采取的主要措施有：（1）加强资源利用过程的全面节约管理，大幅降低能源、水、土地消耗强度，提高利用效率和效益。（2）促进资源节约，有效地推动能源生产和消费革命，加快低碳产业和新能源、可再生能源产业的发展，实现能源消费总量的控制。（3）加强水源地保护和用水总量管理，推进水循环利用，建设节水型社会。（4）加强矿产资源勘查、保护、合理开发。（5）发展循环经济，促进生产、流通、消费过程的减量化、再利用、资源化。

（二）着力优化产业经济结构

中部地区低碳经济的发展，不仅需要调整能源利用结构，而且需要优化产业经济结构。通过循环经济、战略新兴产业基地建设、模式转变等方式，促进传统产业的低碳化转型，逐步淘汰高投入、高耗能、高污染、低效益的劣势产业，大力发展低能耗、低污染、高效益的战略性新兴产业。具体来讲，中部地区优化产业经济结构的主要思路包括：

1. 依托城市群发展建设，打造一批战略性新兴产业基地

战略性新兴产业的项目建设，能够有效提升产业结构的技术层次，并促使低碳产业成为中部地区经济发展的重要支撑。目前，中部地区城市群是各省新兴产业密集区，在产业基础、研发实力、发展潜力等方面已具有相当优势。为此，中部地区优化产业经济结构的有效措施之一是依托城市群这一核心增长极，大力开展战略性新兴产业基地建设，这有助于带动中部地区整个产业结构的优化升级。

从整体上看，中部各省战略性新兴产业基地建设的重点方向分别是：河南省重点建设血液制品、生物医药、生物育种、新型合金材料、智能电网装备、生物能源等优势领域；山西省重点建设煤层气、现代煤化工、高端装备制造、节能环保产业等优势领域；湖北省重点建设新一代信息技术、高端装备制造、新材料、新能源汽车等优势领域；安徽省重点建设电子信息、节能环保、新材料、公共安全等优势领域；湖南省重点建设先进装备、新材料、文化创意等优势领域；江西省重点建设光伏、航空制造、半导体照明、非金属材料、绿色食品等优势领域。

2. 调整传统工业内部结构，技术改造高耗能产业

中部地区是我国传统能源重工业基地，煤炭、冶炼、化工、钢铁等高

耗能行业用能占据了中部地区总用能的绝大部分，优化传统工业结构（见表7-6）对中部地区的低碳经济建设至关重要。可采取的主要措施有：
（1）逐步淘汰高耗能、高排放的传统工艺，利用低碳技术改造传统工业。
（2）更新企业老旧设备，促进生产装备的现代化、高效化、低碳化转变。
（3）重新设计生产流程，推广循环经济生产模式。（4）严格监管高耗能行业建设，杜绝重复建设现象的出现。

表7-6　　　　　　　　　中部地区传统行业改造重点

行业类型	改造重点
钢铁行业	全面推广焦炉干熄焦、高炉煤气干法除尘、煤调湿、连铸坯热装热送、转炉负能炼钢等技术；重点推广烧结球团低温废气余热利用、钢材在线热处理等技术；示范推广上升管余热回收利用、脱湿鼓风等技术；加快电机系统节电技术、节能变压器的应用
有色金属行业	全面推广铜材料短流程生产、金属矿山高效选矿等技术和高效节能采矿、选矿设备；重点推广新型结构铝电解槽、电解铝液合金化成形加工等新工艺；研发推广闪速炼铅工艺等
石化行业	全面推广大型乙烯裂解炉等技术；重点推广裂解炉空气预热、中低温余热利用、渗透汽化膜分离、高效加热炉、高效换热器等技术和装备；示范推广透平压缩机组优化控制技术、燃气轮机和裂解炉集成技术等；研发推广乙烯裂解炉温度与负荷先进控制技术、C2加氢反应过程优化运行技术等
化工行业	全面推广先进煤气化、先进整流、液体烧碱蒸发等技术以及新型膜极距离子膜电解槽、滑式高压氯气压缩机、新型电石炉等装备；重点推广真空蒸馏、干法加灰、电石炉尾气综合利用等技术；研发推广氧阴极低槽电压离子膜电解、节能型干铵炉、无机化工生产过程中低温余热回收利用等
建材行业	全面推广玻璃窑余热综合利用、全氧燃烧、配合料高温预分解等技术，以及陶瓷干法制粉、一次烧成等工艺；重点推广新型膜极距离子膜电解槽等装置；研发推广纯低温余热发电、立磨、变频调速等技术；示范推广高固气比水泥悬浮煅烧工艺、窑炉风机节能变频技术等
轻工行业	全面推广低能耗蒸煮、高效废纸碎解等技术以及高效蒸发浓缩、新型发酵等设备；重点推广大型喷塔和泥浆减水、膜分离浓缩、菌种选育等技术；研发推广新型发酵、新型无螺杆塑料加工等技术；示范推广机械式蒸汽再压缩、二次能源综合利用及靴型压榨等技术

3. 以生物多样性农业为核心，改造传统"高碳农业"

农业能源的消费量对中部地区来说，也不容忽视。低碳农业作为我国

"三农"政策的重要导向之一,也是中部地区转变经济发展方式的重要方面。生物多样性农业充分利用了农业生态系统的自我调节能力,减少了农业生产的能源消费和环境破坏,有助于资源的合理、高效、可持续利用,是发展低碳经济的重要途径。中部地区改造传统"高碳农业"的主要思路包括:(1)减少化肥、农药、农用薄膜等有害品的使用。(2)推广立体种养、节能耕作、"三品"基地、观光休闲等农业生产模式(汤晓阳,2011)[10]。(3)开发利用农村丰富的清洁能源。(4)建立农产品加工废弃物循环利用模式。

4. 全面发展新兴服务业,支撑低碳经济发展

新兴服务业,基本上涵盖了一切有助于低碳经济发展的服务,如低碳技术研发、碳汇服务等。总体来看,新兴服务包括技术服务、金融服务、综合管理三方面。中部地区全面发展新兴服务业的主要思路包括:以低消耗、低排放、低污染为原则,提升中部地区服务业在产业链条中的位置;提倡建立学习型组织,提高服务业管理效率;以顾客需求为导向。更新营销思想,提高服务水平;依托城市发展,建立服务业基地,鼓励服务业集聚化发展(额尔敦松布尔、姜露,2011)[11]。

(三)着力推动低碳技术创新

实施创新驱动发展战略,是我国十八大提出的重要发展战略之一。科技创新作为提高社会生产力和综合国力的战略支撑,必须摆在区域发展全局的核心位置。依据报告提出的重要内容,创新驱动战略的实施必须以全球视野谋划和推动创新,从科研、评价、激励、转化等方面全方位入手,完善知识创新体系,走中国特色自主创新道路。

因此,低碳技术的开发应用是实现低碳化发展的关键手段,将加速实现社会模式向低碳社会的迅速转变。中部地区的低碳技术发展一方面应依托现有先进技术,推动产业升级;另一方面则要大力推动低碳技术的创新,构建多元化低碳技术体系。具体来讲,中部地区推动低碳技术创新的主要思路包括:

1. 整合现有低碳技术

虽然,中部地区低碳技术起步较晚,但一些技术已走在了世界前列,加速推广中部地区现有的、成熟的低碳技术的应用,有助于提高低碳产业整体的自主创新能力。积极推动风能发电的产业化发展；加快太阳能光伏技术的示范和推广；加强清洁煤技术的广泛应用。

2. 明确低碳技术研发重点

低碳技术涵盖层次多、研发难度大。为此，中部地区低碳技术的自主研发，应优先评估地区低碳技术的研发水平，通过与低碳产业的市场需求相结合，明确低碳技术研发重点，逐步建立多元化的低碳技术体系。优先研发高能耗、高排放领域的节能减排技术，为传统产业的改造升级提供有力的技术支撑。大力发展可再生能源技术，增加清洁能源供给，优化能源结构。加大低碳前沿技术的投入，积极开展纳米材料、分子生物等领域的技术研发（伍华佳，2011）[12]。

3. 提高企业低碳技术研发创新能力

低碳技术是低碳经济发展的永恒动力。低碳技术的创新能力，在很大程度上决定了中部地区能否顺利实现低碳经济发展。为此，中部地区应着力提高企业低碳技术的研发创新能力，可采取的相关措施包括：（1）加强低碳技术研发中心建设，打造创新平台。（2）加强研发投入，积极开发节能减排新技术新工艺。（3）加强行业生产薄弱环节的技术研发，提升整体研发能力。（4）加强产学研结合，联合攻关低碳经济相关的关键核心技术。

4. 培育低碳技术专业人才

人才资源一直是我国和国外创新能力差距的主要因素之一。同时，由于我国目前尚未有专门培养低碳专业人才的高等院校、科研院所，这与我国蓬勃发展的低碳经济实践有所脱节。为此，中部地区应加快培育低碳技术专业人才：从国内外引进低碳相关专业的高层次创新人才；加强高校与企业的合作，共同培养创新型、复合型、技能型人才。

5. 引进国际低碳技术资源

低碳技术研发难度大，所需投入多。因此，对于某些特殊低碳技术，引进、消化、吸收国外现有的先进低碳技术成为一种捷径。对于中部地区来讲，要积极参与国际低碳技术的交流与合作，一方面有助于引进和吸收发达国家先进成熟的低碳技术；另一方面，有助于吸引国际资金和技术进入中部地区节能减排项目，加速区域高碳产业优化升级，促进新兴产业发展。

（四）着力打造低碳金融体系

低碳经济的发展离不开充足的资金支撑，以及功能完善的低碳金融体系。中部地区的低碳经济发展应以财政资金为引导，以碳基金、银行信贷和碳证券等金融工具为重点，充分发挥低碳金融在低碳经济发展中的主渠道作用。具体来讲，中部地区打造低碳金融体系的主要思路包括：

1. 建设碳交易市场体系

碳交易市场是连接低碳经济和实体经济的纽带，构建信息流畅、资金充足的市场体系是发展低碳金融的基础性工作。然而，当前中部地区尚未形成实质性的碳交易市场体系。为此，中部地区建设碳交易市场体系的主要工作包括：以碳交易市场的特征研究为重点，加强低碳金融的研究；加快建立排放权交易所、环境权益交易机构等碳交易所，满足中部地区低碳经济发展的需求；严格规范碳交易所的设立、运行和管理等环节；鼓励企业进入市场平台交易，促进碳交易平台的发展。

2. 调整金融信贷结构

金融信贷在当前淘汰落后产能等领域具有重要作用。为此，在中部地区高度重视低碳经济发展的现阶段，中部地区应积极调整信贷结构，提高低碳产业贷款比重，推动低碳产业的进一步发展。当前，中部地区的主要工作包括：重视能效技术评估，允许部分企业以排污许可证为抵押，申请资金贷款；在信贷方面，大力支持低碳农业产业链的构建；提高新能源产业的贷款投入比重，促进新能源的开发利用（陈敏，2011）[13]。

3. 创新低碳金融产品

低碳金融业的发展应树立为低碳经济服务的新理念，加大低碳金融产品的创新，探索崭新的发展道路。中部地区应借鉴东部沿海地区发达省份低碳金融产品创新发展经验，结合区域实际情况，进一步创新低碳金融产品，其主要工作包括：继续扩大清洁发展机制项目交易、自愿减排项目交易、节能减排技术交易等现有业务；新增排放权交易、碳权质押等贷款业务；开办低碳绿色的融资租赁、财务顾问、托管碳基金等业务；支持环保企业债务融资。

4. 拓宽投融资渠道

目前，政策性资金仍是中部地区低碳产业的投资主体，包括国债、国际金融机构的政策性贷款以及国内政策性金融机构提供的贷款等。然而，政策性资金已经不能满足低碳产业日益增长的需求，必须通过市场化方式，拓宽融资渠道。一方面，以碳基金为主体，吸引公募和私募基金的进入，充分发挥基金工具的作用；另一方面，促进证券市场向低碳企业的倾斜，充分发挥直接融资市场的低碳融资功能。

（五）着力推广低碳建筑和建筑节能

低碳建筑是指在建筑材料与设备制造、施工建造和建筑物使用的整个生命周期内，减少化石能源的使用，提高能效，降低二氧化碳排放量。目前，低碳建筑已逐渐成为国际建筑界的主流趋势，并已写进了我国的发展规划之中。

据统计，我国每建成1平方米的房屋，约释放出0.8吨碳。另外，在建筑运行过程中，建筑采暖、空调、通风、照明等方面的碳排放量也极大。加之，我国建筑的寿命周期短，使得建筑节能也成为中部地区低碳经济建设的重要内容（见表7-7）。具体来讲，中部地区推广低碳建筑和建筑节能的主要工作思路包括：

1. 制定和执行建筑节能标准

结合国家建筑节能标准，进一步制定符合地区实际情况的地方建筑节能标准，对于地区建筑领域的节能减排具有重要意义。为此，中部地区应在制定和执行建筑节能标准方面有所行动。一方面，要系统制定建筑基础、建筑技术、建筑工程、建筑管理等多方面标准，完善建筑节能标准体系，使得中部地区的低碳建筑发展有制可依、有规可守；另一方面，要在设计、施工等各个环节，严格执行节能标准，切实保证建筑的低碳化改革。

2. 推进新建建筑节能

当前，中部地区正处于工业化和城市化加速推进的历史进程。随着城市化的加速推进，城市房地产业蓬勃发展，继而带来了一大批新建建筑的问世。为此，在中部地区处于快速城镇化进程的特殊历史时期，大力推进新建建筑节能，将有利于中部地区低碳经济的快速发展。推广使用建筑节能的新技术、新工艺、新材料和新设备。推广可再生能源在建筑采暖、制冷、照明和热水供应等方面的应用。在新建建筑设计、施工、监管、验收等各个环节，严格执行节能标准。

3. 加强既有建筑节能改造

除了加强推进新建建筑节能工作外，既有建筑的节能改造也是建筑节能减排领域中比较重要的一个领域。既有建筑节能改造包括住宅和大型公共建筑节能改造，不仅能提高建筑舒适度，而且能避免能源资源的浪费，有效促进低碳经济的建设。中部地区可采取的主要措施包括：建筑室内采暖系统热计量和温度调控改造；建筑围护结构节能改造；热源及管网热平衡改造。

表 7-7　　　　　　　　低碳建筑采用的典型节能措施

分类	节能领域	节能措施
围护结构保温隔热系统	外墙和屋顶保温系统	外保温复合墙体、屋顶绿化、呼吸式幕墙
	门窗节能系统	阻断门窗框热桥的建材、节能玻璃、遮阳设施
空调采暖系统	太阳能空调系统	太阳墙新风供暖系统，被动式采暖太阳房、太阳能吸收式制冷空调
	毛细管平面辐射空调技术	通过房间顶棚或墙面安装的毛细管（辐射换热管），形成平面空调末端系统
	热泵空调系统	地源热泵空调系统、原生污水水源热泵、中水水源热泵
	通风及废热、冷回收	自然通风系统、废冷、热回收系统
	集中供热系统节能技术	建筑热电冷三联供技术、分栋计量、分户通断调节技术
照明节能系统	自然采光系统	集光器技术、光线传导技术、采光搁板技术
	照明节能系统	节能灯、设计两路以上开关
	公共区域照明	感光自控系统、声光自控系统、风光互补路灯、太阳能草坪灯、LED 装饰性照明
冷热水供应系统	热水供应	太阳能热水系统、集中热水供应系统
	器具节水	两档式、感应式节水龙头、免冲小便池、高效滴灌技术
	分质供水系统	分质供水系统、污废分流排水系统、中水处理系统、雨污分流排水体系、雨水收集系统

续表

分类	节能领域	节能措施
能源供应系统	太阳能光伏建筑一体化技术	光伏屋顶、光伏幕墙
建筑管理系统	楼宇自控系统	智能化的楼宇管理系统、远程监控与评估系统
	室内空气质量控制	二氧化碳检测系统
	垃圾处理	垃圾分类收集、垃圾生化处理

四、低碳经济建设的体制优化

中部地区低碳经济建设的体制优化主要指为了实现区域经济的低碳化转型，构建、优化和完善相关的低碳经济税费、金融、环境等各类制度。

(一) 构建低碳税费制度

税收是优化资源配置的重要手段，对低碳经济建设起着积极推动作用。随着可持续发展与低碳建设理念研究的不断深入，我国也在增值税、消费税、企业所得税等方面推出了一系列优惠政策与措施，对低碳经济的发展起到了一定的约束和激励作用。

然而，现行税费制度仍无法完全地满足低碳经济发展的需要，主要存在以下几方面问题：优惠方式单一、优惠政策零散、资源税费偏轻、征税范围窄等。因此，构建低碳税费制度既是中部地区优化资源配置的优先任务，也是中部地区低碳经济发展的强烈需求。

从现实情况来看，中部地区构建低碳税费制度的要点主要包括：扩大低碳经济领域的增值税抵扣范围；针对化肥、农药等危害生态环境的产品，列入税费征收范围；对高能耗、高污染的企业，提高消费税税率；在低碳技术、循环生产、环保产品等领域，为企业提供税费减免优惠；统一设计增值税与企业所得税优惠项目，形成相互统一、有效配合的税费制度；将淡水、海洋、森林、牧场等自然资源列入征收范围；开设环境税、碳税等专门的环保税种，引导社会投资向低碳领域倾斜；依据不同资源的特点，分别采取从量计征、从价计征以及复合计征三种计征方法（王小宁等，2011）[14]。

(二) 完善金融管理体制

所谓低碳金融，是指服务于旨在减少温室气体排放的各种金融制度安排和金融交易活动,其管理体制的构建主要涉及市场机制、参与主体、金融产品和交易活动四个方面(见表7-8)。

表7-8　　　　　　低碳金融管理体制构建的主要领域

领域	具体领域
市场机制	能源部门、交易平台、交易机制等
参与主体	国际组织、商业银行、投资银行等
金融产品	信贷、融资、项目交易、技术交易、基金等
市场交易	企业之间、各省市之间、国际范围

中部地区的低碳经济建设离不开区域金融、信贷的支持。有效的金融支撑不但可以促进企业低碳技术的研发和应用,而且可以使金融适应并服务于中部地区低碳经济的发展。然而,中部地区现行金融管理体制所存在的矛盾和问题日益凸显:小型金融机构和组织的不断发展,导致了监管交叉、真空现象的频繁出现;监督链条过长、信息不对称等现有问题,严重制约了金融监管的有效性;现行金融监管体制过度地重视金融风险监管,限制了金融业的发展。

当前中部地区完善金融管理体制的要点主要包括:(1)构建以"国家监管部门—社会团体—市场主体"为核心的碳金融监管体系。(2)打破地方部门行政壁垒,对地方金融实行统一的考核标准和要求。(3)逐步放松行政管制,充分发挥低碳市场配置资源的作用。(4)完善金融机构监管流程,建立规范的低碳金融业务运行平台。(5)建立"绿色证券"准入标准,约束企业上市融资和再融资。(6)建立与"绿色信贷"挂钩的银行绩效考核体系和强制执行标准。(7)加快碳会计工具研究,满足金融机构低碳管理需求。(8)以金融企业为主体,构建低碳金融产品创新体制。(9)加强跨区域的低碳市场体制构建,促进碳金融市场交易的活跃发展。

(三)健全环境管理体制

环境管理体制是规定中央、地方、部门、企业在环境保护方面的管理范围、权限职责、利益及其相互关系的准则,具有跨区域、公正性、权威性、统一性和广泛参与五大特征。

目前,我国中部地区的生态环境问题仍很突出,环境管理体制也存在着诸多问题：政府部门各自为政，缺乏相互沟通与协调；部门职责交叉严重，难以实现统一监管；司法机关、社会团体、公民个人难以参与环境管理；行政资金极为有限。

随着中部地区经济的加速增长，城市化发展的推进给生态建设和保护带来了沉重的压力，只有不断加强环境保护和管理的力度，健全环境管理体制才能真正实现区域经济的低碳化发展。中部地区健全环境管理体制的要点主要包括：一是适当集中资源管理部门的环保职能，由环境管理部门统一监管。二是严格、科学地将节能减排目标分解到各企业单位，形成目标责任制。三是科学划分中部地区主要功能区，实现环境保护的分类管理。四是完善中部地区环境保护法规体系。五是建立健全中部地区各大水域的管理机构。六是加强地方政府综合决策能力、应急监测能力、协调管理能力等环境执政能力建设。七是大力推进环保信息的公开，保障公众环境权益。

（四）构建低碳创新体制

提高自主创新能力是中部地区低碳经济发展的重要任务。完善自主创新体制，优化创新资源配置，有助于实现低碳技术的跨越式发展，把中部地区率先建设成国家创新型核心区域。

构建低碳技术创新体制，应该充分重视以下方面：竞争性现代市场经济体制是技术创新的基础制度，通过竞争鼓励企业开展低碳技术和产品的创新，达到新技术全面推广的效果（吴敬琏，2007）[15]；关键技术应更多地通过市场信号和制度安排来进行认定，而非仅仅是政府机构；知识产权保护制度是低碳技术创新的重要保障，能有效保护企业长期投资的积极性。

中部地区构建低碳创新体制的要点主要包括：（1）充分发挥技术创新中的市场作用，合理减少政府干涉力度。（2）加强中部地区与国内、国际的交流合作，构建以市场为导向、企业为主体、产学研结合的低碳技术创新体系。（3）布局建设一批国际领先的科技基础设施、重要科研机构和重大创新能力建设项目。（4）扶持低碳技术研发与服务机构的发展，完善创新服务体制。（5）改革科技评价制度，将发现、培养和稳定青年人才作为区域科技计划和项目的重要考核指标。（6）探索低碳技术的知识产权管理体制，强化知识产权保护。（7）开展低碳行业技术标准的制定工作，促进创新成果知识产权化。（8）以补贴、资助等多种方式，加大政府对企业技术研发的支持力度。

（五）改革土地管理体制

土地管理体制是指土地行政管理的组织结构、职责权限结构及其运行方式，主要涉及两方面关系：一方面是土地管理机构的垂直关系；另一方面是土地管理与相关职能部门，如规划、房产等部门的关系。

中部地区的土地面积占全国的10%，粮食产量占全国的30%以上，是我国重要的产粮区。然而其土地管理体制存在着诸多弊端，严重影响了土地的合理开发与利用：土地管理机构繁琐，管理职权相互冲突；土地管理部门与相关部门职权划分不明，行政效率低下；土地的多头管理和条块分割现象普遍存在，无法实现统一集中的管理；土地管理机构政企不分，土地市场竞争不公；产权管理混乱，国有土地资源流失严重（李夏英，2006）[16]。

随着低碳经济建设的逐步开展，中部各省必须把握时机，大力推进土地管理体制的改革工作，进一步保持和提高土地生产力、保护自然资源的潜力，以及控制水土资源的流失与退化。中部地区改革土地管理体制的要点主要包括：(1) 完善土地垂直管理体系，明确中部地区各级土地管理机构的职责划分。(2) 编制省、市级低碳土地利用规划，与空间规划、区域规划相协调。(3) 健全土地法律法规体系，严格保护土地资源。(4) 分离政府部门的土地利用经营权与土地管理权。(5) 制定集约利用土地标准，探索土地资源节约的发展模式。(6) 建立土地安全保障金，用于土地修复、赔偿与整理（孟虹，2009）[17]。

（六）完善行政管理体制

在低碳经济的建设过程中，我国政府一直承担着主导者的角色，发挥着重要的规划、引导和管理作用。而行政管理体制的完善则是构建低碳型政府的重要途径之一，没有完善的行政管理体制，构建低碳型政府的目标也只能停留在设想当中。

目前，中部地区行政管理体制中的主要问题是：政府职能转变滞后，无法满足高速发展的市场需求；行政地域分割问题明显；职能交叉重叠、缝隙空白严重等问题突出；社会管理职能尚显薄弱。这些问题严重制约了中部地区低碳经济的迅速发展，要求中部地区不断完善行政管理体制，从而为中部地区的低碳经济建设提供制度保障。

中部地区完善行政管理体制的要点主要包括：(1) 制定中部各省低碳经济发展的社会目标与政策，充分发挥政府的引导作用。(2) 由中部各省的政府领导牵头，组织编制中部地区低碳经济发展专项规划，推动低碳经济建设。(3) 建立跨区协调合作机制，打破行政区划的限制。(4) 加快政府职能的转变，营造良好、公平的市场环境。(5) 推进政府机构改革，建立低碳领域专门机构[7]。(6) 建立健全低碳经济监管制度。(7) 加强低碳理念、信息和措施的宣传，鼓励公众参与行政管理。(8) 建立低碳政府绩效考核体系，推广绿色GDP。(9) 提高对社会管理职能的重视，构建政府和社会的良性互动体系。

(七) 加强生态文明制度建设

为了解决当今严重的环境问题，保证人类社会永续发展，需要人们创造出一种新的文明，用以规范人类行为、妥当安排人类生活，该文明即为生态文明。生态文明作为一种新型的文明形态，具有反思性、适应性、创新性三大特性。生态文明要求人们反思人与自然的关系、人与人的关系，强调人们对所处环境的适应，以及价值观念、社会生产、消费模式的创新，实现人与人、人与社会、人与自然和谐稳定的发展。

生态文明的建设必须完善制度的"顶层设计"。胡锦涛同志在十八大报告中提出，要加强生态文明制度建设，首先，要建立体现生态文明要求的目标体系、考核办法、奖惩机制；其次，建立国土空间开发保护制度，完善现有耕地、资源、环境保护制度；再者，深化资源性产品价格和税费改革，建立资源有偿使用制度和生态补偿制度；另外，要加强环境监管，健全生态环境保护责任追究制度和环境损害赔偿制度；最后，要加强生态文明宣传教育，形成合理消费、爱护环境的社会风气①。

五、低碳经济建设的机制优化

低碳经济机制是以低能耗、低排放、低污染为原则，采取一定的运作方式，将政府、企业、市场等经济发展的相关机制联系起来，使它们协调运行，充分发挥机制对低碳经济建设的激励、约束和保障作用。中部地区的低碳经济转型是一项重大的系统工程，需要从财政税收、产业政策、能

---

① 部分资料引自党的十八大报告。

源利用、技术创新等多个方面构建多元化的低碳经济发展机制,实现低碳经济转型的整体协调、重点推进。

(一) 完善财政税收调控机制

财税部门作为区域经济的综合性管理部门之一,能否坚持贯彻低碳发展理念,不仅关系到财税事业的自身发展,而且关系到财税职能的有效发挥。准确把握中部地区财税形势,建立健全推动低碳经济建设的激励机制,对中部地区社会经济的全面协调可持续发展至关重要。

依据科学发展观的要求,为了促进中部地区的崛起,就要充分发挥区域优势与积极性,以低碳经济建设为主要战略,逐步扭转地区差距扩大的趋势。当前,我国中部地区的崛起战略,在核电与能源建设、汽车及机械装备制造、医药化工、水利工程建设、教育及科研开发、公共卫生医疗体系建设等诸多方面均需要国家财税政策的大力支持。只有构建和完善一个包括导向机制、调节机制、控制机制和协调机制的财税宏观调控机制,才能顺利地推进我国中部地区低碳经济的快速、健康、可持续发展。

当前,完善中部地区财政税收激励机制的要点主要包括:(1)建立财政支出与低碳领域财政收入增长的联动激励机制,鼓励中部地区各省、市、县发展低碳经济。(2)分别制定各个省份低碳财税政策的阶段性目标,并运用税收、折旧、补贴、贷款、拨款等多种财税工具,引导区域经济的低碳化转型。(3)建立以低碳产业为主、重点区域为辅的财税优惠倾斜机制,调节地区之间、产业之间的发展与分工。(4)优化政府现行转移支付结构,新增以低碳经济建设为主要对象的转移支付制度。(5)建立与节能相关的税收体系,重点完善环境税、能源税和碳税机制。(6)将节能降耗、碳排放减少等约束性指标列入企业考核标准,改革企业经营业绩的考核办法。(7)完善激励低碳财税的服务配套机制,加强相应服务机构的建立(杜明军,2009)[18]。

(二) 建立产业政策导向机制

产业政策是政府为了实现某种经济和社会目标而对产业发展进行的主动干预,通常包括四个组成部分,即产业结构政策、产业组织政策、产业技术政策和产业布局政策。

如今,低碳经济建设已成为中部地区经济发展转型的必经之路。政府作为经济发展的重要引导者、调控者,必须优先建立有助于低碳经济发展的产业政策导向机制,以实现以下几大目标:形成以低能耗、低排放、无污染为主要特征的低碳产业体系;形成大中小企业结构合理,产业链上下游企业协作配套的产业组织体系;促进相关产业的技术进步和自主创新能力的提升,实现产业结构优化和产业技术升级;实现产业布局合理化,进一步优化全国经济战略布局。

当前,中部地区建立产业政策导向机制的要点主要包括:(1)分解落实各级政府部门的职责和目标,构建低碳产业政策工作协调机制。(2)针对低碳能源开发、节能减排、技术创新、碳排放约束等各个产业领域,建立相应的政策导向机制。(3)以区域协同、企业合作为重点,建立相应的政策导向机制。(4)以中部地区经济管理部门为主导,扩大区域内部行业协会和企业的作用,构建官、学、产相结合的低碳产业政策制定体系。(5)完善政策执行的行政、经济、信息等手段,保障产业政策的执行。(6)通过建立风险基金等方式,建立有效的风险补偿机制。

(三) 探索低碳能源利用机制

一直以来,中部地区都是我国能源生产的重点区域,山西与河南的煤、湖北的水电、江西的核能、山西的火电均位居全国前列。随着中部地区经济的高速发展,中部地区能源供应的压力也越来越大。并且以低碳转型为主要战略的经济发展,更对中部地区的能源利用现状的改变提出了新的要求。为此,中部地区要以低碳能源配额为基础,大力推进能源机制的改革。这不仅有助于中部地区强化能源的节约和高效利用,而且能保障社会的可持续发展,从而实现中部地区低碳经济的稳步发展。

当前,中部地区探索利用低碳能源利用机制的要点主要包括:(1)加快制定中部地区低碳能源配额制,明确规定各省市低碳能源利用的最低份额。(2)以区域可再生能源发电为主要对象,建立绿色证书交易制度。(3)运用法律、行政和经济手段,建立长效节能机制。(4)以煤炭、石油等传统化石能源为抓手,建立传统能源高效、少污、低排的利用机制。(5)调整新兴能源产业发展步伐,建立市场接纳机制。(6)鼓励公众参与清洁能源开发,加大能源项目支持力度,创新清洁能源发展机制。(7)完善清洁能源开发的利益分配补偿机制,促进区域能源的可持续发展。

(四) 优化低碳技术创新机制

技术创新机制,是指为了有效解决技术创新与市场需求之间的矛盾而建立的一整套涉及动力、规则、程序和制度的复杂系统。通过不断地优化现有低碳技术的创新机制，能更大限度地提高资源生产率和能源利用率，实现区域低碳经济的跨越式发展。

总体而言，中部地区低碳技术创新机制可以从以下几个方面来构建：（1）适应区域实际情况的发展战略，确定各个行业重点技术。例如，清洁能源领域的风力、可持续核裂变、二氧化碳回收与储藏技术等；冶金领域的炼铁新技术、电炉炼钢节能技术、节能降耗装备技术及余热余压利用技术等。（2）出台有助于技术创新的相关配套政策，综合运用技术拉动和需求拉动两种政策。例如，投资研发税收抵免、政府投资示范项目、知识产权保护项目等（赖流滨等，2011）[19]。（3）加大低碳技术创新的投入力度，完善低碳技术创新投入机制，为低碳技术的研发、试点、产业化等各个阶段提供资金保障。（4）积极开展国内各区域间的产学研联合，以及与有关国际组织的合作。（5）根据市场需求明确低碳技术研发方向，强化低碳技术创新的市场意识。（6）将人才激励作为市场发展的重要依据，建立引进、培养和实用人才的新机制。（7）进一步优化中部地区产学研创新合作机制，突出企业在低碳技术创新中的主体地位。（8）依据系统工程方法，有机连接市场、科研、生产、营销各个环节，构建低碳技术创新运行机制。

（五）构建地区碳交易机制

"碳交易"是为了促进全球温室气体减排，而建立的碳交易市场机制，其实质是交易双方通过签订碳交易合同，其中一方通过支付另一方获得温室气体减排额，买方可以将购得的减排额用于减缓温室效应从而实现其减排的目标。

目前，中部地区的碳交易市场已逐步呈现升温状态，多数省份已建立了碳排放交易所或能源环境交易所，湖北省更成为了我国碳排放交易工作的重要试点之一。然而，碳排放交易中所存在的各种难处和问题，也不容忽视：交易所多以自愿碳排放交易和清洁发展机制项目为主，缺乏实质性的碳市场操作；交易所机构、人员的配置极为缺乏，无法提供有效的工作和服务；各地碳排放的各项指标尚未出台，碳排放交易缺乏权威性、强制性；政府部门的碳排放管理与能源管理只能分离，协调难度提高；碳排放数据混乱，指标分配无从下手。

从总体上看，以碳税和碳交易为核心，以三大机制（清洁发展、联合履行、排放交易）为主要内容，加快中部地区碳交易机构、平台的建设，构建完善、高效的碳交易市场机制，能为中部地区低碳经济的发展提供重要保障。

当前，中部地区构建低碳交易市场机制的要点主要包括：(1) 理顺政府部门管理职能，实现能源与排放的统一管理。(2) 建立完整、有效的碳排放指标体系。(3) 以碳税和碳交易为核心，构建中部市场减排机制。(4) 加快 CDM 清洁发展机制项目立项。(5) 加快中部地区排放权交易所、清洁发展机制技术服务中心等机构的建设，为信息共享和碳交易提供服务平台。(6) 鼓励中部地区建立统一的碳交易区域市场。(7) 采用统一的温室气体排放计算方法，设计标准化的数据汇报与核查程序，建立中部地区碳数据库。(8) 构建高效、及时、可靠的低碳信息平台，为碳市场的构建奠定基础。

(六) 健全低碳融资机制

融资机制主要指资金融通的系统构成和来源，包括直接融资机制、市场融资机制、证券融资机制等。融资机制是否完善，直接影响着地区中小企业和高新技术产业的发展，对区域经济的总体发展也有着重要影响。

目前，我国中部地区的融资渠道主要有财政投资、银行信贷、资本市场融资、民间资本融资和引进外资等，但仍主要集中在金融机构信贷方面，而证券市场及保险市场等融资渠道则显得十分狭窄。

中部地区的融资现状导致了融资力度不足、信贷资金流失、直接融资水平低下等一系列问题的产生，严重制约了中部地区低碳经济的快速发展。因此，中部地区需要建立更加灵活、高效和稳定的低碳融资机制，在不断完善现有融资机制的基础上，通过各种金融制度安排和金融交易活动，减少区域的温室气体排放。

当前，中部地区健全低碳金融机制的要点主要包括：(1) 以市场机制为基础、以供给引导型和需求追随型融资模式为补充，建立多元化的融资机制。(2) 明确政府在低碳经济发展中的主体地位，运用法律法规和经济杠杆，优化低碳经济融资的政策支持机制。(3) 加大银行低碳融资力度，创新多渠道融资机制。(4) 加强政府环保和监管部门的合作，建立绿色信贷政策的激励与约束机制。(5) 研究并借鉴国外低碳融资机制，如合同能源管理机制等，创新中部地区的低碳融资方式。(6) 大力建设低碳融资基金。(7) 以 CDM 机制为主要途径，加强吸收利用外资的力量（曹璐，2012）[20]。

（七）建立低碳环境监管机制

环境监督管理是指为了保护和改善环境，各级政府部门对环境保护工作进行规划、协调、督促检查和指导等活动的总称，包括环保规划的制定，环保立法、政策及工作的协调，行业活动的检查、督促和指导等。

为了构建长效的环境监管机制，中部地区应从以下方面取得突破：责任分配、监管技术、管理制度、监管设施、监管体系以及人才培养等。通过构建以政府为主导的低碳环境监管机制，能有效地提高中部地区环境监管工作的效率，提升环境监管执法水平，为低碳经济的发展提供重要的基础性保障。

当前，中部地区建立低碳环境监管机制的要点主要包括：（1）明确环境质量超标的法律责任，建立各级政府问责机制。（2）创新环境管理机制，重视环境分区调控与管理。（3）建立并完善环境质量点位网络，科学确定地方和国家环境质量控制点位网络。（4）强化环境质量监督管理和问责机制的技术支撑。（5）全面落实环境影响评价制度，推行市场化的污染治理。（6）统筹建设环境监管基础设施，建立健全环境污染防治机制。（7）重点完善污染源档案、联动执法机制等内容，建立长效的低碳环境监管机制。（8）专门设置针对环境质量保障的人才组织机制。

六、率先建设低碳城市群

近年来，我国中部地区城市群呈加速发展之势，六省分别提出了长株潭城市群发展战略、武汉城市圈发展战略、大太原发展战略、中原城市群发展战略、环鄱阳湖城市群发展战略以及皖江城市带发展战略。下一步，中部地区发展、建设低碳城市群的主旨是抓住中部崛起这一有利契机，充分把握六大城市群在中部地区崛起中所起的轴心作用，以低碳城市群建设为主导，促进高新科技产业聚集，推进绿色、循环经济发展，率先建设中部低碳城市群，有效改善地区原有落后的经济发展格局，保护能源安全，提升中部地区整体形象，引导中部地区经济、社会全面、协调、可持续发展。

（一）低碳城市群建设的重要性

1. 有利于推动中部六省转变发展模式，加快形成新的经济增长点

2012年8月，国务院在《国务院关于大力实施促进中部地区崛起战略的若干意见》中明确指出：大力实施促进中部地区崛起战略，必须深入贯彻落实科学发展观，坚持以科学发展为主题，以加快转变发展方式为主线，以扩大内需为战略基点，以深化改革开放为动力，更加注重转型发展，加快经济结构优化升级，提高发展质量和水平；更加注重创新发展，加强区域创新体系建设，更多依靠科技创新驱动经济社会发展；更加注重协调发展，在工业化、城镇化深入发展中同步推进农业现代化，加快形成城乡经济社会一体化发展新格局；更加注重可持续发展，加快建设资源节约型和环境友好型社会，促进经济发展与人口资源环境相协调；更加注重和谐发展，大力保障和改善民生，使广大人民群众进一步共享改革发展成果。这意味着中部地区的发展崛起，要摆脱以往的"三高"的粗放型发展模式，在注重量的提升的同时，更加注重整体质的提升，逐步形成适应中部发展要求，适应和谐社会建设，符合科学发展观理论要求的低消耗、低排放、低污染的道路。

大力发展低碳经济，建设中部地区低碳城市群，将有效推动中部地区整体循环经济、绿色经济的发展，转变中部六省原有落后的经济发展模式，控制温室气体排放，改善当地的自然生态环境。同时，在全球金融危机的背景下，国际间的绿色贸易壁垒逐渐增长，建设低碳城市群，将有利于中部地区低碳产业、低碳技术、低碳能源的推广发展，同时有利于扩展、延伸中部六省的产业链。通过对新能源、新材料、节能家电、环保科技、清洁发展机制的建设，在相关领域取得突破性的科技进展，提高中部地区经济发展质量水平，抢占市场先机和高新技术前沿，形成中部地区新的经济增长点。

2. 有利于中部地区能源消费结构的优化，保障中部地区能源安全

我国的主要能源消费以煤炭、石油、天然气为主。然而，化石能源的大量使用将造成大量的温室气体排放，伴随着改革开放以来我国经济的高速增长，我国已成为全球第二大能源消费国和主要的温室气体排放国，面临较严峻的国内外社会压力。与此相类似，在中部六省的能源消费结构中，煤炭与石油仍然占据了绝对的统治地位，中部地区的崛起面临着严峻的国内外舆论和社会环境压力，必须转变其传统能源消费结构，加大清洁能源的开发与使用，使能源消费与经济发展需求、社会公众利益、自然环境保护相协调，促进地区经济又好又快地发展。

与此同时，我国的石油对外依存度较高，常年持续在50%以上。据中国能源蓝皮书（2009）预测，至2020年，中国石油的对外依存度将高达64.5%。随着中部六省社会经济的不断加速发展，其能源供求的矛盾也日趋激烈：中部地区的石油消费基本靠从外地调运，石油供给压力日趋沉重；六省中虽然山西、安徽、河南盛产煤，但随着逐年的不断开采，成本上升、开采效益低、能源利用率低、环境污染严重等一系列的严峻问题逐渐浮现，不利于地区的可持续发展要求；湖南、湖北虽然水力资源丰富，却也面临着开发难度大、施工周期长、影响地区生态环境等问题，无法满足自身的能源消费需求。低碳城市群的建设，将有利于推进中部地区低碳技术的发展，提高能源的利用率，有利于大力发展使用新能源、可再生能源，调整能源消费结构，降低对化石能源的消费需求，这样才能缓解因社会经济发展而带来的能源压力，保证中部地区的能源安全。

3. 有利于改善自然生态环境，提升中部地区整体形象

中部六省地处温带与亚热带，气候温和宜人，日照雨水充足，除山西省森林资源较少外，其他五省森林资源都比较丰富，林地总面积约占全国的20%左右。六省境内水域广阔，我国的四大水系皆分布其中，大小湖泊、水库星罗密布，名山大川、历史遗迹多不胜数，野生动植物资源种类繁多。推进中部地区低碳城市群的建设，将辐射带动中部地区整体的产业升级与经济转型；大力发展低碳经济，遵循资源环境消耗少、生态环境破坏少的要求，将有效缓解因中部崛起高速发展而给当地自然环境带来的生态压力，有效保护改善中部地区的自然生态环境。

通过低碳城市群的建设，减少温室气体排放与环境污染，推动绿色健康发展，提高中部六省的综合竞争力。加强社会主义精神文明建设、生态文明建设，以低碳、绿色为名片和建设先导，极力改变中部六省原有的经济落后、污染严重的印象，树立清新、和谐、健康、向上的新形象，同时以低碳科技、低碳产业、低碳服务为突破口，大力推进中部地区的国际化进程，最终提升中部地区的整体形象。

（二）中部地区低碳城市群建设重点

1. 加快中部六大城市群建设

通过政府宏观调控与政策引导，以前瞻性的思维制定科学的城市群规划，促进中部长株潭城市群、武汉城市圈、大太原城市群、中原城市群、

环鄱阳湖城市群、皖江城市带等六大城市群的健康发展。要加强城市群内外间的功能互补与产业协作，对城市进行合理分工，提升各区域中心城市的综合实力及辐射功能，充分利用中心城市的聚集效应，推进发挥其扩散作用，打造推动区域发展的增长极；合理地进行城市扩张，注重城乡统筹，在对原有城区优化升级的同时，遵循国家有关主体功能区划分，对优先开发区、重点开发区、限制开发区、禁止开发区等区域做出相应的规划与调整，制定严格的产业准入门槛和容积率限制；加强政府内部管理，理顺建设思路，建设节约型政府。

2. 加强中部城市群低碳产业建设

结合中部地区各城市群实际情况，积极发展城市群低碳服务业，推行低碳营销、电子商务，倡导餐饮、物流、商贸等行业的清洁生产，出台相应的指导方针与绿色服务认证体系，逐步构建符合低碳要求的新型工业化体系。宏观层面上，在中部六大城市群中规划建设低碳工业园，扩大辐射影响，形成区域低碳工业网；微观层面上，在企业推行低碳生产，增加企业技术创新能力，促进企业改进落后的生产工艺，帮助企业更新设备，不断提高资源与能源的综合利用水平；严格保护现有的农林资源。

3. 推进中部城市群低碳基础设施建设

构建低碳高效的城市群基础设施体系，中心城区逐步推行公交先行的政策，城市群内外的主干道优先发展轨道交通；提高城区尾气排放标准，推广新型动力车辆的使用，突出人文关怀，设计专用的自行车、行人通道，减少因交通产生的尾气排放；完善道路系统建设，对城市群路网进行合理的布局，减轻中心城区交通压力，合理设计规划道路路线与通行容量，减少对当地原有生态的破坏，避免生态敏感区受到影响；大力推行低碳电力的使用，加快新能源的开发与利用，充分利用中部地区丰富的水能、风能、生物能等可再生能源，推进核能安全、合理地开发与利用；强化宣传教育，同时从政策、金融、税收等方面对低碳电力企业给予扶持，减轻企业低碳发展的负担。

4. 加强中部城市群低碳生态人居建设

倡导低碳人居的理念，通过电视、报纸、网络等多种媒介，加大对居民的低碳生活宣传，提倡节约环保，反对污染浪费；综合布局，科学规划，加快城市绿地建设，增加诸如城市公园、湿地等的绿地面积，强化城市间绿色走廊及绿色屏障的建设发展，扩大森林面积，改善森林质量，提高碳汇水平；发展绿色建筑，对建筑业实行低碳化改造，敦促企业更多地使用碳排放低的环保材料；建立绿色消费激励机制，对于生产、消费低碳产品者给予一定的奖励，引导人们选择低碳的生活消费方式，鼓励对生产、生活废弃物的循环利用与环保处理。

（三）中部地区低碳城市群建设的对策措施

1. 加强政策制度保障，形成长期有效的驱动机制

为迎合中部崛起与可持续发展的共同需求，应该做好相应的低碳经济政策制度的保障工作，加快相应的规律法规的设立，建立健全符合科学发展观需求的低碳经济发展驱动、保障的保障体系；制定低碳城市发展的评判标准，明确碳排放标准、能源利用效率标准等相关指标系数，制定配套的激励政策，引导企业推进低碳改造，对低碳发展先进的部门企业予以财政、税收方面的奖励；加强对新能源产业、高新科技产业的扶持，运用税收、财政、金融等多方面的工具，调节市场主体需求，创造有利于低碳产业发展的市场环境。

2. 加快低碳人才培养引进，增强技术创新能力

中部城市群应积极参与国内外低碳技术的交流与合作，抓紧培养、引进相关方面的优秀人才，建立并完善人才激励制度，促进低碳科技产、学、研相结合，加速低碳技术与现实产业的深度结合；加大对低碳技术研发的投入，建立新兴技术孵化器与产业集群，重点选择几家科研能力强、学术水平高的高校、科研机构与政府开展合作，联合建立低碳技术研发基地，对中部六省城市群在低碳经济发展中所面临的具体实际与客观问题做出针对性的研究，提出解决方案、提供技术支持；积极参与国际对低碳经济发展的探讨，注重对国外先进低碳技术的引进、消化与吸收。

3. 减少能源消耗及碳排放量，提高森林碳汇水平

为满足城市群发展需求，减轻日益严重的碳排放压力，保障中部六省的能源供应，必须逐步改变现有的能源消费结构，逐步建立清洁高效、安全可靠的能源支撑体系。提高天然气、水能在能源消费结构中的比重，减少煤、石油的比重。加快重点核电站的规划建设步伐,寻求新的能源补充。探索支持风能、光伏产业的开发与发展,减少因化石能源的消费所带来的大量碳排放。

在控制减少碳排放的同时,提高中部地区的森林碳汇水平,发挥森林植被的环保减排功能。完善自然保护区生态补偿机制,加大财政转移支付力度。加强森林资源保护,对重点林区加强监控保护。对被破坏的区域实施生态恢复工程,对重点保护区和生态功能区施行全面的禁伐。建立专业的林业监察执法队伍,加大林业种植力度,防止滥砍滥伐,扩大森林整体面积。

4. 改造提升传统产业,优化城市群产业结构

中部地区各城市群应加大力度引进先进技术,更新和改造现有产业中落后的生产工具及技术,加快淘汰落后产能步伐,降低高耗能、高污染、高排放产业的能源消耗。重点支持中部地区各城市群结合区域特色发展,鼓励包括高新技术服务业、电子信息、生物医药、新材料、环保节能、物流、金融服务、商务服务等生产性服务业的发展。坚持以信息技术与高新科技为手段,提高中部地区城市群的整体经济质量。重点支持中部地区各城市群走产业集群联动发展的模式,积极拓宽低碳产业领域,优化低碳发展环境,打造低碳产业品牌,逐步打造低碳产业集群。

参考文献

[1] 包颉,侯建明. 基于低碳经济的我国产业体系构建研究 [J]. 商业研究,2011 (3).

[2] 辛秀,熊晓秩. 保定发展具有区域经济特色的低碳产业体系研究 [J]. 商业时代,2011 (26).

[3] 朱翔. 长株潭城市群发展模式研究 [M]. 湖南教育出版社,2009.

[4] 彭伟,李刚. 低碳消费——一场基于消费端的节能减排革命 [J]. 开放导报,2011 (4).

[5] 郭立珍. 我国低碳消费文化建设路径探析 [J]. 现代经济探讨,2011 (8).

[6] 赵敏. 低碳消费方式实现途径探讨 [J]. 经济问题探索,2011 (2).

[7] 李文钰. 低碳经济视域中的政府管理创新研究 [J]. 文史博览(理论),2012 (1).

[8] 刘立涛,沈镭. 中国能源分区情景分析及可持续发展功能定位 [J]. 自然资源学报,2011,26 (9).

［9］徐东，刘清志，王臻．低碳视角下我国能源结构优化研究［J］．生态经济，2011（9）．

［10］汤晓阳．积极探索低碳农业发展路径促进产业结构转型升级［J］．农业经济，2011（7）．

［11］额尔敦松布尔，姜露．基于低碳经济的服务业发展路径探析［J］．物流科技，2011（12）．

［12］伍华佳．中国产业低碳化转型与战略思路［J］．社会科学，2011（8）．

［13］陈敏．发展低碳金融在于信贷方式转变和产品创新［J］．经济师，2011（3）．

［14］王小宁，龙春娥，孙波．基于低碳经济的税收制度研究［J］．会计之友，2011（10）．

［15］吴敬琏．建立促进技术创新的体制［J］．上海教育，2007（Z2）．

［16］李夏英．浙江省土地管理体制改革若干问题的研究［D］．华东师范大学，2006．

［17］孟虹．完善我国土地管理体制的若干建议［J］．中国新技术新产品，2009（2）．

［18］杜明军．构建低碳经济发展耦合机制体系的战略思考［J］．中州学刊，2009（6）．

［19］赖流滨，龙云凤，郭小华．低碳技术创新的国际经验及启示［J］．科技管理研究，2011（10）．

［20］曹璐．我国低碳经济融资机制研究［J］．现代经济信息，2012（2）．

第八章

推进中部地区低碳经济建设的对策措施

一、强调低碳发展，树立低碳社会价值观

低碳经济是对以高碳排放为特征的传统经济发展模式的革新。中部地区推进低碳经济建设，首先需要解决的问题是社会价值观念的转变。中部地区强调低碳发展，树立低碳社会价值观的主要对策措施包括：

第一，必须提高对低碳经济的认识。当前，国内仍有相当多的民众对于低碳经济存在认识上的误区。例如，认为低碳经济是发达国家为限制中国经济发展而提出的一种措施，认为低碳经济是对当前生活方式的彻底否定等，前者认识不清会导致地方政府领导对发展低碳经济缺乏动力，后者认识不足会导致低碳消费缺乏群众基础。为此，中部地区要发展低碳经济，首要任务是通过一系列宣传、知识讲座、科普教育、传媒传播等手段，提高包括政府管理者、企业管理者、社会大众在内的中部地区的民众对低碳经济的认识（张京祥，2010）[1]。

第二，必须强调低碳发展的重要性。科学认识低碳经济，仅是发展低碳经济的基础。在科学认识低碳经济的基础上，中部地区还必须强调低碳发展的重要性。既要让中部地区政府管理者多了解国际、国内经济社会发展形式，在此基础上强调低碳发展、低碳转型的重要性；还要让企业管理者通过实行绿色生产获取市场效益，使其主动认识到企业低碳发展的优势；对于广大市民，则要结合环境保护教育等鲜明有效的方式，主动倡导以低能耗、低污染、低消费为基本原则的低碳生活方式。

第三，必须树立低碳社会价值观念。低碳社会价值观念的树立，并非一朝一夕之事。中部地区要结合社会主义精神文明建设以及新农村建设，

使低碳社会价值观念逐步深入到企业的日常经营管理活动过程中和公众的日常生活中，使其牢固树立以节约能源资源为荣、浪费能源资源为耻，以减少碳排放为荣、污染环境为耻的生活观念，形成全社会节能的良好风尚。

第四，必须养成低碳消费生活习惯。强调低碳发展，树立低碳社会价值观念的最终落脚点是养成低碳消费生活习惯，践行低碳消费。对于企业，要转变经营管理理念，推行绿色经营，建立高效清洁生产机制，自觉将节能环保作为企业生产经营的一部分；对于个人，要逐渐养成低碳消费方式，彻底改变日常生活中诸如用水用电浪费、过度消费等各种不良习惯，并在消费的过程中尽量选择低碳产品（何新东、庄贵阳，2011）[2]。

二、转变发展方式，下大力气搞好节能减排

长期以来，中部地区经济增长方式较粗放、高耗能产业比重过大。在这种背景下，中部地区应结合"两型社会"建设要求，坚持把转变发展方式、调整产业结构和工业内部结构作为战略重点，努力形成"低投入、低消耗、低排放、高效率"的低碳型经济发展模式（仇保兴，2009）[3]。中部地区扎实推进节能减排的关键，是在结构性节能、技术性节能、制度性节能等领域取得突破，具体包括：

推进结构性节能。综合运用经济、法律等手段，继续严把土地、信贷"两个闸门"和市场准入门槛，严格执行项目开工建设必须满足的土地、环保、节能等条件，严格控制高耗能、高排放行业进行低水平扩张和重复建设，依法淘汰落后产能，加强各行业用能管理，抑制能源消耗不合理增长（朱守先、庄贵阳，2010）[4]。

推进技术性节能。加强共性、关键和前沿节能降耗新技术、新工艺的引进、吸收和应用。深入实施"万家企业节能行动"，重点开展燃煤锅炉（窑炉）改造、工业余热余压利用、电机系统节能改造。突出抓好工业、建筑、交通、商业、公共机构等领域节能，积极实施可再生能源建筑应用和绿色照明工程，全面推进绿色建筑、低碳交通行动。

推进制度性节能。实施强制性能耗物耗标准，建立节能降耗目标责任评价考核机制，积极推行合同能源管理、政府强制采购节能产品、建筑能耗定额和超定额加价制度，严格投资项目节能评估审查制度，提高准入门槛。加快建立能源统计制度和节能计量统计体系，完善省、市、县三级节

能执法监察和评估体系（王铮、朱永彬，2008）[5]。

推进十大重点节能工程、千家企业节能行动和节能产品惠民工程。实施节约和替代石油、热电联产、余热余压利用、建筑节能等十大重点节能工程，支持节能重点示范项目建设，积极推广应用高效节能产品。大力发展节能省地型建筑，积极推进老旧建筑节能改造，广泛使用新型墙体材料。实施节约和替代石油工程，科学发展替代燃料。加快淘汰老旧汽车、船舶等交通工具，积极发展公共交通，限制高油耗汽车，发展节能环保型汽车。加快燃煤工业锅炉（窑炉）改造、区域热电联产和余热余压利用，提高能源利用效率。优化电机节能和能源系统，提高电机运行和能源系统效率。实施绿色照明工程，加快推广高效节能电器应用。加快推广农村省柴节煤炉灶、节能房屋技术，淘汰高耗能老旧农机、渔船，推进农业和农村节能。加强政府结构节能，发挥政府的带头作用，带动社会节能。推进节能监测和技术服务体系建设，加强节能监督，创新服务平台（王亚柯、娄伟，2010）[6]。

强化节能减排管理。积极开展节能减排专项执法检查，出台《节能目标责任和评价考核实施方案》，建立"目标明确、责任清晰、措施到位、一级抓一级、一级考核一级"的节能目标责任和评价考核制度。严格执行固定资产投资项目节能评估和审查制度。加强对重点耗能企业的跟踪、指导和监管，将未按要求采取措施的企业向社会公告，并限期整改。扩大节能产品认证范围，建立国际协调互认。组织开展节能专项检查。研究建立并实施科学、统一的节能减排统计指标体系和监测体系。

推出鼓励和支持企业进行节能减排的政策。积极稳妥推进资源性产品价格改革，完善有利于节能减排的财政政策。拓宽融资渠道，鼓励金融机构对实行节能减排的企业给予融资上的支持。另外，中部地区各级政府对于有利于节能减排的一些技术和产业，也要在价格、税收、财政方面给予支持。

三、调整产业结构，大力发展战略性新兴产业

中部地区产业结构调整，重点是推进传统产业的改造升级、大力发展战略性新兴产业以及加快发展现代服务业，关键在于切实发挥中部地区资源和产业的比较优势。

（一）加快推进传统产业改造升级

中部地区要依托现有企业，以产品质量、节能降耗、环境保护、改善装备、安全生产、两化融合为重点，针对企业的薄弱环节和瓶颈制约，用高新技术和先进适用技术提升改造传统产业，加快淘汰落后产能、工艺、技术和设备，重点抓好火电、钢铁、电解铝、铁合金、焦炭、水泥等13个行业的淘汰落后产能工作；坚持走新型化工业化道路，促进传统产业优化升级，提高高新技术产业在工业中所占比重；实施传统产业改造提升工程，通过淘汰落后产能腾出能耗空间和环境容量，为新的先进产能、项目创造条件（张丽峰，2010）[7]。

中部各省传统产业改造升级思路

江西省以有色金属、钢铁、汽车、船舶、石化、轻工、纺织、装备制造、建材等行业为重点，加快传统产业结构调整。

河南省改造提升化工产业、有色工业、钢铁工业、纺织工业等传统优势产业，推进老工业基地调整改造和资源型城市可持续发展。

山西省加强钢铁、焦炭等传统的高耗能产业的技术改造和结构升级，加强消费前对煤炭进行低碳化和无碳化处理，减少燃烧过程中碳的排放；深入推进煤炭资源整合、煤矿兼并重组，形成若干亿吨级和千万吨级大型煤炭企业集团，推进煤、电、路、港、航一体化经营，实现煤矿综合机械化开采，提高煤炭生产规模化、集约化、机械化、信息化水平。

安徽省改造提升纺织服装、煤炭、冶金、非金属材料、化工等能源原材料产业。

湖北省加大淘汰电力、钢铁、建材、铁合金、电解铝、平板玻璃、造纸等行业的落后产能，重点落实小造纸、小水泥、小煤矿、小炼焦等专项治理工作，从源头上控制能源消耗和环境污染。

湖南省重点加强利用信息化技术改造升级石油化工、钢铁、有色、能源、建材、食品加工等产业。

（二）积极培育战略性新兴产业

要大力发展新能源、新材料、节能环保、生物医药、文化创意、信息网络和高端制造产业;积极推进新能源汽车、"三网"融合取得实质性进展;加快物联网的研发应用;抓紧建设锂电产业、半导体照明、太阳能光伏产业、生物产业、核能产业等重大项目;加大对战略性新兴产业的投入和政策支持,引导用好、用足、用活国家大力扶持战略性新兴产业的特殊政策,突破一批关键核心技术,转化一批科技创新成果,推进一批重大示范项目,培育一批拥有自主知识产权、具有国际竞争力的创新型龙头企业(李宏岳、陈然,2011)[8]。

中部六省战略性新兴产业培育思路

江西省 抓紧建设锂电产业、半导体照明、太阳能光伏产业、生物产业、核能产业、高新技术陶瓷产业等重大项目;在太阳能光伏产业领域,在已形成具有一定规模生产能力的基础上,提升核心技术自主创新能力,进一步完善并提升产业链;在锂电与新能源汽车领域,充分发挥江西宜春可开采氧化锂储量居世界第一的优势,将宜春建成世界动力与储电电池产业基地和新能源汽车产业基地;在航空制造领域,以参与国家大飞机项目为契机大展宏图;在新材料领域,大力发展稀土新材料产业;依托核电、大飞机、直升机、高铁、地铁、环保等重大建设工程,发展现代装备制造和相关配套产业。

湖北省 加快培育和发展新一代信息技术(重点发展光电子信息、下一代网络、应用电子等产业)、高端装备制造(重点发展高档数控装备及系统、激光加工设备、数字化船舶制造与海洋工程装备、航空航天设备等产业)、新材料(重点发展电子新材料、生物及环保材料、化工新材料、新型建筑材料等产业)、生物(重点发展生物医药、生物农业、生物制造等产业)、节能环保(围绕钢铁、石化、火电、建材等行业,重点发展为节约资源、保护环境提供物质基础和技术装备保障以及服务的节能产业、资源循环利用产业和环境治理产业)、新能源(重点推进核电、太阳能、生物质能源、风电等新能源开发应用进程)、新能源汽车(重点抓好插电式混合动力汽车、纯电动汽车和电动汽车关键零部件发展)、信息服务等战略性新兴产业。

湖南省　优先发展以工程机械为主体的先进装备制造业（包括中高端工程机械装备、高端电力牵引轨道交通装备、新能源汽车及汽车新品种、高档数控装备、大型冶金矿山设备、高技术船舶及海洋工程装备、航空航天装备）、新材料（包括先进储能材料、先进复合材料、高性能金属结构材料、先进硬质材料、基础原材料、稀土及其他新兴材料）、文化创意（包括创意设计产业、数字媒体产业、数字出版产业、动漫游戏产业、创业园区）、生物医药（包括现代中药、化学药、生物制品、医疗器械及装备、粮油作物育种、经济作物育种、畜牧水产育种、特色生物育种）、新能源（包括风电装备、太阳能综合利用、智能电网及其关键装备、核电辅助装备、生物质能源装备、地热能及其他新能源）、信息（包括数字化整机和新型元器件、软件和集成电路、信息服务外包、互联网经济和移动电子商务、新一代网络和"三网融合"、物联网和物流信息服务）和节能环保（包括节能、资源循环利用、环境治理技术及装备等产业）七大重点产业，打造成中部地区国家生物、机械和新材料产业基地；低碳能源产业应以氢能、太阳能、生物质能、风能、燃料电池等研究开发为主攻方向，加快清洁煤、天然气的发展应用；积极发展低碳装备制造业，提高成套环保设备、内燃机器、大型风力发电、超高变压器、轻轨交通配套设备等装备制造业的研发设计、工艺装备、系统集成化水平；加强工程机械、汽车产业核心部件研发，开展核心技术和关键技术攻关。

河南省　培育新能源汽车、生物（加快新型疫苗和诊断试剂、化学创新药物、现代中药、生物育种、生物制造等产业发展）、新能源（巩固提升多晶硅产业优势，积极开发利用太阳能，推进生物质能源、风电及核电设备产业化）、新材料（加快发展高强轻型合金、工程塑料等先进结构材料，大力发展超硬材料、特种玻璃等新型功能材料，积极开发芳纶、碳纤维等高性能纤维及复合材料，加快生物医用、纳米等前沿新技术材料的研发，大力发展电解槽不停电检修、低温余热发电、高效电机、大型水泥窑处理生活垃圾、新型含氮废水处理等高效节能环保技术、成套装备和产品）、高速轨道交通装备、智能电网装备、半导体照明、新型网络通讯设备、信息家电和节能环保产业。

山西省　引进和开发太阳能光伏设备制造、风电设备制造等产业；大力发展电子信息装备、特色军工品和农业机械；发展新材料（化工新材料、高性能结构材料、新型功能材料、高精尖新材料)、新能源、节能环保(煤炭、冶金、电力、焦化、化工)、生物(生物医药、生物育种、生物用品、生物制造)、新一代信息技术、新能源汽车,在国家七大产业基础上增加煤层气产业和现代煤化工产业。

安徽省　集中力量培育和发展电子信息、节能环保、新能源、生物医药、生物农业、生物制造、高端装备制造、新材料、新能源汽车、文化创意、公共安全等产业。

(三) 加快发展现代服务业

大力发展金融保险、现代物流、信息咨询、工业设计、商务会展、节能环保服务等生产性服务业,建设若干个具有较强辐射功能的区域性金融中心、物流中心和服务外包基地;积极拓展市政公用事业、房地产和物业服务、社区服务等面向民生的服务业;加快发展商务会展、旅游业;建立公开、平等、规范的服务业市场准入制度,鼓励社会资本进入,探索适合新型服务业态发展的政策和体制环境(焦有梅、白慧仁,2007)[9]。

中部六省现代服务业发展思路

河南省　加快发展现代物流业、旅游业、金融业、房地产业等服务业,提高服务业增加值在生产总值中的比重和服务业从业人员在全社会从业人员中的比重;积极发展信息服务业、会展业等新兴服务业;改造提升商贸、餐饮、住宿等传统服务业。

山西省　以建设中西部现代物流中心和生产性服务业大省为目标,重点推进现代物流业发展,进一步完善物流基础配套设施;以煤炭、焦炭、钢铁、农副产品等大宗商品为重点,规划建设一批大型物流园区;加快构建现代旅游服务体系,积极开发新型旅游项目和鲜明的文化旅游产品,促进旅游业低碳发展;积极发展房地产、金融、会展、科技咨询、研发设计、信息服务、商贸、餐饮、养老、家政等其他服务业。

湖北省　开展服务业综合配套改革试点、企业分离试点和创建现代服务业发展示范园区,构建生产性服务业体系完备、生活性服务业丰富繁荣、新兴服务业优势突出的服务业发展新格局；加快形成旅游、文化、金融、商务等4个增加值过千亿元的现代服务产业，现代物流业增加值力争突破两千亿元，创建省级现代服务业发展示范园区60家以上；打造武鄂黄（石）冶金建材、武随襄十汽车、武荆（门）宜化工纺织三条生产性服务业功能带。

安徽省　协调好发展服务业与工业化、城镇化发展的关系，加大投资力度、拓宽发展领域、扩大开放区域，构建功能完备、服务高效、供给良好的现代服务业体系，提高服务业比重和水平；大力发展生产性服务业，积极发展生活性服务业，培育发展新兴服务业态。

湖南省　重点建设长沙金霞、岳阳城陵矶、株洲石峰、湘潭九华、常德德山、怀化狮子岩、娄底湘中、衡阳白沙、郴州湘南等省级物流园区，以及重要物资储备基地、省际边贸物流中心；发展粮食、冷链、航空、邮政快递等专项物流；发展总部金融，推进环长株潭城市群金融一体化进程；适应消费结构转型升级和小康生活全面多元的社会发展趋势，发展面向民生的服务业，例如社区服务、养老服务、家政服务、休闲娱乐、体育保健、远程医疗等新兴业态；建设重点旅游城市、旅游景区游客服务中心，完善餐饮、住宿、购物、娱乐、交通等配套设施；构建更具市场竞争力的旅游格局，突出绿色生态游和民俗风情游。

江西省　优先发展生产性服务业，拓展提升生活性服务业，推进服务业规模化、品牌化、网络化经营；大力发展现代物流、金融保险、商务会展、工程设计、文化创意、信息咨询、法律和科技服务等生产性服务业，建设若干个具有较强辐射功能的区域性金融中心、物流中心和服务外包基地；积极拓展教育培训、医疗保健、休闲娱乐、养老护理等新兴服务业，改造提升商贸、社区服务、餐饮等传统服务业；建立健全公平、规范、透明的市场准入标准，探索适合新型服务业态发展的政策和体制环境。

（四）促进原材料工业和一般加工业的优化升级

促进原材料工业向高加工度、高技术化和生态化升级，提高精深加工水平，提升产品的技术含量和附加值，特别要提升有差异化地方特色产业的转型升级，例如河南整合利用好丰富的铝土矿资源，完善和延长铝铜铅新材料精深加工产业链；山西的煤—气—化产业链等。

促进一般加工业由价值链的中低端向高端转型升级，例如湖北、安徽、江西、河南的汽车、拖拉机制造业，湖南的重型机械工业，以及各省的机电设备和家用电器、化工、建材、纺织服装、医药制造业，都应加强自主创新，促进技术集成和市场开拓，实现产业结构升级（周玉波、李小琴，2008）[10]。

（五）加快新能源和节能环保技术产业化

积极推进新能源和节能环保技术发展，加大低碳和零碳技术的研发和产业化力度，力争在光伏发电发展、节能与新能源汽车示范推广、可再生能源建筑应用、生物质能源发展、风电规模化开发等涉及低碳经济发展的重点领域取得突破，使新能源、光伏、清洁能源等低碳产业成为中部地区新的经济增长点和重要支柱产业（姚晓芳、陈菁，2011）[11]。

（六）发展低碳农业

推进"五节一转移"，即节水、节肥、节药、节油、节电，转移从事种养业的农民，特别是在不减产量的前提下节约化肥施用量；大力发展循环农业，推广"畜牧业（猪、禽）—沼气—种植业（粮、果、菜）"等循环农业模式；着力发展有机农业、绿色农业、无土栽培农业、微生物农业、休闲观光农业，减少农业碳排放；大力发展生态化农业技术，包括种植业、养殖业、林业在内的生物工程技术，新品种培育改良技术，无害化肥、无害农药技术，病虫害生物防治技术等，加强无公害食品基地建设；充分发挥中部农业生产的比较优势，进一步拉长农产品加工链条，提高农产品精深加工水平，进一步提升全国重要粮食生产基地和农副产品供应基地水平（涂毅，2008）[12]。

四、发展与控制并重，确定能源消耗与碳排放的上限

所谓发展与控制并重，是指既要发展低碳经济，又要控制能源消费及其引起的碳排放量过快增长，即实现经济增长与能源消费（碳排放）的脱钩发展。当前，中部地区为实现经济发展与能源消费的脱钩发展，必须重点采取以下对策措施：

一是发展与控制并重。科学认识发展与控制并重的前提是地方政府管

理者摒弃传统"唯 GDP 为重"的执政与发展理念,牢固树立绿色 GDP 的绿色发展理念,在此基础上树立发展低碳经济和控制碳排放量并重的理念,坚持用可持续发展的理念、方法来正确处理地区经济发展和资源、环境的关系。

二是确定能耗和碳排放的上限。将科学确定能耗和碳排放的上限与区域温室气体排放清单编制有机结合起来,组织专门力量,成立课题联合攻关小组,在摸清区域二氧化碳等温室气体排放清单的基础上,利用科学的研究方法确定能耗和碳排放的上限,并在此基础上将碳排放量上限(份额)由管理机构按照一定标准分配给各管理对象。

三是加快推进中部低碳技术创新。坚持走自主创新的发展道路,以全球视野谋划和推动技术创新,提高原始创新、集成创新和引进、消化、吸收及再创新能力,注重协同创新。深化科技体制改革,推动科学技术与经济发展紧密结合,加快建设中部六省创新体系,着力构建以企业为主体、市场为导向、产学研相结合的技术创新体系。完善知识创新体系,强化基础研究、前沿低碳技术研究、社会公益技术研究,提高低碳技术科研水平和成果转化能力。实施科技重大专项,突破重大技术瓶颈,加快新技术新产品新工艺的研发应用。在低碳技术创新进程上,企业具有至关重要的作用。广大中部地区生产企业要积极提升改造现有能源利用特别是煤炭利用技术,提高煤炭干馏、煤炭液化、煤炭气化、脱硫技术等在煤炭利用中的比例;对在生产过程中产生的余气、余热、余压、废水进行回收利用,以达到间接节约能源,提高能源利用率的目的;注重发展涵盖电力、交通、建筑、冶金、化工和石化等部门的低碳技术研发应用,大力提高产业部门的技术水平,着重在清洁生产、建筑节能、交通运输、能源供应与装备、废物处置与资源化等方面加快先进低碳技术替代和重大技术突破;加快温室气体的捕集技术、捕获碳的埋存技术、低碳或零碳新能源技术的研发进程(庄贵阳,2005)[13]。

碳捕获与埋存技术

碳捕获与埋存技术(Caborn Capture and Storage,CCS)是将化石燃料能量转换过程或工业工程中产生的二氧化碳用物理或化学工程捕获,然后输送并长期存放在如枯竭的天然气气层或深部咸水层等。该技术被认为是未来大规模减少温室气体排放、减缓全球变暖最经济、可行的方法。CCS技术可以分为捕集、运输以及封存三个步骤。二氧化碳的捕集方式可分为燃烧前捕集、富氧燃烧和燃烧后捕集。捕集到的二氧化碳必须运输到合适的地点进行封存，可以使用汽车、火车、轮船以及管道来进行运输，其中管道是最经济的运输方式。二氧化碳封存的方法有许多种，一般说来可分为地质封存和海洋封存两类。地质封存一般是将超临界状态的二氧化碳注入地质结构中，这些地质结构可以是油田、气田、咸水层、无法开采的煤矿等。海洋封存是指将二氧化碳通过轮船或管道运输到深海海底进行封存。

四是编制新能源和可再生能源发展规划。低碳能源开发利用是低碳经济发展的重要领域之一。当前，中部地区尚未出台具有实质性指导作用的相关新能源和可再生能源发展规划，既不利于能源消费结构的优化，也不利于统筹指导新能源的开发与利用。因此，为缓解传统化石能源消耗压力，必须尽快组织编制出台中部各省能源低碳发展规划。

五、以开发利用可再生能源为着力点，着力优化能源结构

提高传统能源利用效率，开发利用可再生能源，也是发展低碳经济的重要路径之一。"十二五"时期，中部地区应当在逐步提高传统化石能源利用效率、合理控制能源消费总量、开发利用可再生能源等方面取得重大突破。

一是强化能源节约。坚持开发与节约并举、节约优先的原则，以提高能源利用效率为核心，注重开源节流，在发展新型能源的同时，把节约能源资源作为能源结构调整的一项重要内容，全面实行能源利用总量控制、供需双向调节、差别化管理，保障各类能源的供应，设立最低节能指标，刺激市场提高建筑、电器、车辆等的能效，有效缓解中部地区能源紧缺的矛盾。

二是优化能源结构。中部地区要逐步改变以煤为主的能源消费结构，努力提高可再生能源占一次能源比例。具体措施是：重点对山西煤炭资源开发强度进行合理调控，优化开发晋北、晋中、晋东煤炭基地资源；保证河南、两淮煤炭基地开发规模和强度的稳定，加强煤炭安全绿色生产和集

约开发，推进煤炭清洁高效利用；加大对焦煤、无烟煤等稀缺煤种的开发保护力度，优化煤炭开采结构；落实电力"上大压小"政策，推行煤电一体化开发，优化江西、湖北、湖南等中部地区火电布局；大力提倡煤层气和煤矸石、中煤、煤泥等低热值煤炭资源的综合高效利用；按照循环经济减量化优先的原则，推进能源的清洁高效利用，进行清洁生产，逐步推进清洁能源替代改造（戴洁等，2011）[14]。

三是开发新型能源。中部地区拓展新型能源的总体思路是加快新能源的开发，逐步降低煤炭、石油等传统化石能源在能源使用结构中的比例，重点推进核电、太阳能、生物质能源、风电等新能源开发应用进程。具体措施是：整合利用水电资源，继续推进水电设施的建设，加强科学管理，提高利用效率；大力发展核电，重点开展湖南桃花江、安徽芜湖、湖北咸宁、河南南阳的核电站建设工程，逐步形成核电研发设计、装备制造、工程建设、运行维护、技术服务等完整的核电产业链；鼓励企业投资先进风能装备，加大对清洁风力发电和高效率的发电机组方面的投资力度，积极发展风力发电；积极开发氢能，推进氢燃料电池、氢发动机技术的研究；积极开展生物质燃料技术的研究和开发，推进非粮生物燃料产业发展；支持秸秆焚烧发电、秸秆气化、稻壳等农林副产品发电项目、垃圾焚烧发电项目建设，加快生物质焚烧发电设备的研发和生产，进一步开展大型养殖场、污水处理厂沼气发电试点；全面展开太阳能技术的应用，推广太阳能光伏建筑一体化发电，加快光伏组件、逆变器、控制系统、系统集成等技术开发，提高光伏产业核心技术、关键设备和关键部件自主创新能力与太阳能产业化水平；推广应用太阳能热水系统，加快推进太阳能建筑一体化；加快对地热能等其他新能源利用技术的研究（侯景新、郭志远，2011）[15]。

六、把低碳环保和节能减排列为主要的政绩考核内容

当前，中部地区个别地方政府仍然把 GDP 作为政绩考核的主要内容，这极不利于低碳经济的发展。为推进中部地区的低碳经济发展进程，迫切需要地方政府把低碳环保和节能减排列为主要的政绩考核内容。

建立完善的、可考核的低碳经济发展考核体系。当前，国内尚无统一的低碳经济发展评价考核体系，同时现有评价指标体系指标繁多，这往往

导致无法将低碳经济指标考核落到实处。为此,中部地区需要首先建立适用于区域实际的低碳经济发展考核体系①,不仅要考察 GDP 增长、招商引资、财政收入等方面的实绩,还要充分考虑到发展经济的资源、环境成本,将低碳环保和节能减排作为重点考核的指标。

建立完善的低碳经济考核目标管理体系。出台《领导干部低碳经济发展综合考核评价试行办法》,改变以往单纯强调经济增长的考核方式。同时坚持低碳经济发展考核要落实监管责任、量化指标、责任到人,要求既建立重点项目负责人制度,切实落实项目责任制,又要建立目标落实、定期督查、绩效评估的制度,这样才能确保低碳环保和节能减排工作顺利实施。另外,还要进一步建立健全低碳经济考核的工作监督机制和奖惩制度,完善低碳经济技术创新评价标准、激励机制、转化机制,实施知识产权战略,加强知识产权保护(袁锋等,2010)[16]。

七、大力发展循环经济,以降低能源消耗和污染物的排放

发展循环经济也是推动低碳经济发展的重要抓手。中部地区推进循环经济发展,要逐步将传统工业化过程中"资源—产品—废弃物"的增长模式转变为新型工业化过程中"资源—产品—再生资源"的新的循环模式,实现"减量化、再利用、资源化、清洁化、高效化"的集约型经济增长方式。

(一)全面推行清洁生产

全面推行清洁生产有利于从生产和服务的源头减少能源消耗和污染物的排放。中部地区全面推进清洁生产的工作重点是:严格落实国家有关循环经济的各项政策措施;在造纸、纺织等重点行业推进清洁生产;抓好高耗能、重污染行业及重点流域、重大工程的污染预防(徐玖平、李斌,2010)[17]。

(二)大力推进资源节约

其工作重点是:重点推进工业、交通运输、建筑、商用和民用节能工作;推进农业节水灌溉,加大高耗水行业的节水技术改造,支持再生水、

---

① 本书构建的中部地区低碳经济发展评价指标体系仅是一个初步尝试,希望能未来中部地区低碳经济考核指标体系有所借鉴。

苦咸水、矿井水利用，推广先进的节水设备和器具；加强重点行业原材料消耗管理，推行产品生态设计和使用再利用材料，提高金属材料利用率，推进木材节约代用（李宁、赵伟，2010）[18]。

（三）加强资源综合利用

提高资源综合利用水平，充分利用生产和消费过程中产生的各种废物；加强资源开采管理，提高矿产资源回采率和综合回收率，加强煤层气等共伴生矿的开发和利用；推进钢铁、有色、煤炭、电力、化工、建材（建筑）、酿造等废物产生量大、污染重的行业废渣、废水、废弃综合利用；推进余热余压发电和生活垃圾资源化利用；大力普及农村沼气，推广秸秆综合利用（郭彬，2005）[19]。

（四）加快技术研发利用

理顺企业风险投融资体制，建立和完善税收优惠、融资优惠等激励机制，刺激和引导企业加大对低碳技术研发的投入力度，通过自主研发即原始创新和集成创新攻克核心低碳技术，重点攻关中短期内可以获得较大效益的低碳技术，建立起中部地区自己的技术创新体系。重点支持企业实施清洁生产技术改造，逐步实现由末端治理向污染预防的转变；开发建立包含环境工程技术、生物工程技术、资源化技术和清洁生产技术在内的绿色技术体系，提升循环经济发展的技术水平；加快先进适用技术的推广；大力开发具有自主知识产权的生产链技术，把循环经济各个方面的研究纳入国家中长期科技发展规划。高度重视先进低碳能源技术研发，及时掌握和善于利用法律政策中金融、税收、投资倾斜、项目扶持等优惠激励措施，努力提高常规能源、新能源和可再生能源开发利用技术的自主创新能力，创造具有市场竞争力的低碳产品。

（五）开展循环经济试点

在煤、焦、冶、电等中部传统支柱产业和电力、交通、建筑、化工、石化等高耗能、重污染行业先行开展循环经济试点，选择作为中部地区探索低碳经济发展的重点领域，抑制高碳产业产能的扩张，强制并加快淘汰高排放产能，逐步建立"循环经济发展实验区"（蔡冬梅，2010）[20]。

中部各省循环经济试点思路

河南省　围绕煤炭、铝土矿、非金属矿产、农产品和再生金属5大资源，重点打造5大循环产业链；选择煤炭、有色、钢铁、电力、化工、建材、造纸、农产品加工8大行业为全省实施循环经济的重点行业；加快对节能工程、水资源综合利用工程、工业固体废物资源化利用工程、农业废弃物综合利用工程、清洁生产工程、能源结构优化工程、再生资源回收利用工程以及循环经济技术支撑工程等8大循环经济示范工程的建设；确定郑州、焦作、安阳、平顶山、洛阳、三门峡、鹤壁、新乡和周口等9个地市作为全省循环经济试点工作的重点区域；选择20个左右园区和200家左右具有一定行业代表性的重点企业进行循环经济模式探索和实践。

山西省　继续实施和完善煤炭工业可持续发展试点政策；积极推进煤炭行业资源税从价征收试点；完善采矿权市场和资源有偿使用机制，推进其他矿产资源补偿费制度改革，建立与资源利用水平和生态环境治理挂钩的动态补偿机制；加快推进区域金融综合配套改革，引导社会资金参与资源型经济转型发展；实行城乡建设用地增减挂钩政策，开发整合废弃工矿土地，集中用于转产转型项目建设。

湖北省　大力推进以"改革先行、创新密集、两型社会集中展示、同城化发展引领"为特色的武汉城市圈"两型"社会建设鄂州先行示范区、以水生态修复与治理为特色的大东湖"两型"社会示范区、以水生态保护与有效利用为特色的大梁子湖生态旅游示范区、以跨区域重化工产业循环发展为特色的青（山）阳（逻）鄂（州）大循环经济示范区、以科技创新为特色的东湖国家自主创新示范区，以及武汉东西湖综合性示范区、咸宁华中低碳产业示范区、孝感临空经济示范区、黄冈临港经济示范区和黄石、潜江资源枯竭型城市转型示范区等的建设。

湖南省　加快建设一批循环利用模式的产业园区和再制造产业基地，重点抓好汨罗、永兴、清水塘等6个国家级和24个省级循环经济试点，推进耒阳、资兴、冷水江等资源型城市经济转型，到2015年，全省工业固体废物综合利用率达85%以上，建成15个具有特色的循环经济工业园区、6~10个循环经济农业示范区。

> 安徽省　加快推进以"合芜蚌"自主创新综合试验区为重点的国家技术创新工程试点省建设；大力培育创新型企业，实施技术创新"十区提升、百企示范、千企培育"行动计划，提升10家左右的重点园区、建设100家左右的示范企业、培育1000家左右的技术创新企业；加快合肥国家创新型试点市和合肥、芜湖、蚌埠国家高新区建设，支持芜湖、蚌埠、马鞍山等市努力进入国家创新型城市行列。
>
> 江西省　积极争取国家支持，率先在鄱阳湖生态经济区内开展绿色GDP核算、生态补偿、流域综合管理体制、水权交易、排污费改环境税、碳汇交易等改革试点；推进生态文明区域经济体系试点；推进国有林场改革，建立南方林业产权交易中心；建立以资源节约、环境保护技术为主要特色的技术交易市场。

（六）加大低碳投入力度

通过政府投资、财政补贴、税收优惠、政府采购、信贷担保等手段，加大财税支持力度，探索设定"碳预算"，根据"碳预算"排放目标安排相关财政预算，并尽快开征"碳税"。同时积极发展低碳金融（绿色信贷）和低碳证券、低碳期货、低碳基金、低碳保理等各种低碳金融衍生品，促进低碳经济发展。

八、突出价值规律引领，建设碳排放交易市场

中部地区低碳经济的发展要更多地通过市场调节机制来实现。"十二五"时期，如果中部区域能够率先建立起高效的碳排放权交易市场机制，就可以通过市场"无形之手"对碳资源按照最优化的方式在市场主体之间进行配置。中部地区突出价值规律引领，建设碳排放交易市场可以从以下方面入手：

（一）加强碳排放权交易的法律法规保障

加强碳排放权交易相关的立法问题研究，完善中部地区碳排放权的制度体系，比如《中部地区企业碳排放监测报告（核证）制度管理办法》，对于违反相关碳排放权交易规则的行为确立有效的惩罚机制，同时积极推进各省碳排放权交易制度积极与国际碳交易市场接轨，积极和世界银行、

亚洲银行、国际碳基金等金融组织合作，获得相关支持和优惠政策，为发展低碳经济打开国际融资渠道（付允等，2008）[21]。

（二）建立健全碳市场的监管体系和核查体系

建立中部地区碳交易市场的专业管理机构，负责组织管理、许可证发放、排放权交易运作，建立和完善环境管理部门对碳交易进行管理和调控。制定一套科学的环境监测标准和监测处罚办法，建立先进的监测队伍。加强政府对碳交易过程中的交易标的审核、交易指标的折算等的监管，出台一系列针对企业排放报告和核查程序的具体的技术规范，制定相关的配套政策，比如发布《中部地区企业碳排放监测报告技术指南》（刘志林等，2009）[22]。

（三）建立一套纠纷仲裁办法和破产兼并程序体系

对于碳排放交易过程中可能会出现纠纷、企业破产、被兼并或新增排污企业等情况，积极采取措施对碳排放权进行确认和处理。

（四）鼓励和引导企业参与清洁发展机制项目

探索发展排放配额制和排放配额交易市场。建立温室气体排放贸易体系，扩大交易范围。组织和推动中部地区更多的减碳、低碳项目参与碳交易，让政府、企业与社会建立更广泛的合作和交流机制。推进清洁发展机制（CDM）项目的顺利实施，鼓励和引导企业在水电、风电、煤层气利用、低温余热发电等能源领域开展CDM项目建设。

（五）建立完善的碳交易平台

发挥现有的排放权交易所、技术服务中心等机构在构建区域性的信息平台和交易平台的作用，整合各种资源和信息，积极构建中部六省碳排放权交易平台和碳交易场所，促进中部地区碳排放权交易的货币化（姚晓芳、陈菁，2011）[11]。

（六）确定所有可能参加排污权交易的企业名单

确定将排放许可总量分配给所有参与排污权交易的部门，确定各产业部门所分配到的排放许可，分配过程必须透明，且考虑以往的实际排放量，确定各企业可能分配到的排放许可。

（七）开展低碳排放权交易试点

选择重点企业、重点行业实行碳排放权交易的试点，之后逐步扩大碳交易试点的覆盖范围，制定重点企业和项目合作的激励措施，推动中部地区碳交易试点工作健康发展。

九、在全社会推进低碳理念，倡导绿色消费和低碳生活

发展低碳经济是一项复杂的系统工程，单单依靠政府作用是难以完成的，要从政府、企业和社会三个不同层面来推进，形成政府引导、企业推动、社会参与的良性发展机制，加强政府、企业和社会之间的良性互动合作关系，通过三者相互作用、相互影响，共同推动中部地区的低碳经济发展。

中部地区推行低碳理念的主要措施包括：广泛开展低碳经济的宣传和教育活动，进一步提高全民对低碳经济重要性的认识；创新工作方法、增加参与与互动途径，确保全社会参与低碳经济发展的实践中来；设立有效的激励机制，充分调动全社会参与低碳经济发展的积极性。

（一）发展低碳建筑

中部地区发展低碳建筑的主要措施有：（1）积极发展节能环保及资源综合利用的新型建筑材料。按照清洁生产、集约发展的要求，从产品设计、原材料替代、工艺改造入手，加快发展节能环保、绿色建筑材料，整合优势资源，推动规模生产，重点支持石膏建材、保温隔热复合墙体材料、高档节能陶瓷系列产品、再生胶凝材料等新型建筑材料。重点培育新型干法水泥、浮法玻璃、高档建筑陶瓷、复合墙体等产业集群，建设地区性现代建材产业基地。（2）积极采用绿色节能建筑技术，配套建设应用太阳能、地热能、空气能等设施。依托各区优势，扩大绿色环保装饰装修材料等产品的品种和规模。（3）大力推进建筑节能工程建设。加快现有高耗能建筑的低碳化改造，特别是加快高耗能的大型公共建筑和党政机关办公楼的节能改造；新建建筑全面执行50%节能标准，完善建筑设计规范，推广新技术、节能建材、节能设施和再生能源技术应用，推进房屋建设的工厂化、产业化生产和室内装修的标准化设计、施工。（4）加强对低碳建筑的管理，严格执行国家《节约能源法》和《建筑节能条例》，健全绿色建筑市场监管体系，实施能效标准特别是建筑标准，建立地方性低碳建筑设

计、开发、施工、运营管理及评估标准，在建筑项目立项、设计、建造、使用及建筑物拆除等各个阶段的管理中，遵循节能减排的原则。此外，可考虑效仿加拿大等国的经验，通过具有独立资格的第三方认证的方式，对房屋开发建设过程中环保节能材料的选择和使用提供技术支持并进行监督和检测。(5) 抓紧制定符合各省特点的绿色建筑发展规划，出台鼓励和支持开发应用新技术、新材料、新工艺、新设备的法律法规。支持企业实施"走出去"战略，学习国际先进低碳建筑技术，并进行引进、消化、吸收及再创造。(6) 通过在建筑采暖中实施更加严格的建筑规范等方法提高建筑物的能源利用效率。通过使用生物质能及对太阳能等技术更加高效地利用过渡至采用不产生二氧化碳的采暖方式。通过实施每平方米能源消耗量更加严格的建筑规范来提高能源利用效率。

（二）实施低碳交通

城市交通工具是温室气体的主要排放源之一，发展低碳交通已经成为未来交通业的主要趋势。实施低碳交通，具体措施如下：实施低碳化的城市公共交通系统，大力提倡以步行和自行车为主的绿色出行方式，鼓励大中城市发展地铁、轻轨等快速轨道交通，限制城市私家汽车的增长速度；逐步引进低排放和零排放温室气体的交通工具，例如混合燃料汽车、轻质柴油燃料汽车、电动汽车和燃料电池汽车；逐步引进清洁运输燃料，例如生物乙醇、生物柴油、沼气、太阳能和氢能，使二氧化碳排放量减少；对城市进行合理规划，优化调整交通线路，通过改善物流和城市规划来减少对运输的需求。

（三）倡导绿色生活方式

立法禁止无实用性的过度包装，规范并减少一次性用品生产和使用，大力发展绿色服务业，通过转变社会消费方式，促进生产领域低碳技术与工艺的开发与应用，带动低碳产品的生产与服务；在饮食上，限制每天的肉食消费量，反对餐饮消费的铺张浪费；在交通上，限制汽车消费的过快增长，提倡使用公共交通工具；在住房上，按照建筑节能标准建设低碳住宅；在家用品上，提倡使用节能新产品。

（四）倡导绿色消费模式

建立绿色产品标识制度，在超市、大型农贸市场开辟绿色产品摊位，扩大绿色消费市场；逐步提高节能、节水、节材产品比重；推行政府绿色采购，发挥政府采购的政策导向作用；推广"低碳生活"和"低碳家庭计划"，因地制宜地鼓励太阳能光热、光电、生物质能、沼气能等在家庭中的使用；鼓励使用节能灯具、节水设施和垃圾处理设施。

十、中部六省协调互补，共同推进低碳经济建设

健全低碳经济发展的相关法律法规体系。积极推动中部地区低碳经济相关法律和法规的制定和实施，增强法律法规的可操作性、公平性、持续性。对于中部地区现有的涉及能源、环保、资源等的法律、法规，应根据中部地区低碳经济的发展需要作进一步修改和调整，包括可再生能源、环境保护、政府采购等法律。

中部地区低碳经济法律法规建设思路

低碳产品法 制定低碳产品法，引导与规范低碳产品的开发与认证，为低碳产品认证建立科学的标准体系；尽快对低碳产品划定明确的范围，以防低碳产品成为不法商家用于牟取暴利的途径；对一些不法商家利用"低碳"产品概念借机炒作、为其"伪低碳"产品披上低碳外衣、大幅提价、欺骗消费者的行为进行法律制裁，以保障其他市场主体的利益，维护市场秩序。

环境保护法 制定和完善现有环境法律、法规体系，使环境保护上升到法律层面，明确公民的环境权益，使公民能维护自身权益，从而降低政府在监管污染排放方面的成本；加大环境保护力度，对污染环境、破坏生态平衡的行为给予严厉制裁。

政府采购法 规定政府采购向新兴的低碳产品倾斜，在公开透明原则的基础上增加低碳产品优先的特殊条款，通过政府采购政策带动企事业单位的采购，进而影响到广大消费者。

相关配套法规 制定与低碳经济发展相配套的节能、节水、节材、清洁生产、新能源开发等领域的法规，例如中部各省可制定本区的可再生能源法，以促进城市可再生能源的快速发展；同时尽快编制各省、市区《低碳经济发展总体规划》以及低碳产业、低碳建筑、低碳交通等专项低碳规划。

完善低碳经济发展的相关政策支撑体系。实施有利于低碳经济发展的政策措施，强化需求导向，推动战略性新兴产业、先进制造业健康发展，加快传统产业转型升级，推动服务业特别是现代服务业发展壮大。结合中部地区实际情况，进一步完善财政税收政策、金融信贷政策、产业发展政策、节能减排政策、价格政策，发挥对中部地区低碳经济发展的支撑作用。

中部地区低碳经济政策体系建设思路

财政税收政策　出台支持中部各省市低碳经济发展的财税政策，调整财政支出结构，支持低碳项目的开拓和实施，对符合环保节能要求的企业给予财政补贴、贷款贴息等支持；通过政策补贴，促进低碳排放替代能源的研究与生产。

金融信贷政策　构建中部六省碳排放权交易平台和碳交易场所，促进中部地区碳排放权交易的货币化；推进各省碳排放权交易制度积极与国际碳交易市场接轨；积极和世界银行、亚洲银行、国际碳基金等金融组织合作；设立地方碳基金或专项资金。

产业发展政策　出台扶持新兴低碳产业发展的政策，加快产业结构调整，淘汰高能耗、低经济效益的落后产业，发展节能环保产业。

节能减排政策　制定并落实《企业节能减排条例》，通过政策扶持鼓励企业积极引进国内外先进的生产技术，支持低碳技术的创新和推广应用，推进节能减排，发展循环经济；引导社会公众在日常生活中践行低碳行为准则，自觉使用环保产品，减少温室气体排放。

价格政策　逐步完善资源性产品的定价机制，加快资源性产品阶梯式价格体制改革、资源税改革；理顺煤、电、油、气、水、矿产等资源类产品价格关系，使价格能够反映资源的稀缺程度、市场供求关系和污染损失成本。

建立统一的低碳经济发展协调管理机构。建议中部区域设立涵盖六省的低碳经济发展协调管理机构，并建立中部六省省长定期会晤机制，对涉及中部六省低碳经济发展的重大事宜进行协调。中部各省、市、县结合政府组织机构的改革，通过改革条块分割的行政体制消除管理弊端，形成有利于低碳经济发展的组织和管理操作机制,中部各省在发改部门下设专门机构,协调好城建、工信、环保、市政、交通等相关部门之间的关系,统领各相关部门统一行动,避免由于政出多门造成的资源浪费。

联合开展低碳经济试点。在中部六省低碳经济发展协调管理机构建立的基础上,可先期在中部各省分别选择1~2个城市进行低碳经济试点示范,逐步建立"中部地区低碳经济发展试验区"。

联合培养低碳专门人才。为了使中部地区低碳人才发展能够尽快跟上低碳经济发展的步伐,中部六省联合培养适应低碳经济社会发展的人才队伍已经成为当前的迫切要求。中部六省科研力量较强,拥有众多高等院校,这就为中部六省联合培养低碳专门人才奠定了基础。一方面,可选择南昌大学、武汉大学、华中科技大学、国防科技大学、中南大学、湖南大学、中国科学技术大学、安徽大学、太原理工大学、郑州大学等高校,以及相关的研究机构,联合设立低碳技术研发中心或重点实验室,联合培养一大批高端技术人才。另一方面,搭建低碳技术科研合作共享平台,加大对低碳技术和管理研究项目的资助力度,在培养低碳专门人才的基础上,积极争取国家部委科研政策和经费支持,提高低碳技术成果转化率,开发具有市场竞争力的低碳技术产品。

中部地区发展低碳经济,既要立足于研发具有自主知识产权的能源技术,又要尽可能地开展对外交流与合作。目前,中部地区低碳技术的水平及其创新能力与世界发达地区之间还存在着较大的差距,特别是一些核心技术和关键技术还由发达国家掌控。中部地区在积极引进和消化、吸收国外先进技术的过程中,要注重加强与发达地区在碳捕获与碳封存技术、生物固碳技术等控制温室气体排放关键技术的交流与合作,努力争取发达地区向中部地区转让低碳核心技术和关键技术,共同构筑低碳技术合作平台,形成互利共赢、技术共享、资源集成的局面。此外,要提升中部地区在产业链的科技水平,在招商引资过程中拒绝高耗能、高污染、低附加值的项目,防止发达地区向中部地区的"碳排放"国际转移,形成以现代服务业和先进制造业为主的产业结构,大大降低高耗能产业的比重。

参考文献

[1] 张京祥. 对我国低碳城市发展风潮的再思考 [J]. 规划师, 2010 (5).

[2] 何新东, 庄贵阳. 西部中小城市低碳城市规划的实践和思考——以四川省广元市为例 [J]. 中国人口·资源与环境, 2011 (3).

[3] 仇保兴. 我国城市发展模式转型趋势——低碳生态城市 [J]. 城市发展研究, 2009（8）.

[4] 朱守先, 庄贵阳. 基于低碳化视角的东北地区振兴——以吉林市为例 [J]. 资源科学, 2010（2）.

[5] 王铮, 朱永彬. 我国各省区碳排放量状况及减排对策研究 [J]. 中国科学院院刊, 2008（2）.

[6] 王亚柯, 娄伟. 低碳产业支撑体系构建路径浅议——以武汉市发展低碳产业为例 [J]. 华中科技大学学报（社会科学版）, 2010（4）.

[7] 张丽峰. 低碳经济背景下我国产业结构调整对策研究 [J]. 开放导报, 2010（4）.

[8] 李宏岳, 陈然. 低碳经济与产业结构调整 [J]. 经济问题探索, 2011（1）.

[9] 焦有梅, 白慧仁. 提升能源产业建设新型能源基地助推山西经济在中部崛起 [J]. 山西能源与节能, 2007（2）.

[10] 周玉波, 李小琴. 长株潭城市群产业结构特征与"两型社会"建设 [J]. 湖南社会科学, 2008（5）.

[11] 姚晓芳, 陈菁. 欧美碳排放交易市场发展对我国的启示与借鉴 [J]. 经济问题探索, 2011（4）.

[12] 涂毅. 国际温室气体（碳）排放权市场的发展及其启示 [J]. 江西财经大学学报, 2008（2）

[13] 庄贵阳. 中国经济低碳发展的途径和潜力分析 [J]. 国际技术经济研究, 2005（8）.

[14] 戴洁, 李华燊, 郭莉娜. 基于参与式发展理论的武汉低碳城市建设问题与对策 [J]. 河南财政税务高等专科学校学报, 2011（10）.

[15] 侯景新, 郭志远. 低碳城市建设的对策研究 [J]. 生态经济, 2011（3）.

[16] 袁锋, 李仲学, 李翠平. 我国煤炭循环经济发展模式探讨 [J]. 中国矿业, 2010.

[17] 徐玖平, 李斌. 发展循环经济的低碳综合集成模式 [J]. 中国人口·资源与环境, 2010（3）.

[18] 李宁, 赵伟. 我国循环经济发展存在的主要问题与对策措施研究 [J]. 生态经济, 2010（8）.

[19] 郭彬. 循环经济评价和激励机制设计 [D]. 天津大学, 2005.

[20] 蔡冬梅. 我国发展循环经济的现状、问题与对策 [J]. 河南师范大学学报（哲学社会科学版）, 2010（6）.

[21] 付允, 汪云林, 李丁. 低碳城市的发展路径研究 [J]. 科学对社会的影响, 2008（2）.

[22] 刘志林, 戴亦欣, 董长贵, 齐晔. 低碳城市理念与国际经验 [J]. 城市发展研究, 2009（6）.

附录　低碳经济建设典型案例

一、伦敦

(一) 概述

伦敦位于英格兰东南部，跨泰晤士河下游两岸。市中心属中纬度地带，受北大西洋暖流和西风影响，属温带海洋性气候，夏季凉爽，冬季温暖，空气湿润，多雨多雾。伦敦由"伦敦市"和32个自治市组成"大伦敦"，总面积1605平方公里，2012年人口817.41万，是英国的首都，欧洲第一大城市，同时也是世界级大都市。同年伦敦的GDP总量占整个英国的17%，人均GDP2.2万英镑。作为低碳城市规划和实践的先行者，伦敦在应对气候变化和推动经济转型方面，有许多值得借鉴的经验。

(二) 低碳经济发展实践

为实现预期目标，伦敦分别从政策的制定、低碳建筑、低碳社区、能源交通等方面展开工作。

1. 确定低碳相关政策方向

(1) 提高新建建筑能源利用效率，同时对已有建筑进行节能改造，推行"绿色家居计划"，向普通伦敦市民提供节能方面的咨询服务，要求新的发展规划优先采用绿色清洁的可再生能源。(2) 发展低碳和分散的能源供应。在伦敦市内发展热电冷联供系统，小型可再生能源装置（如风能、太阳能）等，减少部分由国家电网供应的电力，从而降低因长距离输电导致的损耗。(3) 降低公共交通系统的碳排放。通过引进碳排放交易制度，根据二氧化碳的排放量来向公交系统征收费用。(4) 市政府以身作则，推行政府绿色采购制度，积极采用环保节能的产品、技术和服务，从而降低市政府建筑物的能耗。通过对能源利用效率、能源供应方式、公共交通碳排放和市政府采购等方面进行正确引导，努力降低碳排放。

2. 量化低碳建筑标准

2007年，英国皇家污染控制委员会提出"低碳城市"的概念，并且要求英国所有的建筑物在 2016 年实现碳的"零排放"。为了实现这一目标，英国政府于 2007 年 4 月颁布了"可持续住宅标准"，从住宅的设计、施工工艺、施工材料等多个方面提出了符合可持续发展的新规范。除此之外，政府还对所有房屋的节能程度进行"绿色评分"，即把所有的房屋从最高到最低分设 A 级到 G 级 7 个级别，并且向其颁发相应级别的绿色节能等级证书。购买排名最后房屋的购房者可以向由政府设立的"绿色住家服务中心"请求帮助，对其购买的房屋进行能源效率的改进，而此类服务通常是免费或者是优惠提供的。通过对住宅的建造进行规范、节能等级进行评定，有针对性地提高房屋建筑的低碳水平。

3. 重视对低碳社区的规划和建设

伯丁顿低碳社区始建于 2002 年，是世界自然基金会（WWF）和英国生态区域发展集团倡导建设的首个"零能耗"社区。伯丁顿社区低碳发展在于最大限度地利用自然界的清洁能源，减少甚至不依赖矿物能源的使用，从而减少对环境的污染和破坏，在能源的需求和废物的处理两方面实现清洁低碳化。为了促进低碳社区的发展，英国政府于 2008 年专门出台了低碳社区能源规划框架，该框架主要由发展设想与战略、规划两部分组成。在能源发展的设想和战略上，将城市分为六大区域：城市中心区、中心边缘区、内城区、工业区、郊区和乡村地区。根据每个区域的情况制定专门的社区能源发展规划，并且确定能源的来源及组合方式。从区域、次区域、地区三个层面来界定社区能源规划的范围及定位，以此构建社区能源的发展规划。通过分步骤、分区域、有针对性地对各区域制定能源发展规划，因地制宜作出调整，使规划的效用最大化。

4. 确定能源的发展方向

英国于 2008 年 11 月出台了《气候变化法案》，该法案为英国建立了一个应对气候变化危机的具有法律约束性的长期框架。该法案规定，英国政府必须致力于发展新型的能源获取与利用技术，到 2050 年达到减排 80% 的目标。2009 年，英国又公布了《英国低碳转型》国家战略，与该战略同时出台的还有《英国可再生能源战略》、《英国低碳工业战略》和《低碳交通战略》等。同年，英国能源与气候变化部公布的能源规划草案明确指出核能、可再生能源和洁净煤是英国未来能源的三个重要组成部分。与此同时，英国宣布大力推进智能电网建设，将英国 4700 万个家庭普通电表全部替换成智能电表。每年通过出版物和其他媒介向公众免费发布绿色节能信息，对普通民众及中小学生进行节能减排方面的知识普及，使他们对低碳生活有深入的了解。通过长期的普及和宣传，使低碳节能的环保意识成为英国社会的一种主流价值观。

5. 注重运用经济杠杆

英国政府以市场为基础，通过经济杠杆的运用，撬动后续投入，引导投资方向，为英国向低碳经济转型提供经济保障。英国政府于2001年设立碳信托基金会（Carbon Trust），在该基金会与能源节约基金会（Energy Saving Trust，EST）联合推动下，英国的低碳城市项目（Low Carbon Cities Programme，LCCP）顺利开展。布里斯托、利兹、曼彻斯特三个首批示范城市在LCCP提供的专家和技术支持下制定了全市范围的低碳城市规划；2003年，伦敦市对入市中心的车辆征收16美元，以控制市内私人汽车运行量，并计划在市场上投放10万辆电动汽车以改善公共交通带来的大气污染；2009年，英国政府宣布将"碳预算"纳入政府预算框架，并在与低碳经济相关的产业上追加了104亿英镑的投资，英国也因此成为世界上第一个公布"碳预算"的国家；成立了智能电网示范基金，在未来5年内为智能电网技术研发提供资金支持，大力推进智能电网建设。预计2020年前，英国将有4700万个家庭普通电表替换为智能电表；政府每年都通过出版物及其他媒体，向公众免费发布节能减排状况的信息并向公众说明形成低碳生活形态与经济社会可持续发展的关系。目前，英国已初步形成了以市场为基础，以政府为主导，以全体企业、公共部门和居民为主体的互动体系，在低碳技术研发推广、低碳产业的发展与扶持、低碳产品的销售与消费各个环节都有政府强有力的引导与支持。

（三）低碳经济发展启示

（1）低碳发展，规划先行。低碳经济发展，低碳规划理应作为一个"先行者"身份出行，这样既能对低碳经济发展起到一个很好的指引作用，也能够对低碳经济发展起到一定的约束作用。伦敦市在做出低碳实践之前就出台了一系列低碳规划战略，为其今后的发展指明了方向。（2）总体设计，微观执行。低碳经济建设，也需要一个顶层设计，继而在顶层设计的基础上，确定建设领域，从微观上确定可实施的区域、范围、方向与措施。伦敦市建设低碳城市是在英国建设低碳国家的战略背景下进行的，对伦敦市进行了整体设计。具体分为区域、次区域、地区三个层次来界定和执行。（3）分类量化，严格执行。低碳经济建设，还需要制定可考核、可定量的标准。伦敦把建设低碳城市细化到日常生活的方方面面，如建筑、能源、交通等，并对每一类进行量化考核，划定低碳指标。（4）政府引导,全民参与。低碳经济发展不仅是国家发展方式的升级,更是全民生产方式和生活理念的转变。伦敦市政府在尊重市场规律的基础上,对城市规划、公交设计、能源输送等环节加以积极引导,促进公司、企业、民间组织积极参与,形成合力,大力推进转型进度。

二、西雅图

(一)概述

西雅图坐落在美国西北部太平洋沿岸,是美国太平洋西北区最大的城市,也是美国太平洋西北部商业、文化和高科技的中心,是贯穿太平洋及欧洲斯堪的纳维亚半岛的主要旅游及贸易港口城市。西雅图北距美加边境仅174公里,距温哥华240公里,常年被青山绿水环绕,南面不远处就是美国著名的瑞尼尔山。西雅图是美国第一个达到《京都议定书》温室气体减排标准的城市。

(二)低碳经济发展实践

关注气候变化,确立减排目标 西雅图的城市清洁水源与绿色发电都依赖于周边雪山融化的雪水,但由于近几年气候异常,冬季并无降雪,因而西雅图对雪水的依赖无法持续,西雅图市政府意识到不能再被动地等待联邦政府来解决气候变暖问题。2005年2月,141个国家签署了《京都议定书》,虽然美国并不在列。但是西雅图市却宣布将完全自愿完成《京都议定书》的减排目标,即到2012年的排放量在1990年二氧化碳排放量的基础上减少7%。西雅图市经过了多年的努力,号召了很多其他城市加入了西雅图的行列,并且签订了共同制定的减排目标协议,该协议主要由两部分组成:一是按照《京都议定书》的规定目标自愿减排;二是共同倡议的碳交易新方案。

1. 提出气候变化行动方案

西雅图市前任市长尼克尔斯于2005年2月任命了一个高级别的咨询委员会起草"西雅图气候行动计划",被称作气候保护绿丝带委员会(Green Ribbon Commision,GRC)。该委员会由政府部门代表和各行业气候领袖组成,为西雅图制定了应对气候变化的解决方案。该方案分别为政府部门和全市范围都设立了明确的目标:与1990年的水平相比,政府部门的目标为到2012年要减少排放7%,2050年,减排80%;城区的目标为到2012年减少排放7%,2024年减排30%,2050年减排80%。GRC的其他职责还包括向市政府、企业、家庭、社区群体等推荐气候保护策略并为气候保护寻求一系列方法，包括公共信息和宣传活动、激励策略以及调控措施等。

2. 规划指导下的项目支持和相关活动

在减排目标的指引下，"保护气候，西雅图在行动"（Seattle Climate Action Now）和"西雅图气候合作伙伴计划"（Seattle Climate Partnership）两个项目被提上日程，以促进居民、企业和其他部门参与减排，从而全面应对气候变化，实现低碳发展。在气候合作项目的基础上，西雅图组织了一系列以实现低碳为目标的各个部门共同参与的气候行动。首先是公众参与。西雅图市进行公众教育，告诉市民为什么要采取环保措施和节能减排措施，每人具体可以做哪些事情，例如向市民发放节能灯替代白炽灯，把家庭的淋浴喷头换成流量较小的节水节能的型号，鼓励人们对生活中的废物进行循环利用，减少废物的产生，同时实施一些包括罚款在内的处罚措施，此外，也通过价格、税收等手段加以调节，实现日常生活的低碳化。其次，西雅图以较低的审计成本来计算家庭以及企业办公室的碳排放。通过家庭能源审计，西雅图市希望达到以下几个目标：创造一些新的就业岗位，让众多失业的年轻人通过培训可以从事审计工作；帮助家庭降低能源方面的支出；通过帮助家庭节约用电，关闭一些火电厂和燃油电厂。再次，阻止城市继续向外无限扩大，把重心重新放回中心城市建设，其工作主要集中在两个重点领域：改善建筑物的能源效率；改善公交系统的效率，控制公共交通的碳排放。第四，积极改善电力供应结构。西雅图电力公司大量利用融雪等水利设施进行发电，另外还在华盛顿州东部地区投资风电厂。这些措施都取得了显著的减排和经济效果，例如通过提高建筑排放标准，西雅图平均每年每座建筑减排二氧化碳 1000 吨，并且使该市的低碳可持续建筑密度跃居全美前列，逐步形成年收入达 6.7 亿美元的可持续建筑工业。

3. 编制详细的温室气体排放清单

西雅图市编制了详细的温室气体排放清单，其温室气体排放清单提供了一张城市二氧化碳排放的快照，显示了不同部门的碳排放，包括发电、电力消费、天然气消费以及交通运输等。这可以帮助行动规划师决定优先考虑哪些排放部门，以及优先采取哪些行动。同时，西雅图市每三年都会聘请第三方机构来追踪减排进度，以展示这些减排行动在不同部门的效果，并揭示出碳排放的变化是由于城市的哪些行动或者来自不受城市控制的因素，如区域性因素或更大规模的经济趋势。例如，西雅图温室气体排放清单表明，西雅图市60%的温室气体排放来自交通运输活动。这促使市长、绿丝带委员会、市政府和市民通过了一项针对交通运输的九年征税和集资计划。该计划25%的金额，即1.35亿美元用于提高行人和自行车安全，建造可安全到达各学校的道路，并提高运输速度和可靠性。

4. 培育新兴产业

西雅图市在低碳城市建设中促进新兴产业的诞生和发展，保证减排行动既能降低成本，又创造新的就业机会。西雅图市率先倡导绿色建筑，为设计师、工程师、建筑工人等提供了大量就业机会。利用太阳能、地热、风能等可再生能源进行发电，替代以前的火电和燃油发电，这方面也可以创造很多的新的就业机会。新材料、新技术的研发和应用也可以创造大量的就业机会，例如波音公司正在研制的一种生物燃料，它不仅可以替代飞机的常规燃料，大大降低整个民航业的碳排放，而且在研发这些新技术以及应用的同时也可以创造更多的就业机会。

(三) 低碳经济发展启示

(1) 低碳经济发展需要成立专门的组织机构。西雅图在制定低碳城市发展规划之前，先成立了专门的咨询委员会，政府部门和各行业的气候领袖都参与其中。委员会的职责之一是向政府、企业、家庭、社区群体和居民分别推荐气候保护策略，为实施策略提出一系列方法，使规划更具操作性。这对国内其他地区发展低碳经济具有一定的启示意义，即必须专门成立一个相对独立的机构，其职责主要是引导服务区域低碳经济的发展。(2) 低碳经济发展的重要基础，是准确核算地区温室气体排放清单。西雅图市提出了详细的温室气体排放清单，并提供不同部门的碳排放。比较之下，国内多个地区均提出创建低碳城市的战略构想，然而对区域碳排放情况却难以摸清，这种严峻现状往往会造成制定的低碳经济发展目标难以落实，最终不利于低碳经济发展。(3) 低碳经济发展需要城市间的协同合作。在经济全球化的背景下，任何结果的促成都有赖于各主体的协同合作，唯有如此才能在复杂的环境中找到解决问题的办法。应对气候变化，不同的城市都会有自己的优势和挑战，城市不同，解决方案也不一样。因此，不同城市间的合作需要在一个强力的、共同的，但有区别的责任框架下有序开展。这就需要各城市政府以及社区领袖的领导力，也需要各城市为了达到一个共同目标所必需的包容力，更需要有为了当下、为了我们子孙后代福祉而不断努力的决断力。只有这样才能不断地推进城市低碳发展模式，为人类发展做出更大的贡献。

三、厦门

(一) 概述

厦门位于中国东南部,属闽南地区,北部与泉州市,南部与漳州市接壤,与宝岛台湾和澎湖列岛隔海相望,是我国海峡西岸经济区的重要中心城市。厦门市是我国较早实行改革开放的经济特区,是两岸区域性金融服务中心,东南国际航运中心,大陆对台贸易中心(两岸新兴产业和现代服务业合作示范区)。

近年来,厦门市经济平均增长率位居全国大中城市前列,建特区以来年均增长约18%。2010年地区生产总值2060亿元;人均GDP约9000美元,全市财政总收入526亿元,年均增长21%,城镇居民人均可支配收入和农民人均纯收入分别为29253元和10033元,居全国副省级城市前列;产业结构不断优化,三次产业结构比为1.1:49.7:49.2,进入工业化中后期,服务业加速发展;生态环境较优,先后荣获国家环境保护模范城市、联合国人居奖、全国文明城市等荣誉,基本实现经济社会、人口与资源环境协调可持续发展。

厦门市能源和土地等资源十分稀缺,99%以上的能源从外地调入。2008年,厦门市人均水资源占有量仅547立方米,约为全国人均的25.44%。人均耕地面积0.0098公顷,远低于全国人均0.098公顷的水平。高碳排放也越来越制约厦门经济发展。发展低碳经济,势在必行。

(二) 编制低碳发展规划,制定相关政策法规

作为海峡西岸经济特区,厦门市是较早进行低碳规划编制的城市之一。2009年底,厦门市率先在全国出台了《厦门低碳城市总体规划纲要》,其"低碳城市"也写进了厦门市的《政府工作报告》。作为低碳规划的先行者,厦门市在《纲要》中提出,到2020年,厦门GDP总量是2005年的7.14倍,单位能耗只是2005年的60%,二氧化碳的排放总量要控制在6864万吨,在GDP大幅增长的前提下降低单位能耗和控制排放总量双管齐下。《纲要》尝试了减排指标在行业内的分解,并确定了三个重点的低碳领域(建筑、交通和工业),对于各个领域的排放指标进行了分解,其中建筑领域区分了居住建筑和公共建筑。2010年5月28日,由厦门市建设与管理局编制出台的《厦门低碳城市建设》特别对厦门市构建低碳交通体系进行了专项规划和建议。2011年3月,国家通过了《厦门市低碳城市试点工作实施方案》。《方案》从城市建设、居民生活、对台

交流与合作、产业结构、能源结构、试点工程和体制机制创新几个方面确定了低碳发展目标和行动纲领。此外，厦门市先后出台了《关于发展循环经济的决定》（2005年）、《厦门市发展循环经济建设节约型城市的工作意见》（2005年）、《厦门市固定资产投资项目节能评估和审查暂行办法》（2008年）、《厦门市节约能源条例》（2008年）等一系列政策法规，从制度层面上规范政府、企业、公众的行为，为低碳城市转型提供了制度环境。

（三）产业、建筑、交通等重点领域的低碳化发展取得显著成效

厦门市实施的低碳产业发展措施主要有：加快产业结构调整，推动传统产业升级换代，支柱产业从过去的机械、电子、化工逐步发展转变为机械、电子、航运物流、旅游会展、金融与商务、软件与信息服务；通过老企业搬迁和技术改造，关闭一批高耗能企业，大力发展低能耗的产业；促进园区整合，将全市46个工业园区整合为14个，明确各园区的产业功能定位，促进产业间的资源综合利用，以龙头企业引领，培育产业链，建设产业集群，推动传统产业升级、新技术产业化、高技术规模化，构建低碳化产业体系；积极推行低碳技术，把节能减排作为技术改造项目审核的先决条件，对技改项目提出节能环保和资源综合利用的要求；以企业为主体、市场为导向、高校和科研院所为依托，加强产学研有机结合，引导企业不断提升自主创新能力，目前已拥有含银固体废物综合开发、PTA氧化残渣资源化、钨废料回收利用等多项达到国际先进水平的自主知识产权；将新能源及能源设备制造业、电子信息发展，以及科技服务、文化创意、金融业等低碳产业作为厦门产业结构调整的长期发展目标；以园区为平台，集中公共基础设施配套，提高资源利用效率，使企业、产业、集群实现资源的综合利用、循环使用。目前，厦门正在翔安区建设我国第一个高标准的低碳产业园区，构建低碳产业创新体系，推进低碳技术研发产业化。自2005年启动百家节能工程，对年综合能耗3000吨以上的企业实施节能项目试点工程，为企业实施节能技改提供诊断、设计、融资、改造、运行、管理系列服务。2009年，厦门市组织重点用能单位上报能源利用状况报告，并利用现代信息化手段，加大审核力度，确保能源数据的真实准确。同时，组织节能目标责任评价考核小组对市级重点用能单位进行考核，评定节能实效。

（四）建筑领域的低碳化发展实践

率先确定了各类建筑物的基准能耗值，为建筑物开出了"低碳体检单",使得建筑物排碳是否达到"健康"标准的判断有据可依。而以节能改造为核心的建筑节能服务与管理,也将形成一条新兴的产业链。厦门市提供的几类建筑的"低碳体检单"中,商场建筑的单位面积能耗最高。而在分项能耗上,商场建筑的空调系统,非政府办公建筑的照明插座系统,宾馆、饭店建筑的动力设备系统用能最大。

低碳建筑,重在节能,采取的主要措施有:在新建建筑推广使用新型材料和可再生能源;实行建筑一次性装修到位,避免二次装修造成的资源浪费;对居住建筑节能设计进行专项审查,对高耗能的既有建筑进行节能改造;针对厦门地域气候特点,重点控制门窗、遮阳及建筑通风采光等节能措施的落实,减少空调使用时间;严格审查程序,要求新建建筑至少有1~2个可再生能源利用项目,达到节能50%的标准,否则不予办理相关手续。

近年来,随着汽车保有量尤其是私家车数量的攀升,厦门市交通运输领域碳的排放量不断增加。为此,厦门着重从三种途径来推广低碳交通:一是大力发展公共交通,完善公交线路布局,建设快速公交系统(BRT),减少小汽车的出行量。二是推广使用天然气公交车及出租车,减少汽车尾气碳的排放量,2010年,投入300辆天然气公交车,使用清洁能源的公交车达50%,天然气出租车约为20%。三是推进步行区建设,禁止商业密集区车辆通行,有效减少了车辆拥堵产生的二氧化碳。

2010年,厦门市出台了《厦门低碳城市建设》,对厦门市构建低碳交通体系进行了规划和设计:根据远期规划,以后厦门岛内居民出岛、岛外居民进岛,都将以轨道交通作为主要出行方式。由于轨道交通体系存在建设与运营成本高、建设周期长、初期客流不足等缺点,所以厦门决定近期先建设部分快速公交线路,并与规划中的轨道系统衔接。除此之外,该规划还从出行方式和道路的管理方面提出了不少建议:在市内将自行车的出行比例提高15%~20%,这样既方便了市民自行车出行,同时也达到了低碳出行的目的;大力发展和改善提升城市步行系统,鼓励市民步行出行,同时辅以水上巴士等出行方式;加强管理,开展道路拥挤区段的收费研究,减少道路在时间和空间上的拥挤状况。既有效提高现有道路的利用效率,又能促使更多的市民选择公交出行。

> **快速公交系统**
>
> 快速公交系统（Bus Rapid Transit，BRT）是利用现代化公交技术配合智能交通和运营管理，开辟公交专用道路和建造新式公交车站，实现轨道交通运营服务，达到轻轨服务水准的一种独特的城市客运系统。快速公交系统主要由以下部分组成：全时段、全封闭、形式多样的公交专用道；大容量、高性能、低排放、舒适的公交车辆；设施齐备的车站；乘客需求的线路组织；智能化的运营管理系统。它的主要优点包括：缓解城市的交通拥挤，提供舒适的乘车环境，节约市民的出行时间，提升城市的环境质量，加强公众对城市的自豪感和归属感，节省燃料和能源消耗，提升沿线土地价值。它的投资与运营成本比城市轨道交通低，其灵活性却高于轨道交通。

（五）深化低碳技术交流合作，强化低碳科技创新支撑

厦门市在发展低碳经济、建设低碳试点城市过程中，深化对外特别是对台低碳交流与合作，从而成为厦门迈向低碳城市的一大亮点。厦门市对台合作主要包括构建两岸低碳技术交流中心、构建两岸低碳产业合作基地、推进两岸低碳合作体制机制创新三大方面。

此外，厦门市在发展低碳经济进程中深刻认识到低碳技术的发展需要依靠科技创新支撑。近年来，围绕承接台湾平板显示、现代照明等低碳产业转移等方面，厦门已经做了大量工作，为促进产业技术提升、新兴产业发展产生一定功效。

（六）节流与开源并举，打造全国节水型城市

与大多数人口稠密的沿海港口城市一样，厦门的淡水资源相对匮乏，城市日常用水将近80%取自市区外的九龙江，用水紧缺成为困扰厦门经济社会发展的一大难题。厦门市在高度重视城市供水工作的同时，采取多种举措加强城市节水工作：一是严格执行城市节水"三同时"（节水"三同时"指节水设施与主体工程同时设计、同时施工、同时投入使用）的规定；二是改进和规范城市计划用水管理；三是强制推广应用节水型生活用水器具；四是在计划用水单位强制开展水平衡测试；五是强化环保监测，促进工业用水的循环再利用；六是利用海水交换工程，以海水作为淡水资源的有效补充，缓解淡水资源的紧张。通过一系列措施，大大提高了城市用水的效率和效益。2009年,厦门市在全国节水指标评比中被住建部授予第四批"全国节水型城市"。

(七) 低碳经济发展启示

发展低碳经济必须出台一揽子政策文件,以有效支撑低碳经济发展。在这方面,厦门市走在了其他城市的前列。厦门市率先发布了低碳城市的发展规划,以纲领性的文件来指导低碳发展工作。随后,厦门市又出台了《厦门低碳城市建设》等相关的政策文件。厦门市出台的一揽子政策文件为其低碳经济的发展奠定了坚实基础。发展低碳经济要强化区域创新合作。厦门市在发展低碳经济进程中深刻认识到区域合作的重要性,在低碳经济发展实践中加强对台交流合作,通过重点加强两岸低碳技术交流合作、构建两岸低碳产业合作基地以及推进两岸低碳合作体制机制创新等措施深化对台区域合作。针对自身资源禀赋,因地制宜地制定低碳发展政策。厦门市淡水资源相对缺乏,如果要发展低碳经济,用水困难这一问题必须得到妥善解决。为此,厦门市认真组织调研,并针对存在问题采取了多项行之有效的措施。这些措施大大提高了城市用水的效率和效益,也为厦门市更好地发展低碳经济和建设低碳城市提供了水资源保障。

四、保定

(一) 概述

保定市位于太行山北部东麓,河北省中西部,北靠北京市,东临廊坊市和天津市,与北京、天津构成黄金三角带。年平均气温12℃,年降水量550毫米,属温带季风性气候,冬季寒冷有雪,夏季炎热干燥,春季多风沙,素称"京畿首善之地"。该市下辖3区、4市、18县,总人口数1119.44万,主城区人口近240万,总面积2.21万平方公里。近年来,依托京津唐城市群的带动效应,区位优势明显。作为内地首批世界自然基金会项目"中国低碳城市发展项目"的两个试点城市之一,保定市在低碳经济理念和行动方面走在了前列。

(二) 低碳经济发展实践

2008年,保定市出台了《保定市低碳城市发展规划纲要(2008~2020)》。纲要提出保定市发展的战略定位是走上一条城市经济以低碳产业为主导、市民生活以低碳为理念和特征、各部门以加强低碳管理为重要内容、政府以低碳环保社会的建设为目标的切合实际的可持续发展之路。其战略目标是降低二氧化碳的排放强度,调整产业结构,提升新能源产业占工业总值的比重。

分两个阶段进行，第一阶段，到 2010 年，全市万元 GDP 二氧化碳排放量与 2005 年相比下降 25%以上；新能源环保产业占规模以上工业总价值比重 18%。第二阶段，到 2020 年，全市万元 GDP 二氧化碳的排放量要比 2010 年下降 35%；新能源环保产业占规模以上工业总价值比重 25%。

分六项重点工程具体实施：(1)"中国电谷"建设工程。力争经过 10 年左右的时间，建成年销售收入达 1000 亿元以上的具有世界影响力的国际化新能源及能源设备制造基地。(2)"太阳能之城"建设工程。力争用三年左右时间在市区建筑、交通、工业生产、能源供应等多个领域基本实现太阳能综合利用。(3)城市生态环境建设工程。包括"蓝天行动"、"碧水计划"和"绿荫行动"。在一定期限内取缔市区建成区内分散的燃煤锅炉，在卫星城、所有县城（区）镇及部分重点镇建成污水处理厂并运营，提高城市人均绿地面积和绿化率。(4)办公大楼低碳运行示范工程。在 2015 年前，完成市委市政府及各相关部门全部办公大楼低碳化改造。(5)低碳化社区示范工程。开展低碳社区的方案设计和试点，在 2015 年前，低碳化社区建设力争达到已有社区 50%以上。(6)低碳化城市交通体系整合工程。2010 年，完成低碳理论指导下现有交通体系的低碳评估，并开展低碳交通整合方案设计，力争 2015 年前，建成快速公交系统和市区内部及市区和卫星城之间的快捷公交网络。

目前，保定·中国电谷在太阳能、风能及输变电、蓄能设备制造等方面取得长足进步，拥有骨干企业 170 多家。保定·中国电谷是国内最大的太阳能光伏设备生产基地，拥有我国首个光伏检测平台项目。保定正在构建完整的风电产业链条，保定·中国电谷拥有涵盖风电叶片、整机、控制等关键设备自主研发、制造、检测的企业近 50 家。在风电叶片制造方面，中航惠腾风电设备有限公司拥有自主知识产权。在输变电设备制造上，保定有天威集团等具有完整自主知识产权、完整产业链的输变电制造基地。在储能设备产业上，保定的风帆集团是中国铅酸蓄电池行业中规模最大、技术实力最强、市场占有率最高的企业。

除此以外，保定市政府还在提高低碳意识和调节生活方式方面做出了巨大努力。在思想意识工作上，以各党政机关为先锋队，率先开展创建低碳机关活动，教育部门也把节约资源、保护环境的理念渗透到各级各类学校的教学当中，企事业单位、各社区积极开展宣传建设低碳城市的重要性和紧迫性。在生活方式上，倡导群众在日常生活的衣、食、住、行等方面由传统的高碳模式向低碳模式转变。引进清洁能源车，发展能源新技术，鼓励以公共交通工具、自行车代步或徒步出行；坚持以低碳理念进行建筑设计，推进住房节能装修，鼓励社区利用太阳能进行集中供暖。对城市照明系统进行 LED 节能化改造，涵盖道路照明、建筑照明、社区照明等方面；倡导生活的简单化、节约化，注重生产生活物资的循环利用，减少"面子消费、奢侈消费"。保定市在城市产业结构、能源结构调整的同时，本着一切依靠人民、一切为了人民的宗旨，积极从思想认识和民生领域进一步突破，拓展了城市低碳转型成果的广度和深度。

（三）低碳经济发展启示

（1）明确区域特色，逐步打造城市低碳品牌。保定市在发展低碳经济进程中，利用自身能源产业的优势，着力发展电力能源与装备产业，将城市逐步打造成为"中国电谷"，对其他地区如何结合区域特色，打造属于自己城市的低碳品牌具有重要的借鉴价值。（2）明确发展重点，逐步形成低碳产业集群。保定市利用传统优势，通过重点培育当地龙头企业，逐步培养壮大新能源及能源设备制造、汽车及零部件等具有保定特色和优势的先进装备制造业，使之形成产业集群。（3）明确发展领域，逐步优化能源消费结构。近年来，保定市通过积极推进太阳能光伏发电、风力发电、生物质发电、垃圾发电工程建设等来逐步提升光电、风电、生物能等清洁能源在能源消费中的比重。（4）更新思想理念，逐步推进低碳经济在民生领域的纵深发展。保定市在积极调整产业结构和能源结构的同时，通过逐步转变市民的低碳理念，积极引导市民开展低碳生活。

五、深圳

（一）概述

深圳市位于广东省中南沿海地区，珠江入海口之东偏北，东临大鹏湾，西连珠江口，南邻香港特区，与九龙岛接壤。属亚热带季风性气候，年均气温 22.5℃，风清宜人，降水丰富。全市陆地面积 1953 平方公里，2010 年末常住人口为 1035.79 万人。2011 年深圳的 GDP 位列全国第四，人均 GDP 为 1.8 万美元。是中国第一经济特区，高新技术产业基地、全国性的金融中心、现代化的国际性城市，在我国经济中占有举足轻重的地位。

根据《深圳市低碳发展中长期规划（2011~2020）》，深圳市建设低碳城市的基本思路是以科学发展观为指导，统筹经济社会发展和生态环境建设,以全面协调可持续发展为目标,以优化结构、节约能源、提高能效、增加碳汇、控制温室气体排放为重点,倡导低碳绿色的生产、生活和消费模式,把深圳建设成为我国低碳发展的先行区和绿色发展示范区。

(二) 低碳经济发展的实践

深圳发展低碳经济具体从以下方面展开:

1. 完善相关的法律法规,促进低碳城市建设

在已经颁布实施的促进循环经济和节能减排的政策法规基础上,制定出台了《深圳经济特区循环经济促进条例》、《深圳经济特区建筑节能条例》;编制发布了《深圳市节能中长期规划》、《深圳生态市建设规划》;印发实施了《深圳市节能减排综合性实施方案》、《深圳市单位 GDP 能耗考核体系实施方案》等与国家《节约能源法》、《可再生能源法》等相配套的地方性规章制度。在产业的宏观引导上,鼓励有利于低碳发展的相关行业和限制高能耗产业;在财政上重点支持低碳技术、低碳产业的创新和发展,在财税方面向低碳产业适当倾斜,对低碳发展进行财政补助、贷款贴息等政策支持;在融资渠道方面,开发多种形式的低碳金融产品,搭建融资平台,引导金融机构、民间资本和社会资金参与低碳城市的建设。

2. 创新体制机制,鼓励技术创新

在碳排放的体制机制上,充分利用深圳市场相对发达的优势,积极探索建立碳排放交易机制,将碳排放的环境成本内化为相关行业的经济成本,以此来促进相关行业领域的低碳化,调节产业结构、转变相应的经济增长方式。在国民经济统计指标中加强碳排放的统计工作,充分发挥价格的杠杆作用,建立科学合理的水价、电价机制。建立多层次多渠道的低碳合作机制,通过加强与国际、港澳及珠三角区域的合作,充分发挥深圳的辐射带动作用,研发和引进先进低碳技术,促进低碳产业发展。

3. 促进低碳相关产业的发展,改变市民消费理念

大力发展新能源、互联网、生物、新材料、文化、节能服务等低碳型新兴产业,同时继续巩固高技术产业的优势地位,提升传统的制造业的技术和数字化水平,推动现代金融、物流、网络信息等产业发展,构建以高技术产业和现代服务业为主的低碳产业结构。对于传统的建筑、交通、装备制造等产业加大技术创新和投入,提高准入门槛,开展清洁生产和产品"碳标识认证"工作,促进传统产业的升级改造和低碳化。充分调动社会各领域的力量,加大低碳宣传力度,对居民普及低碳知识和理念,引导和鼓励居民绿色消费,形成可持续的绿色生活模式。

4. 优化城市空间布局，降低基础设施和公共设施能耗

将低碳发展理念融入土地利用规划、城市规划的实施和管理的各个环节，促进土地利用、城市空间、产业布局向更加合理、集约的方向发展。在土地利用方面，严格按照"产业集群化、用地节约化"的要求控制新增建设用地规模，加大土地的整备力度，使土地利用的综合效益最大化。在城市规划方面，构建多中心、紧凑型空间结构，合理地规划各功能分区，推动产业园区的空间聚集。继续优化能源结构，积极引进天然气资源，推进太阳能应用，开发生物能源等，提高清洁能源利用比重。努力提高工业能效水平，提高电力、建材、设备制造、交通、建筑等领域的单位能效值，切实推进各行业各部门的绿色低碳化。

5. 优化能源利用结构，积极应用清洁能源

深圳市积极完善太阳能相关产业的研发、生产和销售各环节，目前已成为世界太阳能光电产品的主要聚集地。在太阳能利用方面，深圳也取得了阶段性成果，如在城市中运用了幕墙发电系统、太阳能光伏发电系统、规模化的太阳能水热系统等；在生物能利用方面，深圳利用城市垃圾发电，在解决部分生活垃圾的同时也带来了相对清洁的能源。2008年，深圳市以核能、太阳能、生物质能为代表的新能源装机容量占全市总装机容量的38%。

（三）低碳经济发展启示

（1）必须制定和完善相关的法律法规。在低碳经济发展进程中，法律法规支撑是保障。必须通过颁布和实施促进低碳经济发展的各项法律法规和方针政策，把低碳纳入规范化、法制化的轨道，才能保障低碳经济的健康、快速发展。（2）必须充分发挥市场机制的调节作用。深圳的低碳经济发展实践表明，低碳经济的发展必须在相关法律法规健全的基础上依赖于市场机制的调节作用。通过碳配额、碳交易等市场机制，将以往的隐性环境成本显化为企业的生产成本，最终促进低碳经济的发展。（3）优先发展高科技产业和高端服务业。深圳低碳经济发展实践也表明，充分发挥区域高新技术产业基地优势，促进高技术、低能耗产业的发展，努力发展与城市功能定位相配套的高端服务业，有利于区域低碳转型以及低碳经济的发展。（4）充分挖掘自身潜力，优化能源产业结构。深圳在低碳转型发展的过程中，依据自身的特点，因地制宜，充分发挥自身的地域优势、人才优势、科技优势，在推进城市清洁能源的开发和使用的过程中，促进了相关企业增收，解决了发展过程中遗留的环境问题。

六、南昌

(一) 概述

南昌市位于中国中部地区,东临以上海为中心的长江三角洲,南接以广州为中心的珠江三角洲,东南毗邻闽中南三角,是全国唯一一个同时紧邻三大经济圈的省会城市。南昌市共辖四县五区,两个国家级开发区(南昌高新技术产业开发区、南昌经济技术开发区),一个新区(红谷滩新区)。南昌市是一座风光旖旎的滨江城市,生态基础良好,其水域面积约占全市总面积的30%;林地面积13.2万公顷,森林覆盖率16.05%,活立木蓄积量220万立方米,野生动植物品种繁多。南昌市是江西省第一大城市,也是江西省最大的工业化城市,是鄱阳湖生态经济区建设的中心城市。改革开放后工业飞速发展,GDP占全省的1/4。在南昌市经济结构中,第二产业仍占主导地位,形成了以汽车、制药、冶金、食品、机电、航空、家电、纺织服装、化工等以传统工业为主的比较完整的工业体系。近年来,以光伏、电子信息、生物工程、新材料等为代表的新兴高新技术产业迅速崛起,这些将在南昌市低碳转型中发挥重要的作用。

(二) 低碳经济发展实践

1. 编制发展规划,引领城市低碳经济发展

南昌市是我国低碳试点中唯一一个中部地区省会城市。为加快推进低碳经济发展,南昌市高度重视规划对低碳经济发展的引领作用。2011年年底,《南昌市国家低碳试点工作实施方案》正式出台。方案提出,到2015年,单位GDP二氧化碳排放较2005年降低38%,非化石能源占一次能源消费比重达到7%,森林覆盖率达到24%,活立木蓄积量达到380万立方米。根据方案,南昌市未来将从产业结构、低碳能源、节能降耗、低碳生活和低碳示范等五个方面进行低碳行动,以达到在这五个部分分别设定的低碳目标,把南昌从低碳试点城市打造成低碳示范城市。2011年11月南昌市发布《南昌低碳城市发展规划》。规划指出南昌市将在五年内投资817.39亿元打造超低碳城市,打造七大类别52个重点项目(其中包括8个光伏项目、4个LED项目、3个服务外包项目、9个文化旅游项目、4个低碳技术服务平台项目、2个低碳交通项目、22个其他低碳项目),并推动形"四区八地"的低碳发展示范体系,包括打造低碳产业示范区、生态园林示范区、生态人居与现代服务业示范区、低碳农业和生态旅游示范区;建设薄膜太阳能电池、LED绿色照明、节能与新能源汽车、节能建材、低碳建筑与设计、低碳创意产业、现代农业、低碳生活设施等八大示范基地。

2. 设立决策协调机制和考核评估体系

为强化低碳经济发展效果，南昌市在注重规划对低碳经济发展引领作用的同时，专门设立了低碳经济发展的决策协调机构，并专门出台了低碳经济发展的考核评估体系。(1) 成立低碳经济发展工作领导小组。2010年3月，南昌市正式成立了高规格的低碳城市试点工作领导小组，办公室设在发改委。市长为组长，分管副市长为副组长，发改、财政、规划、经贸、商贸、环保、林业、农业、园林、科技、建设等部门的部门负责人为成员。该小组负责统筹、协调和推进全市的低碳发展和示范试点工作，解决在工作中遇到的问题。(2) 设立差异化的低碳经济考核评估体系。南昌市已经率先执行了绿色考核体系。获批低碳试点市区以来，南昌市根据所属县区的不同特点，又实施了差异化考核，主要内容包括：在发展过程中，时刻绑紧低碳这根弦，设置三条红线：不做大量消耗资源能源的项目、不做严重污染环境的项目、不做严重危害安全和群众健康的项目；市政府将生态环境建设的成效纳入有关对县区和开发区的综合评价体系，对生态环境的考核实行"一票否决"。位于市郊的湾里区，森林覆盖率达72.23%，生态环境优良，是南昌市的生态屏障和天然氧吧，但2008年该区GDP在南昌市所有县区中排名末位。为此，南昌市专门针对该区制定了"保护与开发双并重"的考核新办法，实行差异化考核，大量减少了对其工业增加值等经济指标的考核，大幅降低了GDP增速、财政收入增速等经济考核指标，同时新增了森林覆盖率、水源水质等生态环保指标以及生态旅游经济的考核指标，并推出30项政策措施，从环境治理、生态保护、旅游发展等方面支持湾里区发展转型。

绿色考核体系的构建与实施，增强了各县区干部群众保护生态的自觉性和主动性，使得过去单纯以GDP增速作为考核指标的机制逐渐向以生态环境保护为考量倾斜。

(三) 制定配套政策，开展交流合作

在低碳经济发展进程中，南昌市政府清醒意识到，低碳经济的发展必须有配套的政策来保障，同时也意识到了开展国际合作的重要性。(1) 制定低碳经济发展相关配套政策。为了更好地推进低碳发展战略，南昌市出台了《关于推进低碳经济、绿色发展建设的若干意见》和《南昌市发展低碳经济，建设低碳城市行动计划》，对低碳产业在技术引进、人才培养、劳动用工、土地征用和企业融资方面给予了政策保证。(2) 积极开展低碳经济相关交流合作。南昌市与国开金融公司签署了框架协议，成立了我国首只以支持低碳经济发展为主要目标的城市发展基金，一期资本金达 50 亿元，这将为南昌市的低碳发展提供强有力的金融支持。同时，为实现自身的快速绿色发展，南昌广泛寻求与西方低碳技术领先者包括英国、德国、奥地利、欧盟、以及美国等国家进行合作。其中，南昌与奥地利政府及企业间的低碳合作最为突出。两者的合作始于 2010 年，奥地利国家交通科技部与南昌市政府签署围绕低碳发展的合作备忘录，表示双方要在南昌合作建设占地面积 1 平方公里的大型国际低碳社区。社区的规划设计涵盖了建造节能建筑、采用环保建材、优化社区结构、倡导绿色交通等内容。该社区能有效减少区域温室气体的排放。此外，自然通风及降温理念也将引入社区，以帮助居民减少对空调和采暖设备的依赖。

（四）明确低碳经济重点建设领域

第一，积极推广运用低碳建筑。根据南昌低碳城市规划，2012 年，在红谷滩、高新区、湾里区（及适宜旅游开发地）开发利用建筑一体化太阳能发电、发热；在红谷滩和高新区的大型建筑物屋顶表面开发用于展示建筑一体化太阳能发电发热的新建筑。2013 年建设低碳社区，按照最高建筑标准建设私人示范建筑。到 2014 年，南昌将在用于居住、教育、零售等的私人建筑中推广使用节能照明灯具及电气设备；在公共建筑中更换冷却装置系统，并推广至私人建筑（首先在红谷滩实行）。2015 年，南昌市所有公共建筑中将强制执行更高、更严的建筑建设标准。南昌将以红谷滩为"示范田"，利用公共资金建设高标准的私人示范建筑；2015 年后，南昌将在所有建筑中推广使用节能照明灯具和电器设备。

第二，明确低碳能源发展目标。按照南昌市低碳城市规划，从 2012 年开始，南昌投放 1000 辆节能与新能源汽车。2015 年以后，推进四县五区公交一体化，发展智能交通系统。2012 年南昌研究开发新的水力发电厂，在高新开发区、红谷滩中央商务区、医院和大型娱乐中心等规划确立集中供热（制冷）区域的目标。启动一批"绿色照明"示范项目，引进 LED 装置交通信号灯。2013 年，在高新开发区、红谷滩中央商务区，以及规划建设医院、大型娱乐中心等地，种植可吸收工程废气的植物，修建降温塔，利用地下水资源和附近的湖水来降温。另外，南昌还计划在高新开发区、红谷滩、城市河岸建设光伏驱动的喷泉。

第三，打造四大低碳示范区。加强以鄱阳湖南矶湿地国家级自然保护区为首的湿地保护，促进湿地生态恢复。打造四大低碳示范区域：即南昌国家高新区低碳产业示范区、湾里区生态园林示范区、红谷滩新区生态人居与现代服务业示范区、进贤县军山湖低碳农业和生态旅游示范区。

第四，积极发展低碳产业。南昌市原有的工业基础相对薄弱，没有过多的高耗能高污染工业企业，这对于南昌市寻求新兴绿色产业发展就更加有利。南昌市政府非常重视太阳能光伏、绿色照明、航空工业、外包服务业、新能源汽车以及生物制药等低碳工业产业的发展，并给予了大力扶持。南昌市将以南昌县为试点区，深化农村投融资体制改革，建立现代农业发展投资有限公司，允许符合条件的各种经济主体参与设立村镇银行和小额贷款公司。把南昌县建成"新型工业化标志区、新型城镇化试验区、新型农业化产业示范区和低碳生态经济先行区"。

第五，倡导实现低碳生活。南昌市在小区设计、出行方式、交通工具、文化宣传等与市民生活有密切联系的各个领域不断突出低碳这一主题。小区设计方面，以红谷滩新区为例，在该区开发建设过程中，低碳与节能理念被全面纳入规划当中。根据合理的城市规划设计，新区形成顺畅的"半小时通勤圈"，减少了市民出行所带来的交通压力以及因此而产生的碳排放。太阳能也在公共设施及居民区建筑中得到广泛应用，许多建筑都配备了建筑一体化太阳能水热系统和太阳能光伏系统。出行方式方面，南昌为了鼓励市民低碳出行，在市区内很多街区设置了自行车租赁点，并且这些自行车的租赁也是完全免费的。交通工具方面，南昌市政府以身作则，率先在政府部门和公交系统内推广电动车和混合动力车，并以此引导市民对交通工具和出行方式的选择。文化宣传方面，开展多种形式的低碳宣传活动，利用海报、电视、广播等媒体使人们从思想上提高对低碳的认识，真正做到低碳生活，人人有责。

（五）低碳经济发展启示

（1）南昌市在低碳经济发展进程中专门设立了规格较高的领导机构，使其在低碳经济发展进程中具备了较为有力的执行力，同时通过设立差异化的考核评估体系，改变以往单纯以 GDP 看政绩的评价标准。其启示意义在于：低碳经济的发展必须设立专门的机构，同时必须出台可考核的评估标准。（2）低碳技术的研发与推广应用，既需要巨额的资金投入，也需要一个长期的过程。为此，对于低碳技术，不能一味地追求自主创新，而是应该有所区别地看待其经济成本、时间成本等。南昌市在低碳经济建设进程中，积极发挥国际交流合作作用，积极主动地引进、消化与吸收了国际上较为成熟的低碳技术。(3) 低碳经济发展规划当前在国内仍未引起足够重视，这往往导致城市发展低碳经济的方向出现错误，或者导致地方对于低碳经济的发展只是一个口号。相比之下，南昌市根据自身特点编制出台了专业性很强的低碳城市发展规划，在不同方面分别提出具体可行的行动方案和目标，而不仅仅是理论上的空谈，这使规划的针对性和可行性大大增强，真正发挥了对低碳经济发展的指导作用。

七、黄石

(一) 概述

黄石市位于湖北省东南部，是我国中部地区重要的原材料供应基地和国务院批准的沿江开放城市。全市下辖四个城区及一个国家级经济开发区——黄石经济技术开发区，总面积 4583 平方公里，总人口 260 万。该市矿产资源丰富，已探明有金属、非金属、能源和水气矿产 4 大类共 64 种矿产，其中铜矿保有量占湖北省的 91.8%，金矿保有量为全省的 88%，硅灰石储量居世界第二位。工业基础深厚，素有"青铜故里"、"铜铁摇篮"和"水泥之乡"之称。2009 年，黄石市被批准为全国第二批资源枯竭型城市转型试点市。

(二) 低碳经济发展实践

作为典型的资源型城市，黄石也在积极谋求新的发展之路。"十二五"期间，黄石市提出经济发展方式由粗放型向资源节约、环境友好的方式改变。先后出台了《黄金山低碳经济社会示范区"两型社会"建设先行区改革试验实施方案》和《黄石市黄金山低碳经济社会示范区控制性详细规划》等多项规划方案，将低碳转型同三大产业联系在一起。目前黄石市根据自身发展状况，积极构建低碳产业体系来助推低碳经济发展。

1. 培育发展新兴战略性低碳产业

集中力量培育和发展新材料、新能源和节能环保等战略性新兴产业。(1) 新材料方面，加大研发投入，以发展功能材料为重点，促进传统材料向新型精细、高功能、复合化方向发展。依托湖北航天电缆，以提高产品的绝缘、抗电磁、耐候和环保性能为主攻方向，重点发展军事装备、航天装备、深海探测和核电站用特种电缆；依托振华化工、高纯化工等企业，开发生产铬盐纳米材料、高效紫外线吸收剂、电子级硫化锌、新型石化和生化用催化剂等新材料产品。(2) 新能源方面，进一步调整优化能源结构，重点发展清洁能源、替代能源以及可再生能源，适度发展传统能源。依托东贝、华科等企业，重点发展太阳能光伏材料、光伏组件、风光互补供电系统、太阳能大型逆变器、太阳能热水器、太阳能灯具等产品，实施太阳能光电建筑一体化发电项目，打造太阳能光伏产业；依托兴华生化等企业，重点发展沼气、生活垃圾等生物质能发电；积极实施工业余热余压发电、风力发电以及地热开发利用等新能源工程，推进阳新富池核电站项目的规划和前期工作；统筹煤炭勘探开发和合理布局，关小并大，提高单井规模和煤炭资源的综合利用率，为劣质煤、煤矸石发电项目用煤提供保障。(3) 节能环保方面，加快建立节能环保产业创新平台和推广体系，加大研发投入，重点发展高效节能节材型压缩机、高效节能炉窑、风机、换热设备和环保装备。以东贝集团为龙头，在做精做优高效节能节材型压缩机的基础上，推进上下游产业配套集聚，促进产业链向白色家电整机制造方向延伸；以登峰、斯瑞尔和中海等企业为依托，重点发展高档车（船）用、超临界火（水）力发电机组用换热器产品，建成国内一流的换热器研发生产基地；以节能设备总厂和天达公司等企业为依托，以高效、节能和低环保负荷技术为发展方向，重点发展高效节能退火炉、煤气发生炉和干燥炉三大主导产品。

2. 改造提升传统支柱产业

运用先进适用技术改造提升传统产业，降低生产能耗，提升产品质量，进一步增强原材料工业的整体竞争力。(1) 钢铁方面，鼓励大型企业加大对铁矿石、废钢等资源的控制，提高资源的综合保障能力。合理引导企业兼并重组，坚决淘汰落后产能，推进节能降耗和环保达标。支持企业技术改造，调整优化产品结构，改善品种质量。大力发展特钢产业，支持以新冶钢为龙头的钢铁企业发展优质轴承钢、齿轮钢、弹簧钢、高合金钢、工模具钢等产品。以新冶钢、新兴铸管为龙头，大力发展特钢精深加工，重点发展大口径中厚壁无缝钢管、球墨铸铁管、焊接法兰管、特种喷涂管等管件材产品。(2) 有色方面，支持有色集团强化对铜矿石、废杂铜资源的控制，建立废旧金属拆解和回收利用基地，增强铜资源的综合保障能力。支持铜冶炼企业强化自主创新能力，推进节能降耗和环保达标，提高资源利用效率。支持铝冶炼企业改进生产工艺，提高技术装备水平，降低单位产品电耗。大力发展铜、铝产品精深加工，提高产品附加值。支持有色集团、中铝华中铜业、鑫鹏铜材等铜加工企业，重点发展优质铜线杆（管）、高精度铜板带、铜箔、特种漆包线、铜合金棒材等产品；支持福星、晨茂等铝加工企业扩大铝材加工规模，重点发展各类高端铝合金型材、铝合金汽车轮毂、预拉伸板、精密锻件、铝板带以及食品医药包装用铝箔等产品。

3. 发展现代服务业

以市场化运作、产业化经营、社会化发展为方向，把发展服务业作为产业结构优化升级的战略重点。（1）现代物流业方面，提升物流业标准化、信息化水平，改造提升传统物流业，发展为用户提供多功能、一体化综合服务的现代物流业。鼓励制造业和商贸业的物流业务剥离外包，培育一批具有较强竞争力的现代物流企业。优化物流节点布局，引导物流企业向园区集中。（2）金融业方面，推进金融市场主体建设，吸引银行、保险、证券（期货）以及其他各类金融组织设立分支机构，优化金融网点布局。强化货币政策传导，优化信贷结构。加大对重点产业、新兴产业及中小企业的信贷支持力度。规范发展融资平台，支持担保公司增强实力和拓展业务领域。（3）信息服务方面，加大重要信息系统建设力度，以信息共享、互联互通为重点，实现信息资源的商品化、市场化和社会化。加快发展以软件开发、数字设计、多媒体制作、电子出版物等为重点的信息技术服务业。加强以无线电管理为重点的网络信息安全体系和安全保密设施建设。（4）商贸服务方面，推进专业市场建设，建设一批生产资料批发市场、家具市场、汽车交易市场等专门市场。加大市场整合改造力度，增强集散和辐射功能。合理布局商贸基础设施和网点，形成覆盖全市的商贸网点体系。发展电子商务，引导企业与电子商务连锁经营、结合配送，降低流通成本。

（三）低碳经济发展启示

（1）低碳经济发展是一个多维的系统性工程，不仅需要低碳产业体系的构筑，还需要法律法规的支撑、低碳生活理念的培育等，为此，发展低碳经济必须分别从法律法规、低碳产业体系、产业园区布局、低碳生活环境和理念等多个方面对城市进行全方位、立体式的低碳设计。（2）低碳经济发展必须依托区域优势，集中重点力量在重点领域率先取得进展，如重点培育发展战略性新兴产业，着力进行核心技术研发，突破重点领域，并使其成为引领城市低碳转型的先导性、主导性产业。（3）低碳经济发展不能舍弃传统支柱产业的发展，而是必须想方设法改造提升传统支柱产业，充分发挥传统产业的优势，坚持运用先进适用技术改造提升传统支柱产业，使其朝着环保、节能、低耗、高品质的方向发展。（4）低碳经济的发展离不开现代服务业的发展,服务业在国民经济中起着连接和协调的作用,为社会其他各个环节的顺畅运行提供必要保障,必须大力发展现代服务业,把服务业嵌入到低碳经济发展中,使其成为低碳产业发展的润滑剂和推进器。